Gerhard Röckle (Hg.)

Diakonische Kirche

Sendung - Dienst - Leitung
Versuche einer theologischen Orientierung

mit einem Vorwort von
Karl Heinz Neukamm
und einem Geleitwort von
Martin Kruse

Neukirchener

Gesamtherstellung: Breklumer Druckerei Manfred Siegel KG
Printed in Germany - ISBN 3-7887-1325-9

CIP-Titelaufnahme der Deutschen Bibliothek

Diakonische Kirche: Sendung - Dienst - Leitung; Versuche einer theologischen Orientierung / Gerhard Röckle (Hg.). Mit e. Vorw. von Karl Heinz Neukamm u. e. Geleitw. von Martin Kruse. - Neukirchen-Vluyn : Neukirchener Verl., 1990
ISBN 3-7887-1325-9
NE: Röckle, Gerhard [Hrsg.]

Inhalt

Geleitwort

Die Diakonie ist keine theoretische Angelegenheit. Sie faßt zu, wo Hilfe notwendig ist, sie ist ihrer Natur nach tätige Liebe, gelebter Glaube, Praxis.
Der Priester und der Levit in der Beispielerzählung Jesu haben auch gesehen, was sich zugetragen hatte, sie machten sich auch ihre Gedanken, aber sie kamen nicht zum Handeln, sie gingen vorbei, und darum wurden sie nicht zu Nächsten im Verständnis Jesu.
Nun empfinden wir wohl alle eine schmerzliche Distanz zwischen der Realität des Gleichnisses und den komplizierten Realitäten unseres weitgespannten, vielfältig mit unserer Gesellschaft verwobenen Diakonischen Werkes. Liegen dazwischen Welten? Wie kommt die Wirklichkeit, die dieses Gleichnis bezeugt, in den Realitäten der Diakonie zum Vorschein und zur Geltung? Solche Fragen dürfen nicht durch Aktivität zum Schweigen gebracht werden. Wir können nicht pausenlos tätig sein, gleichsam ohne Besinnung, also besinnungslos. Wir bedürfen dringend einer tieferen Erfassung und einer größeren Klarheit. Wir brauchen eine gewisse Distanz zu unserem Tun, also auch der wohlverstandenen Theorie.
Warum haben die Priester und der Levti vor der Herausforderung Gottes versagt? Warum sind sie nicht zum diakonischen Handeln gekommen? Etwas vereinfachend gesagt: Sie hatten die falschen Gedanken; die standen ihnen im Wege, die wurden zum Antrieb des Vorübergehens.
Es ist gut und notwendig, daß Sie sich miteinander Zeit für dieses Symposion genommen haben. Im Namen des Rates der EKD, der Berliner Kirche und nicht zuletzt auch des Johannesstiftes grüße ich Sie herzlich und wünsche Ihnen »den Geist der Kraft und der Liebe und der Besonnenheit« (2Tim 1,7), den Gott seiner Kirche verheißen, ja gegeben hat.

Bischof Dr. Martin Kruse
Vorsitzender des Rates
der Evangelischen Kirche in Deutschland

Vorwort

Ein herzliches Willkommen im Johannesstift Berlin, einem Ort in der Tradition und im Geist des Dienens im Namen des Diakons Jesus Christus! Die Idee, ein solches Symposion zur theologischen Begründung der Diakonie zu veranstalten, entstand hier in Berlin. Heute sind wir nun wirklich im Johannesstift zusammen - in einer viel größeren Runde, als wir es bei den damaligen Überlegungen zu hoffen gewagt hatten. Pastor Hans Adolf Oelker, der Leiter des Johannesstifts, Miturheber und Mitveranstalter, wird sich von Herzen freuen - und alle anderen auch, die an den ersten Überlegungen beteiligt waren.

Eine theologische Verständigung suchen wir in diesen Berliner Tagen. Wir, das sind Vertreter der Theologischen Fakultäten und der Hochschulen, an denen diakonische Grundsatzfragen besprochen werden und Diakoniewissenschaft gelehrt wird. Wir, das sind Leiter großer diakonischer Einrichtungen, in denen immer wieder neu über das Selbstverständnis evangelischer Diakonie nachgedacht wird und in der Aus- und Fortbildung Perspektiven kirchlicher Diakonie entwickelt und vermittelt werden. Wir, das sind in den Diakonischen Werken der Gliedkirchen der EKD und der Freikirchen für Diakonie Verantwortliche und einige wenige leitende Mitarbeiter aus der Zentrale des Diakonischen Werkes der EKD in Stuttgart. Unser bisheriger Direktor der Theologischen Hauptabteilung, Pfarrer Gerhard Röckle, mittlerweile Prälat von Stuttgart, hat immer gesagt, daß dieses Symposion von ihm vorbereitet und mit durchgeführt wird. Nun - mittlerweile ist es sein Abschiedsgeschenk an uns alle!

Die Diakonie ist heute auf so vielen Feldern herausgefordert. Einige Beispiele dafür seien genannt, wobei von A-Z eine solche Fülle von Stichworten aufgezählt werden müßte, daß der Rahmen eines Grußwortes völlig gesprengt wäre. In aller Kürze will ich nur auf einige Punkte hinweisen: Woran denken wir, wenn das Stichwort »Diakonie« fällt? Wir denken an die Diakonie, die der einzelne Christ in der Nachfolge Jesu Christi als die Diakonie seines Lebens praktiziert. Wir denken an die Diakonie, wie sie in den Kirchengemeinden an einem konkreten Ort geschieht als Dienst von

Christen an Christen und als Dienst von Christen für alle Menschen, die Gott zu ihren Nächsten gemacht hat. Und wir denken auch an die Diakonie in Gestalt besonderer Dienste und Einrichtungen, für die etwa 18 000 selbständige diakonische Rechtsträger in unseren Kirchen Verantwortung tragen. Lediglich eine Zahl sei genannt, die verdeutlicht, wie bunt und vielfältig die Menschen sind, die für diakonische Dienste freigestellt sind: Es sind weit über eine Viertelmillion Hauptberuflicher in Diensten und Einrichtungen der Diakonie tätig!

In der Sozialgesetzgebung der Bundesrepublik Deutschland haben wir in den letzten Monaten darum gekämpft, daß der notwendige Freiraum für diakonische Krankenhäuser erhalten bleibt, aber gleichzeitig die ambulante Versorgung und die Absicherung der Menschen bei Eintritt der Pflegebedürftigkeit verbessert wird. Was wir erreicht haben, liegt auf der Hand – was nicht erreicht worden ist, wissen die Beteiligten. Neue große und wichtige Gesetzgebungsvorhaben halten uns in Atem. Ich nenne stellvertretend ein neues Jugendhilferecht, auf das wir seit Jahren warten. Dazu stehen Themen auf unserer Tagesordnung, von denen Hunderttausende von Menschen betroffen sind. Ich nenne den immer größer werdenden Mangel an Pflegekräften, die Hunderttausende von Spätaussiedlern, die ausländischen Mitbürger mit ihren Familien und die wieder steigende Zahl von Asylbewerbern. Eine Überfülle von Themen, hinter denen sich immer Menschen in Not verbergen, ist angesprochen, wenn das Stichwort »Diakonie« fällt.

Um so erfreulicher ist es aber, daß wir einige Tage Zeit finden, über Sendung, Dienst und Leitung in der Diakonie miteinander nachzudenken. Wir gehen einigen Tagen der Sammlung auf dem Weg der Sendung entgegen. Wir erinnern uns gegenseitig an den einen Dienstgeber, der uns gerufen hat und die Frage stellt, wir wir uns mit seiner Diakonie persönlich identifizieren. Wir stellen die Frage nach der Leitung der Diakonie, nicht nur, weil viele Leitende in den Ruhestand treten und sich keine Warteschlangen an Nachfolgekandidaten gebildet haben. Wir rechnen aber mit dem Beistand des Geistes Gottes für alle die Aufträge, die uns gegeben sind. Wir vertrauen dem Herrn der Kirche, daß er weiß, was aus seiner Diakonie werden soll.

Wir sind unterwegs als Glieder unserer Kirche, im wandernden Gottesvolk, mit einem uns alle verpflichtenden und fordernden Dienstauftrag. Wir hatten und haben in der Diakonie unserer Kirchen viel Bewegungsfreiheit. Wir sind dankbar für die Möglichkeiten, die den Kirchen und ihrer Diakonie in der Bundesrepublik

Deutschland, die sich als sozialer Rechtsstaat versteht, eingeräumt sind. Wir sprechen das aus zu einem Zeitpunkt, an dem wir an 40 Jahre dieser Bundesrepublik Deutschland erinnert werden. Heute stellt sich auf unseren diakonischen Wegen unüberhörbar und mit immer mehr Dringlichkeit die Frage nach der Identität der Diakonie und der Identität der Frauen und Männer, die den diakonischen Auftrag wahrnehmen. Es stellt sich auch die Frage, was aus unserer Kirche und ihrer Diakonie wird.

Noch einmal: Seien Sie alle bei diesem Theologischen Diakoniesymposion herzlich willkommen! Wir freuen uns auf diese Tage der Begegnung, der Besinnung und der theologischen Verständigung – auf Impulstage für die ganze Diakonie. Gott schenke uns neue Glaubensgewißheit und neue Sendungsgewißheit, damit wir unseren Dienst in der Konsequenz unseres Glaubens tun können. Denn nur wer seines Auftrages gewiß ist, kann andere gewiß machen.

Karl Heinz Neukamm
Präsident des Diakonischen Werkes
der Evangelischen Kirche in Deutschland

Gerhard Röckle

Einführung

Eine unerwartet starke Nachfrage war zu verzeichnen, als das Diakonische Werk der Evangelischen Kirche in Deutschland in Verbindung mit dem Evangelischen Johannesstift zu einem theologischen Diakonie-Symposion vom 20. bis 23. Februar 1989 nach Berlin einlud. Das Thema der Zusammenkunft lautete: »Sendung – Dienst – Leitung. Versuch einer theologischen Verständigung«. Ursprünglich sollte das theologische Gespräch über Fragen von Kirche und ihrer Diakonie in einem kleinen Kreis von kompetenten Fachleuten aus Kirche, Wissenschaft und Praxis geführt werden. Aber die Nachfrage nach persönlichen Einladungen war so groß, daß die Teilnehmerliste schließlich über hundert Namen zählte. Gekommen waren vor allem Direktoren von diakonischen Einrichtungen, Leiter von landeskirchlichen diakonischen Werken, Professoren der Theologie, Mitglieder von Kirchenleitungen und vereinzelt auch Wissenschaftlerinnen und Wissenschaftler, die sich mit dem Thema Diakonie in Publikationen beschäftigt hatten. Vielleicht war mit der in der Einladung formulierten Zielsetzung ein Nerv getroffen, der das Diakonie-Symposion so verheißungsvoll und anziehend machte. Im Einladungsschreiben von Präsident Neukamm war zu lesen: »Die diakonische Arbeit der letzten Jahre ist durch eine starke Expansion auf den verschiedenen Arbeitsfeldern gekennzeichnet. Die Professionalität hat ein hohes Niveau erreicht. In vielen Arbeitsbereichen und Einrichtungen steht in den nächsten Jahren ein Wechsel in den Leitungsämtern an. Nicht wenige Verantwortliche fragen nach dem zukünftigen Weg der evangelischen Diakonie, nach ihrer theologischen Prägung und kirchlichen Bindung im sozialen Rechtsstaat. Eine gemeinsame Verständigung, Orientierung und Klärung über den zukünftigen Weg der Diakonie erscheint daher notwendig.«

In Bibelarbeiten und Vorträgen wurde nach dem Profil der Diakonie gefragt, nach ihren biblischen Wurzeln und nach ihrem zukünftigen Weg. Das Besondere dieses Symposions war wohl die intensive Arbeit in sechs Gruppen. Dabei ging man methodisch den Weg, daß zu den Stichworten »Sendung: Die Bibel diakonisch lesen« und »Dienst: Den Dienst geistlich leben« nach der Bibelarbeit

zum Thema des Tages zuerst das Gespräch in Gruppen begann, das durch eine kurze Stellungnahme eingeleitet wurde. Erst am Nachmittag kam dann der Hauptreferent für alle Teilnehmer zu Wort, um dann das Gespräch wieder in den Gruppen fortzusetzen.
Mit dem Referat von Bischof Dr. Karlheinz Stoll (Schleswig) »Was mich als Bischof im Blick auf das Tagungsthema bewegt« wurde das Symposion eröffnet. Nach dem Schlußreferat von Pfarrer Johannes Busch »Leitung verantworten. Was heißt Leitung zwischen Management und Seelsorge?« schloß sich eine Podiumsdiskussion an, die von Professor Dr. Albrecht Müller-Schöll moderiert wurde.
In der vorliegenden Dokumentation werden die beim Diakonie-Symposion gehaltenen Bibelarbeiten und Hauptvorträge gesammelt dargeboten. Hinzu kommen die Stellungnahmen, die in den Arbeitsgruppen vorgetragen wurden. Nach Abschluß des Symposions habe ich jeweils einen Teilnehmer einer Arbeitsgruppe gebeten, seinen Eindruck aus den Gesprächen in der Gruppe niederzuschreiben.
Mein Wunsch ist, daß auf diesem Wege die begonnenen Gespräche fortgeführt werden und wir in Zustimmung oder Widerspruch miteinander einen Schritt weiter kommen auf dem Weg zu einer diakonischen Kirche.

I
Bibelarbeiten

Henning Schröer

Bibelarbeit zum Thema Sendung (Mt 10,16a)

Bibelarbeit – das heißt für mich, daran zu arbeiten, daß die Bibel in uns arbeitet. Das Feld der Bibel ist reif zur Ernte. Bittet den Herrn, daß er auch uns als Arbeiter in diese Ernte sende, damit wir nicht Trauben von den Dornen oder Feigen von Disteln zu lesen versuchen.

Als Text nehme ich, um mir daraus einen Vers auf die Sendung zur Diakonie machen zu können, einen einzigen Vers, genau gesagt, nur einen Halbvers: Mt 10,16a, ein Einzelwort Jesu:

»Siehe, ich sende euch aus wie Schafe in die Mitte der Wölfe.«

Das ist ein Bildwort Jesu, das Matthäus mit dem anderen Bildwort »Seid klug wie die Schlangen und ohne Falsch – wörtlich: ungemischt – wie die Tauben« verbindet. Da mir die Schafe in der Mitte der Wölfe schon genug Arbeit machen, lasse ich erst einmal die Schlangen und Tauben beiseite. Ich suche ja ein Bibelwort für das thematische Stichwort des heutigen Tages: *Sendung.*

Das Bildwort von der Sendung der Schafe in die Mitte der Wölfe ist bei Matthäus in einen Zusammenhang gestellt worden. Es ist, meine ich, nicht nur – wie in der Lutherbibel gedruckt – ein Auftaktwort zu der Ansage kommender Verfolgungen (Mt 10,17-26), sondern auch ein Schlußakkord zu der vorangegangenen Aussendungsanweisung Mt 10,5-15. Es ist ein Gelenkwort zwischen der Sendungsinstruktion und der Sendungssituation. Jene Instruktion: ohne Geld, ohne Sandalen, aber mit der Botschaft von der Nähe des Gottesreiches, ist mir historisch fern, ebenso die Situation der Verfolgung – das könnte sich ändern –, aber das Bildwort von den Schafen in der Mitte der Wölfe ist mir näher, um erst einmal das Wort *›Sendung‹* oder *›senden‹* wieder elementar ins Blickfeld zu bekommen.

Ich tue mich nämlich schwer mit dem Wort *›Sendung‹*. Ich finde es nicht in dem Alltag der Diakonie, nur in feierlichen Stunden, bei ›Aussendungen‹ von Diakonen und Diakonissen. Das Wort steht nicht in den Dienstverträgen. Wir sind angestellt oder beamtet. Sind wir auch ›gesendet‹?

Wollen wir nicht die großen Worte biblischer Tradition weglassen? Gibt es nicht so etwas wie ein *Sendungs-Syndrom?*

Aber ein Schriftsteller, den ich sehr schätze, Wolfgang Weyrauch, rät mir in einem 1955 geschriebenen Kommentar zu seinem Gedicht »Atom und Aloe«, nicht so leichtsinnig zu verfahren. Er schreibt dort: »Ich muß das Christliche in mein Gedicht hineinholen. Aus zwei Gründen: Ich brauche es, so zerschlissen es ist, und ich muß es warnen, weil es so zerschlissen ist.« So geht es mir auch mit dem christlichen Wort *›Sendung‹* oder ›Mission‹, ›Apostel‹ oder ›Engel‹, die alle etwa dasselbe besagen. Ich brauche sie, so zerschlissen sie sind, und ich muß uns warnen, weil sie so zerschlissen sind.

Nicht überall ist das Wort *›Sendung‹* zerschlissen. Ich denke nicht nur an den Postbetrieb, wo sich die Sendungen stapeln und Nachsendeanträge eine reelle Sache sind. Ich denke noch mehr an Funk und Fernsehen, wo eine Sendung der anderen folgt. Von der Agrarreligion sind wir über die soziale Religion in die Medienreligion gelangt, und dort hat das Wort *›Sendung‹* noch alltägliche Bedeutung. Ich höre Reporter vor einem Interview sagen: Sind wir auf Sendung? Ich übernehme diese Frage einmal: *Sind wir mit Theologie und Diakonie auf Sendung?* Und ich meine damit nicht nur, ob uns Publikum zuhört oder zuschaut, sondern ob wir noch angeschlossen sind an das Programm Gottes, an das, was Gott uns schickt – »ob wir rüberkommen«. Sind wir auf Sendung oder herrscht Funkstille, trotz aller Geschäftigkeit und Betriebsamkeit?

Ich frage so, weil in der Bibel die Worte *›senden‹* und *›Sendung‹* in ihrem profanen und epiphanen Sinn zusammenhängen. Wenn Gott oder Jesus jemanden sendet, ist das dort ein Vorgang, der eine verständliche Alltagsstruktur hat. Sendung ist immer Ortsveränderung zur Übermittlung einer Botschaft. Sogar der Unterschied von senden und schicken, den bekanntlich Bismarck zu einer wenig höflichen, aber treffenden Klarstellung nutzte, hat seine Entsprechung im biblischen Griechisch. Bismarck sagte zu der Frau eines Gesandten, um den Unterschied aufzuzeigen: Ihr Mann ist ein Gesandter, aber kein geschickter. Eine Anekdote, die zu denken gibt.

Interessiert uns in der Diakonie nicht vor allem das Geschicktsein, die Geschicklichkeit, die Qualifikation, aber das Gesandtsein ist unerheblich geworden? Wenn wir *Sendung* sagen, meinen wir eine bestimmte Bevollmächtigung mit einem bestimmten Auftrag*geber*, nicht nur einen Auftrag als solchen.

Hat es einen Sinn, nach einem Auftraggeber und nicht nur nach einem Kostenträger zu fragen? Sollte nicht Erich Kästner recht behalten: »Es gibt nichts Gutes, außer man tut es«? Aber wissen wir

so genau, was das Gute ist, und wenn wir es wissen, sind wir sicher, es auch zu bereiten?
Warum reden wir soviel davon, daß man sich immer wieder neu motivieren muß? Warum reden wir soviel von Spiritualität? Es mag schwierig sein, sich gesendet zu fühlen, und es mag ein falsches Sendungsbewußtsein entstehen, aber gut wäre es schon, nicht nur sagen zu müssen: Die Leistung allein zählt, der Auftrag bin ich.
Biblisch kommt Diakonie als Gegensatz zum Herrschen vor, ein aufgelesenes, gebücktes, unansehnliches Wort – kommt von der Erniedrigung Gottes her, von Jesus, dem Diakon, inzwischen als sein Titel immer wieder entdeckt. Ich habe lange überlegt, welches Bibelwort ich nehme, um es in uns arbeiten zu lassen, da doch die ganze Bibel voller Diakonie steckt – ich merke, ich muß ein Wort aus der *Lebenspraxis Jesu* nehmen, als Nachricht über den Vorgang, der unserer Nachfolge vorangeht: Es ist unser Auftraggeber, wer sonst?
Da fiel mir der Satz ein, die lapidare Auskunft, die mir schon länger als ein Stein im Wege liegt, jener Satz von der *anschaulichen* Auftragszustandsbeschreibung, denn er fängt mit dem Hinweis an: »Siehe!«, jener Satz aus der alten Logienquelle, nur bei Matthäus und Lukas, wenn auch bemerkenswert verschieden eingesetzt, zu finden: Mt 10,16a und Lk 10,3: »Siehe, ich sende euch aus wie Schafe mitten unter die Wölfe!« Bei Matthäus steht er am Schluß einer Aussendungsinstruktion, bei Lukas am Anfang. Bei Matthäus gibt es noch einen Nachsatz, der geradezu modern anmutet, wenn die Sendung Diakonie ein Unternehmen wird: »Werdet klug wie die Schlangen und ohne Falsch wie die Tauben!« Ich nehme diesen Satz von den Schafen und Wölfen, weil er mir befremdlich ist, altertümlich, überholt, er ist wohl nicht tierisch ernst zu nehmen? Ich höre Hans Magnus Enzensbergers Anfang des Gedichtes »Verteidigung der Wölfe gegen die Lämmer«: »Soll der Geier Vergißmeinnicht fressen?« Aber ich nehme den Satz vor allem, weil ich ihn *spannend* finde. Was wird passieren, wenn Schafe unter Wölfe gesandt werden? Werden sie zerrissen, da doch der Wolf als reißendes Tier sprichwörtlich war? Werden sie sich anpassen und mit den Wölfen heulen? Oder gibt es eine Überraschung? Als Kind spielte ich gern auf dem Schachbrett das Spiel ›Wolf und Schafe‹ mit vier weißen und einem schwarzen Stein, und wenn man die weißen Schafe recht führte, konnte der schwarze Wolf nicht gewinnen. Gibt es ein solches diakonisches Schachspiel? Mir fällt die Erzählung »Manöver« von Wolfdietrich Schnurre ein, in der eine große Herde von Schafen die militärischen Aktionen in der Heide so

stört, daß der General die Nerven verliert, sich mit einem Jeep zwischen die Schafe begibt und wütend sein Pistolenmagazin leerfeuert. Die Schafe kippen den Wagen um, und der General verliert, von einem angeschossenen Widder gerammt, sein Leben. Hat die Bibel mit dem Spruch Jesu solche Überraschungen im Sinn?
Die Zusammenhänge der Auseinandersetzung zeigen uns, daß die Evangelisten es anders gemeint haben. Sie wollen illusionslos die Wehrlosigkeit derer zeigen, die von Jesus ausgesendet werden. Aber wohl nicht nur das.
Um zu verstehen, was da gemeint ist, hilft mir eine jüdische Überlieferung: »Hadrian sagte zu Rabbi Jehoschua: Etwas Großes ist es um das Schaf, d.h. Israel, das unter 70 Wölfen (den 70 Völkern) der Welt bestehenbleibt. Er erwiderte: Groß ist der Hirte, der es errettet und bewacht und die Wölfe vor Israel niederbricht.«
Ich überlege, ob wir nicht die Erfahrung Israels, gesandt unter die Völker wie ein Schaf unter die Wölfe, einbringen müssen in unsere Spiritualität - ich sage lieber Geistesgegenwart - von Diakonie. Neigen wir nicht dazu zu sagen: Groß ist unsere Diakonie trotz aller Schwierigkeit, trotz allmählich 70 anderer Wohlfahrtsunternehmen und sozialer Organisationen? Und wir erhalten die Antwort: Groß ist der Diakonos, der euch vor Selbstgesendetheit errettet und euch anders sendet, als ihr möchtet, aber so, daß keiner über den anderen herrscht, selbst wenn Leitung nötig ist.
Daß das aktuell ist, habe ich vor kurzem am Bildschirm bei der Sendung »Freitag um acht« des SFB erlebt. Da ging es um die Frauenfeindlichkeit und sonstige Sünden der beiden Kirchen. Berechtigte Klagen wurden laut, aber auch das Lamento der Protest-Schickeria. In solcher durchaus nicht gemütlichen Atmosphäre gab es zwei Äußerungen, die wahrscheinlich nicht nur mich beeindruckten. Die eine kam von Norbert Greinacher, der sagte, es ging ihm bei all diesen Fragen gar nicht um den Papst oder um die Kirche, sondern darum, daß die *Sache Jesu* vorankäme. Und ein zweiter - leider habe ich in der Eile den Namen nicht mitbekommen, und »Die Welt am Sonntag« zitierte nur die Äußerungen, die die konservativen Bürger erschrecken sollten -, jener andere sagte sinngemäß: Man dürfe nicht vergessen, was alles im Stillen getan würde, wo Menschen krank, süchtig, obdachlos usw. wären und es so etwas wie Diakonie gäbe, und für einige Augenblicke breitete sich eine kleine Stille der Betroffenheit aus, weil wohl nicht wenige daran dachten, wie es wäre, wenn sie jetzt angewiesen wären auf andere, diskriminiert als krank, alt, schwach oder schuldig, und niemand da wäre, der sich Zeit nähme für sie. Sie ahnten die lähmende Aus-

kunft an Judas: »Da siehe du selbst zu!« Sie ahnten, daß Schwarz und Weiß nicht immer so klar ist, aber es kann eine wölfische Atmosphäre geben.

Natürlich ist alles viel komplizierter geworden, als wäre es so klar, wer da Schaf und wer da Wolf sei. Schon die Bibel spricht ja von Wölfen im Schafspelz. Vielleicht gibt es auch das Umgekehrte. Aber bei all diesen vielen Problemen mit ›personal‹ und ›strukturell‹, mit ›latent‹ und ›manifest‹, mit ›privat‹ und ›öffentlich‹ bleibt etwas von der Wehrlosigkeit, der Ohnmacht, der Preisgegebenheit der Liebe angesichts dessen, was Martin Walser »Kultur der Teilnahmslosigkeit« genannt hat. Ich zitiere seine Diagnose über den herrschenden Gott oder den Götzen unserer Welt: »Vor der Leistung sind wir alle gleich, und nach der Leistung sieht man, was einer bringt. Das ist der Klartext unseres Gottes. Wir wählen einen Gott nicht ab, weil er nicht hilft. Wir haben ihn dazu gewählt, daß er unsere Unfähigkeit zu helfen legitimiert. Unser Gott brüllt andauernd durch die Gegend, du hast es dir selber zuzuschreiben. Dem Leidenden salzt das das Leiden, den Genießenden den Genuß.« Ist das böswillige Karikatur? Sind *wir* anders? Ich weiß es nicht, ich bin nur sicher, daß wir den Gedanken der *Sendung* anstatt der Selbstbevollmächtigung oder der funktionierenden Gehorsamsroutine erst wieder nahekommen, wenn wir bereit sind, uns auszusetzen, ob mit oder ohne Sandalen, das ist schon bei den Evangelisten unterschiedlich, den Schritt dahin zu tun, die Lebensbedingungen der anderen, der Mitarbeiter/innen und der sog. Laien *an*zuerkennen und dort die Zeit zu einem Stück Zusammenleben zu teilen.

Ich sprach von dem Gedicht »Atom und Aloe«, schon damals prophetisch den Gegensatz von Technik und Bewahrung der Schöpfung vorausahnend, in dem am Schluß die Diakonie vorkommt. Wie der Autor in seinem Kommentar schreibt, mußte er sich »ins Gehäuse der Ahnung begeben, zu einer ins Positive umgestülpten Apokalypse«. So ähnlich wie die biblischen Visionen, wo Lamm und Löwe zusammenliegen. Es heißt in dem Gedicht: *»Die Sonnenuhr wirft Schatten aus«*, denn der natürliche Schatten war davongegangen,

> *»auf Hosenmatz mit Lid und Zeh«*
> (der Kommentar: »Hat er einen, der sich um ihn kümmert?«)
> *»auf Elefantenohr und Laus*
> *auf Ninive und Aloe«*

Der Dichter dankt der Aloe, dem Strauch: »Ohne ihn wäre mein Gedicht nicht zustande gekommen. Ich danke dem Strauch.« *»Das*

Kanu zieht hebridenwärts«, weiter so kommentiert: »Wir alle sitzen darin. Daß das Boot gerade zu den Hebriden gleitet, hängt mit meiner Liebe für Mendelssohns Hebriden-Ouvertüre zusammen.« Und nun der Schluß

»Diakonie an Bord,
denn jetzt und immer tönt die Terz:
das Brudersegel ist gesetzt.«

Heute würde Weyrauch vielleicht sagen: Das Schwesternsegel ist gesetzt. Ein Segel ist gesetzt. Das sagt mir mehr als: Ein Zeichen ist gesetzt. Das ist ein Tun für Gottes Tun, sehr beobachtungsintensiv, ohne Zugriff zur diakonischen Windmaschine. Wichtiger aber ist, daß er, obwohl er, so meine ich, ein gutes Gedicht geschrieben hat, zuletzt in seinem Kommentar schreibt: »Ich habe wohl versagt. Was das für mich bedeutet, geht keinen was an. Aber auch wenn ich versagt habe, ich habe immerhin ein Steinchen ins Brackwasser geschleudert. Das Steinchen zieht Kreise. Es sinkt auf den Grund. Blasen steigen hoch. Das Brackwasser ist kein Brackwasser mehr. Ich habe eine Unruhe verursacht. Ich habe Tabus angefochten. Ich war ein Pragmatist der Poesie.« Ich meine, die Sendung, der biblische Auftrag zur Diakonie könnte ähnlich formuliert werden, in einem Gebet, das der biblischen Botschaft und Sendung aufmerksam folgt. Der, der uns sendet, vergewissert uns wieder:
Wir sind nicht nur geschickt, wir sind auch gesendet. Es gibt einen Auftrag, sich dahin zu begeben, wo der Mensch nicht dem anderen zum Wolf werden kann. Wir erfahren, wir haben wohl mehr versagt, als wir möchten. Der Auftrag: *Zeit, Kraft, Geld,* ja *uns selbst* zu teilen, überfordert uns. Wenn wir auch öfters als gewünscht versagen, einfach hilflos sind vor den Zwiespältigkeiten, so wollen wir uns doch nicht *Dir* versagen, der uns gesagt hat: Siehe, ich *sende* euch. Ihr könnt Unruhe in das Brackwasser der Resignation bringen. Ihr könnt die Unruhe sein, die zum tiefen Frieden führt.
Wir kommen nicht darum herum, Tabus anzufechten, gerade auch die Tabus über unsere eigene Anfechtung. Wir sind Pragmatisten, aber wir möchten vor allem Pragmatisten der schöpferischen Kraft Gottes sein, die in den Schwachen mächtig ist, der Phantasie für das Miteinander von denen, die sich bisher nur als Schafe oder Wölfe kennengelernt haben. Dein Leben, Christus, ist auf Erden noch nicht zu Ende gebracht. Du lebst es weiter in unserem Leben, in unseren Schritten in die Gefahrenzone, wo die Schwarz-Weiß-Malerei aufhört, vor allem aber die Propaganda, denn Du, unser Gott, brüllst nicht, sondern hast eine »stille Stimme« (1Kor 19,12),

damit innere Mission beginnt, die innere Mission zur Diakonie. Wenn ich mich vertiefe in die Sendungsgeschichten der Bibel, erfahre ich, daß ich nicht allein gehen muß, wenn ich dahin gehe, wo Du mich erwartest. Viele sind schon vorangegangen, und jeder geht zumindest seit Jesus zu zweit. Wie Israel unter die Völker, so wir unter die Menschen. Ob solche Diakonie groß ist, wer will es sagen, auf jeden Fall, sie setzt sich aus kleinen Steinchen zusammen; groß aber, weil: größer als unser Kleinglaube, ist Deine stille Stimme, die uns fragt: Wen soll ich senden, wer will für uns gehen? Ich fühle, daß wir müde und hart geworden sind, aber ich werde in den Menschen, die verlassen sind, mühselig und beladen, in gottverlassener, wölfischer Gegend, Dir wieder begegnen, der mich ins Leben ruft. So bin ich nicht immer geschickt, aber immer gesendet. Hier bin ich, sende mich, laß mich wieder auf *Sendung* sein – durch das stille Wort zum tiefen Frieden.
Amen.

Wolfgang Weyrauch

ATOM UND ALOE

Atom und Aloe
im letzten Areal
des schwarzen Ninive
der Hauch flieht vor der Zahl
der Kehricht küßt den Aal
Atom und Aloe
das Schweißtuch würgt den Wal
rings um Gethsemane

Atom und Aloe
der Kern erstickt das Tal
der Mantel scheucht die See
bis zu dem Marterpfahl

die Käfer fressen Kral
Atom und Aloe
und Kathedrale kahl
dann fällt der rote Schnee

Atom und Aloe
das scharlachrote Mahl
der Hirschkuh mit dem Reh
verzehrt zum letzten Mal

im letzten Areal
des schwarzen Ninive
der Hauch floh vor der Zahl
Atom und Aloe

Atom Atom und Aloe
die Aloe stäubt das Atom
Gespinst von Lotos und von Schleh
der Reisig selbst wird autonom

der Zephyr zirpt Hallelujah
Zenith Nadir Nadir Zenith
die Taube im Himalaya
erwidert mit dem ersten Lied

das Murmeltier pfeift den Akkord
der Esel schreit den Intervall
sogar das Lallen und das Wort
entgegnen dem Oboenhall

ein Mr. Smith in Turkestan
ein Dimitrij in Mexico
entzücken sich am Zimbelhahn
und schlafen auf dem Harfenstroh

die Sonnenuhr wirft Schatten aus
auf Hosenmatz mit Lid und Zeh
auf Elefantenohr und Laus
auf Ninive und Aloe

das Kanu zieht hebridenwärts
Diakonie an Bord denn jetzt
und immer tönt die Terz:
das Brudersegel ist gesetzt

(In: »Mein Gedicht ist mein Messer«, hg. von Hans Bender, Paul List Verlag, München 1961, S. 34f)

Eberhard Winkler

Bibelarbeit zum Thema Dienst (Lk 10,38-42)

Auf Station 4 gab es mehrere Zugänge und zugleich Krankmeldungen von Mitarbeiterinnen. Die Stationsschwester Helga bat eine Theologiestudentin, die dort ihr diakonisches Praktikum absolvierte, beim Reinigen der Station zu helfen, und die Praktikantin – ich nenne sie Kerstin – machte sich an die Arbeit. In Zimmer 7 lag Herr Schönfeld, dem eine Operation bevorstand. Als die Praktikantin das Zimmer betrat, fragte er sie: »Haben Sie etwas Zeit für mich?« Kerstin nahm einen Stuhl und setzte sich neben das Bett. Herr Schönfeld begann von seiner Familie zu erzählen. Kerstin erinnerte sich an die Seelsorgevorlesung und bemühte sich, gut zuzuhören. Die Stationsschwester schaute herein und sah auf einen Blick, daß in Zimmer 7 weder der Staub noch der Fußboden gewischt war. In Zimmer 6 war auch noch nichts getan, und in wenigen Minuten konnte der Chef zur Visite kommen. Schw. Helga beherrschte sich und bat Kerstin höflich, doch möglichst schnell die beiden Räume zu reinigen, und zu Herrn Schönfeld sagte sie: »Fräulein Kerstin wird nach der Visite Zeit haben, sich wieder zu Ihnen zu setzen.«
Hat Schw. Helga, die auch Martha heißen könnte, nicht recht? Muß das Gespräch unbedingt jetzt stattfinden, da die Situation besonders angespannt ist? Wenn Kerstin auf Herrn Schönfeld hören will, ist das gut, aber damit sitzt sie ja nicht wie Maria zu Füßen des Herrn Jesus. In den Andachten sitzt Kerstin auch nicht regelmäßig. Die Analogie zur Geschichte von Maria und Martha gilt also nur sehr begrenzt. Was ist auf Zimmer 7 und Station 4 das Eine, das not tut?
Ich spinne die Geschichte aus einer Praktikumsauswertung weiter. Nach der Visite kommt es zu einer Auseinandersetzung zwischen der Praktikantin und der Stationsschwester. Die Studentin beklagt sich bei ihrem Mentor, dem Vorsteher des Hauses. Sie kritisiert, daß das Staubwischen wichtiger ist, als daß einem Leidenden die Möglichkeit geboten wird, sich auszusprechen, und das in einem diakonischen Haus. Der Vorsteher schätzt die tüchtige Stationsschwester, sie ist für das Haus wichtiger als die Praktikantin. Er sucht zu vermitteln: Schw. Helga habe sicher nichts dagegen, daß die Pflegerinnen sich für das Gespräch mit den Patienten Zeit neh-

men. Das Gespräch mit Herrn Schönfeld sollte gewiß nicht abrupt beendet werden. Herr Schönfeld versteht es sicher, wenn er freundlich informiert wird, und vielleicht hätte er auch gern weitergesprochen, während die Praktikantin saubermachte. Schw. Helga unterdrückte die Frage, ob die Theologin sich vielleicht zu schade dazu fühlt, ihre Zeit beim Saubermachen zu verbringen. Aber ganz ist der Verdacht nicht auszuschließen, daß sie sich zu Höherem berufen fühlt und gern die Schmutzarbeit anderen überläßt.
Ich kann mir vorstellen, daß solche Gedanken in Martha aufstiegen, als sie ihre Schwester andächtig bei Jesus sitzen sah. Meine Schwester ist wohl etwas Besseres als ich? Sie befaßt sich mit den höheren Dingen, ich bin gut für das Grobe. Vielleicht hätte auch Schw. Helga sich gern zu Herrn Schönfeld gesetzt. Man muß aber doch alles zu seiner Zeit tun, und jetzt ist die Station für die Visite vorzubereiten bzw. die Mahlzeit für die hochgeschätzten Gäste zu richten.
Ich finde es schwer zu entscheiden, was in dieser Situation Vorrang haben sollte. Leicht ist es, abstrakt über den Zusammenhang zwischen Hören und Handeln zu reden. Leicht ist es, den Gegensatz von aktivem und kontemplativem Leben als unsachgemäß zu erweisen. Schnell können wir uns darüber einigen, daß die Geschichten vom Barmherzigen Samariter und von Maria und Martha aus gutem Grund aufeinander folgen und sich gegenseitig ergänzen. Gut ist, daß Martha in der Diakonie immer hohes Ansehen genoß. Mein Beispiel sollte zeigen, daß die Schwierigkeiten beginnen, wenn das abstrakt Gedachte und Gesagte in die Praxis umgesetzt werden soll.
Ein exegetisches Problem kommt hinzu. Der letzte Vers und mit ihm die Pointe der Geschichte ist textkritisch unklar. Nestle-Aland liest: »Weniges ist nötig, oder eines.« Die Lutherbibel blieb bei der Kurzfassung: »Eins aber ist not.« Folgen wir der längeren Fassung, so ist das Wenige der Vielgeschäftigkeit Marthas entgegengehalten. Vieles, das wichtig scheint, ist entbehrlich oder doch zweitrangig. Diesem Gedanken können wir wiederum wohl abstrakt gut folgen. Es gibt Wesentliches und weniger Wichtiges. Schwierig ist es, diese Unterscheidung in concreto zu präzisieren, aber daß wir zwischen dem Vielen, das wir betreiben, und dem Wenigen, das sein muß, kritisch unterscheiden sollten, leuchtet ein. Läßt sich dieses Wenige jedoch auf Eines reduzieren? Führt das nicht auf eine Abstraktionsebene, die praktisch nichts mehr bedeutet? Wenn nur eins not tut; was ist dann dieses Eine? Es ist der Dienst, den Jesus uns tut.
Das Eine, das not tut, ist der Dienst, den Jesus uns leistet, ehe wir ir-

gendwie dienen können. Wenn sein Dienst nicht unserem Dienst zuvorkommt und ihn ermöglicht, sind wir hilflose Helfer. Er hat viele Möglichkeiten, uns den Dienst zu leisten, der unser Dienen möglich macht. Ein Beispiel erzählt Ulrich Bach in seinen »Millimetergeschichten«. Beim Gesang des Liedes »O komm du Geist der Wahrheit« las er versehentlich: ». . . trotz aller Feinde Toben, trotz allem Heldentum« - statt »Heidentum« - »zu preisen und zu loben das Evangelium«. Zuerst war ihm das peinlich, doch dann fand er es ganz sinnvoll: »trotz allem Heldentum zu preisen und zu loben das Evangelium«. Diese Anekdote hilft mir, die Geschichte von Maria und Martha zu verstehen. Marthas Heldentum verdient Anerkennung und Dank. Jesu Worte lassen sich durchaus in diesem Sinne verstehen. In der Diakonie gibt es viel Heldentum, das Dank und Anerkennung verdient. Schade ist es, wenn dieses Heldentum den Mitarbeiterinnen und Mitarbeitern die Luft nimmt, »zu preisen und zu loben das Evangelium«. Schlimm wird es, wenn die Heldinnen und Helden beginnen, sich selbst zu bemitleiden, weil ihrer so wenige geworden sind.

Das Eine, das not tut, besteht darin, daß wir Jesu Dienst empfangen und dafür ihn loben und preisen. Daß unser Dienst dankbare Antwort auf seinen Dienst ist, macht das Proprium der Diakonie im Verhältnis zu staatlicher Sozialarbeit aus. Dieses Proprium ist auch außerhalb institutionalisierter Diakonie vorhanden, wenn Menschen im Hören auf Jesus zur helfenden Liebe bewegt und gestärkt werden. In vielen staatlichen Einrichtungen ereignet sich solche Diakonie, und in unseren Gemeinden geschieht mehr Diakonie in diesem Sinne, als unsere Klagen über den Mangel an Gemeindediakonie wahrhaben wollen. Unser diakonisches Idealbild finden wir allerdings in der Realität der Gemeinden und der diakonischen Einrichtungen selten. Ideal wäre es, wenn Maria und Martha zuerst gemeinsam zu Jesu Füßen säßen, von ihm Gottes Wort hörten und sie dann wiederum alle gemeinsam - warum nicht auch zusammen mit Jesus und den Jüngern? - das Abendbrot vorbereiteten. Die Realität unserer Gemeinden und unserer Einrichtungen sieht so aus, daß viele bereit sind, mit Hand anzulegen, daß sie aber entweder gar keinen Grund sehen, sich Zeit dafür zu nehmen, auf Jesus zu hören, weil sie zu wenige Zusammenhänge zwischen den geistlichen Reden und ihrem Leben erkennen. Oder sie haben sozusagen etwas von Jesu Lehre aufgeschnappt, was ihnen einleuchtet, ohne daß sie sich sehr für die Lehre insgesamt interessieren. Was Jesus in der Geschichte vom Barmherzigen Samariter zur Nächstenliebe sagt, ist auch denen plausibel, die mit Gottesliebe nichts anzufangen wissen, weil Gott ihnen als eine überholte Vorstellung gilt. Wir machen uns viele Gedanken darüber, wie das Proprium der Diakonie zu erhalten ist, wenn solche Leute immer mehr das Klima in unseren Häusern bestimmen. Wird der Anteil derer, die ihr diakonisches Handeln vom Gottesdienst her und als Gottesdienst verstehen, immer geringer, so kann das zu einem gefährlichen diakonischen Heldentum führen. Es besteht die Gefahr, daß die kleine Schar der geistlich Motivierten sich permanent überfordert fühlt, daß es zu dem »Ausbrennsyndrom« kommt und das Preisen und Loben des Evangeliums gequält wirkt. Ich muß darauf verzichten, der Frage nachzugehen, ob es dann nicht besser wäre, die Diakonie gäbe so viele Einrichtungen in andere Trägerschaft ab, daß die geistlich motivierten Mitarbeiterinnen und Mitarbeiter wieder das Ganze stärker durchdringen könnten.

Es gibt eine Grenze, unterhalb derer es nicht mehr sehr sinnvoll und vertretbar ist, eine Einrichtung unter dem Dach der Kirche zu erhalten. Sie ist überschritten, wenn es in dieser Einrichtung nicht mehr die zwei oder drei gibt, die sich im Namen Jesu versammeln, auf ihn hören, mit ihm reden und daraus die Orientierung und Kraft für ihren Dienst gewinnen. Wir haben höchstens noch in Ausnahmefällen die Hausgemeinde, in der Gottesdienst und Diakonie wie im Rauhen Haus Wicherns oder in Löhes Neuendettelsau eine Einheit bilden. Es wäre illusionäres diakonisches Heldentum, diese ideale Einheit zurückgewinnen zu wollen. Real und notwendig ist es aber, daß Zellen geistlichen Lebens in unseren Häusern und Gemeinden vorhanden sind und auch gefördert werden. Hier liegt eine wichtige Leitungsaufgabe, und ich erlaube mir, an dieser Stelle dem Thema von morgen vorzugreifen. Unsere diakonischen Häuser sind nicht mehr als ganze das, was wir Gemeinde Jesu Christi nennen können. Deshalb muß im Raum der Diakonie Gemeindeaufbau geschehen. Wir brauchen Gruppen, die nach dem einen Notwendigen fragen und es im Hören auf Gottes Wort und aufeinander für die jeweilige Situation zu erkennen suchen. In solchen Gruppen muß die Schwesternschülerin ebenso zu Wort kommen wie der Chefarzt, Frau Schulze aus der Wäscherei ebenso wie der Vorsteher, der Kraftfahrer ebenso wie die Oberin. Solche Zellen geistlichen Lebens sind ein notwendiges Korrektiv der in der Diakonie weithin auf problematische Weise konservierten hierarchischen Strukturen. Gemeindeaufbau gibt es nicht ohne das allgemeine Priestertum. Maria hat sich praktisch den maskulin dominierten Strukturen ihrer Gesellschaft widersetzt, indem sie sich zu Jesus setzte, und Jesus hat das akzeptiert, er hat durch sein Verhalten dazu beigetragen, daß eine überlieferte soziale und religiöse Norm durchbrochen wurde. In der kleinen Gruppe derer, die Gottes Wort hören, bricht sich das neue Leben Bahn, leuchten Signale des Reiches Gottes auf.

Manchmal geraten solche Gruppen allerdings in eine elitäre Position. Das Selbstbewußtsein, hier seien die eigentlichen Träger der Diakonie beieinander, hier schlage das Herz des Hauses, kann abgrenzend wirken und andere abstoßen. Martha ärgert sich dann über diejenigen, die sich angeblich oder wirklich als geistlich höherstehend einstufen. Vielleicht wirft Martha der Maria sogar vor, sie könne zwar gut über geistliche Dinge reden, aber schlecht arbeiten. In einem Diakonissenkrankenhaus hörte ich, daß jemand aus der Leitung über eine Gruppe klagte, deren Mitglieder sehr darauf achten, regelmäßig an ihren Gebetsversammlungen teilzunehmen, aber schwer dafür zu gewinnen sind, Vertretungsdienste zu übernehmen oder sonst helfend einzuspringen. Sicher darf man dieses Beispiel nicht verallgemeinern, aber eine Konkurrenz zwischen dem Dienst des geistlichen Wortes und der helfenden Tat gehört zu den Grundproblemen christlicher Glaubenspraxis, sie ist keineswegs auf bestimmte Gruppen begrenzt.

Eine solche Konkurrenzsituation schildert unsere Geschichte von Jesus bei Maria und Martha. Diese Konkurrenz zieht sich durch die Kirchengeschichte hindurch. Luthers Betonung des Wortes im Gegensatz zur spätmittelalterlichen Werkfrömmigkeit wurde im Sinne solcher Konkurrenz mißverstanden. Der Pietismus versuchte dieses Mißverständnis in der Auseinandersetzung mit der lutherischen Orthodoxie zu korrigieren. Daran knüpften die Pioniere der Inneren Mission an, etwa Wichern mit seinem bekannten Wort »Die Liebe gehört mir wie der Glaube« oder mit seiner Rede von der Liebe, die den Glauben zur »Tatsache« macht. Heute stehen wir der Wort-Tat-Beziehung in einer eigenartigen Ambivalenz gegenüber. Einerseits betonen wir den performativen Charakter des Wortes: Worte bewirken etwas. Andererseits leiden wir unter einem Überdruß an Worten. Symbole, Zeichen, sakramentale Handlungen sind uns neu bedeutsam geworden, und die Aussagekraft diakonischen Handelns wurde uns so wichtig, daß eine ernst zu nehmende Praktische Theologie heute ohne die Besinnung auf die Diakonie nicht mehr möglich ist. Im gesellschaftlichen Raum zehrt die Kirche von dem hohen Ansehen, das die Diakonie genießt. Zugleich aber müssen wir beobachten, daß die Verankerung der Diakonie im Gottesdienst immer lockerer wird. Es besteht die

Gefahr, daß Maria und Martha sich weiter voneinander entfernen. Wie können sie einander näherkommen?
Eine Hilfe besteht darin, daß beide ihre Verschiedenheit als Gabe und Aufgabe erkennen und auf dieser Basis einander bejahen. Maria hat das Charisma des Hörens, Martha das der Organisation und praktischen Dienstleistung. Beides ist notwendig, beide brauchen einander, müssen sich gegenseitig ergänzen und sind gemeinsam wichtig für die Gemeinde und ihre Diakonie. Ihre Gaben können sich allerdings nur fruchtbar entfalten, wenn beide kommunikationsfähig bleiben. Martha spricht sich ihren Ärger vom Herzen, sie verdrängt ihr Problem mit Maria nicht. Maria kann wahrscheinlich nicht so gut argumentieren, Jesus tut es für sie. Wir erfahren nicht, wie die Geschichte weiterging. Einen Lösungsvorschlag habe ich schon gebracht: Alle stehen auf, helfen Martha, und sie kann sich danach mit in die Runde setzen. Oder Martha sagt: »Na gut, dann lasse ich die Kartoffeln kochen, wir verzichten auf Nachspeise, ich setze mich zu euch.« Die verschiedenen Gaben werden für alle fruchtbar, wenn die unterschiedlich Begabten und Interessierten das Eine suchen, das not ist.
Martha ging es um den Gast, den Menschen, den sie durch ihren Dienst ehrte. Worum ging es Maria? War sie geistlich weiter fortgeschritten als Martha, hatte die Verkündigung des Gottesreiches für sie Vorrang? Meister Eckehart hat in einer Predigt, deren Echtheit allerdings umstritten ist, den Verdacht geäußert, »daß sie, die liebe Maria, mehr dasaß, um das wohlige Gefühl auszukosten, als um des geistigen Gewinnes willen«. Eckehart meint sogar, Martha sei geistlich reifer gewesen als ihre Schwester. Vielleicht hat Meister Eckehart recht mit dem »wohligen Gefühl«. Vielleicht ging es auch Maria um den Menschen Jesus, jedenfalls auch um ihn, in dessen Nähe sie sich wohlfühlte. Die Konkurrenzsituation zwischen Wort und Tat, Hören und Handeln, Glauben und Dienst wird aufgehoben, wenn es jeweils um den Menschen geht, in dem uns Gott begegnet. Schw. Helga hätte die Praktikantin Kerstin am Bett von Herrn Schönfeld in Ruhe sitzen lassen, wäre ihr der Gedanke gekommen, daß um des Menschen willen jetzt das Hören Vorrang hat vor der sonst auch wichtigen Sauberkeit. Das Gespür dafür, wann die Zeit geschäftigen Tuns und wann die Zeit des Hörens ist, will immer neu geübt sein. Dafür sind uns in den letzten zwei Jahrzehnten durch die Seelsorgeausbildung die Sinne geschärft worden. Daß uns Gott in Menschen begegnet und wie er es tut, das können wir nur erkennen, indem wir wie Maria auf Jesus hören und uns von seinem Geist leiten lassen. Diakonie ist nur möglich, wenn wir uns neben Maria setzen, um Jesus zu hören.

II
Hauptreferate

Karlheinz Stoll

Was mich als Bischof im Blick auf das Tagungsthema bewegt

Drei Vorbemerkungen:

a) Der mir übertragene Part entlastet mich im Blick auf das Tagungsthema. Ich muß nicht vollständig sein und nicht systematisieren. Ich bitte bereits jetzt um Nachsicht für alles, was noch hätte gesagt werden können. Ich muß auch bei dem, was mich bewegt, auswählen.

b) Ich bin ein Lutheraner; an einigen Stellen werden Sie das merken.

c) Sie haben einen Bischof gebeten. Aber was tut ein Bischof in der Diakonie? Ist er Alibi-Figur oder Emblem? Oder soll der Bischof auch hier das sein, als was er sonst erwünscht ist: Hoffnungsträger - Freudenbringer - Klagemauer - Brückenbauer?

1 *Die Kirche ist im Volk Gottes berufen, ihre Sendung diakonisch zu verwirklichen*

Anfangs will ich mit einer alten, weisheitsvollen Einsicht aufwarten. Sicherlich verhält es sich mit der Diakonie ebenso wie mit der Kirche. Wenn nach deren Wesen gefragt wird und die Anstrengungen sich auf die Erstellung einer Ekklesiologie richten, dann ist das ein Anzeichen dafür, daß eine Störung vorhanden ist. Zugrunde liegt die Auffassung, daß das Leben der Kirche mit dem Leben des Menschen vergleichbar sei. Solange ein Mensch lebt und atmet, ist er von der Funktion seines Herzens abhängig. Jedoch muß er nicht ständig seinen Puls fühlen oder ein reflektiertes Wissen um Wesen und Funktion seiner Lunge haben.

Nun gibt es natürlich kein störungsfreies Leben, weder beim Menschen noch bei der Diakonie oder bei der Kirche. Woher solche Störungen immer auch kommen, sie haben doch veranlaßt, daß Kirche ihr Dasein sich bewußtgemacht hat. Und je nachdem, aus welcher Richtung Anstöße auftraten, ist Kirche in die eine oder andere Richtung gedrängt worden mit der Folge, daß im Laufe der Geschichte eine Menge falscher Alternativen entstanden sind: Kirche als Glaubens- und Liebesgemeinschaft; Kirche des Rechtes

oder Kirche des Geistes; die Betonung des Individuums gegen die Gemeinschaft und umgekehrt; die Ableitung allein aus dem zweiten Glaubensartikel; die Diskussion um Heil und Wohl und der künstliche Hiatus zwischen Hinwendung zur Welt und Abkehr von ihr.
Doch worin liegen die Störungen? Ich behandle hier deren zwei. Bei der einen beziehe ich mich auf den Entwicklungsstand, den verfaßte Kirche und organisierte Diakonie im Verhältnis zueinander erreicht haben und der offensichtlich innezuhalten gebietet. Die parochialen Kirchengemeinden, zum Teil aber auch die Kirchenkreise haben im Blick auf bestimmte Notstände lediglich beschränkte Möglichkeiten. Dieser Mangel ist durch die überregionalen und professionalisierten Einrichtungen hinlänglich aufgenommen und ausgeglichen worden. Das ist großartig. Man muß jedem Versuch widerstehen, die damit erbrachte Leistung irgendwie zu schmälern.
Jedoch kann man der Frage nicht ausweichen, ob und wieweit solche Entlastung nicht zur Entsorgung und Entfernung vom diakonischen Auftrag in den Ortsgemeinden geführt hat und führt. Trotz der Arbeitsteiligkeit, wie sie in Apostelgeschichte 6 eingeleitet wird, soll in dem *einen* Amt der Kirche alles umklammert werden gegen die Tendenzen, daß die Teile für sich gehen.
In meiner Heimat-Kirchenleitung haben wir festgelegt, daß das Stichwort Diakonie als eine ständige Rubrik in der Tagesordnung steht. Aber es wird nur selten in Anspruch genommen. Und als ich vor Jahren den Vorsitz in der Nordelbischen Diakonie übernahm, wurde ich in der ersten Besprechung der Abteilungsleiter mit den von Enttäuschungen getragenen Erwartungen konfrontiert, man hoffe, daß durch mich und daraufhin durch ausreichende finanzielle und personelle Zuwendungen in die Tat umgesetzt werde, womit die Verfassung der Kirche sich schmücke, nämlich daß Diakonie eine »Wesens- und Lebensäußerung« der Kirche sei. Jedem von uns fiele es leicht, diese beiden Hinweise durch eine Menge anderer Beispiele anzureichern.
Vergessen werden sollen nicht die historischen Wurzeln des heutigen Zustands. Auch darf nicht übersehen werden, daß notwendiger Pragmatismus im Spiele ist, der seine guten Gründe hat und dem keineswegs bloß Eigensinn oder gar Nachlässigkeit anhaften. Es ist gut, wenn die Diakonie an manchen Stellen ihr Dach weiter spannen kann, als es die Bestimmungen einer Kirchenverfassung hergeben, oder wenn die Kirche in heikler Mission nicht immer unmittelbar selber tätig sein muß oder auch nicht gleich als erste den

Kopf hinzuhalten hat. Doch die kirchenaufsichtliche Unabhängigkeit mancher Haupt-Diakoniker erweckt mancherorts neidvolle Bewunderung oder auch ängstliche Besorgnis. Und wiederum umgekehrt: Wer in der Kirche weiß in den Dingen der Diakonie schon so gut Bescheid wie die diakonischen Experten? Die Organe der verfaßten Kirche scheinen dann allemal überfordert.
In den Ortsgemeinden geschieht dennoch viel: Nachbarschaftshilfe und häusliche Pflege von Alten, Kindergarten- und Beratungsarbeit, Diakoniestationen und Arbeitslosen-Initiativen usw. Aber ein bemerkenswertes Symptom könnte ein typisches Kennzeichen sein: Als Lebensmittelbestände aus der EG zu verteilen waren, wollten sich einige nicht nur nicht einspannen lassen, sondern mußten auch die Verlegenheit zugeben, daß man nicht wirklich wußte, wer hier zu bedenken sein würde. Hierfür mögen mancherlei Gründe maßgebend sein wie Scheu, sich zu offenbaren, verständliche Betreuungsunwilligkeit, doch auch Unaufmerksamkeit und das Gefühl der Nicht-Zuständigkeit.
Schwieriger und gewichtiger ist noch ein anderes Phänomen, inwieweit nämlich unsere Gemeinden den verbreiteten gesellschaftlichen Zustand widerspiegeln, alles, was nicht als gesund oder normal erscheint - in einem sehr vordergründigen Sinn von Wohlergehen und Funktionalität -, auszugliedern und, der Öffentlichkeit entzogen, in besonderen Räumen unterzubringen. Es widerspricht unserer Einsicht und unserem Verständnis von Kirche und Diakonie, wenn Menschen separiert werden, so daß in dem einen Bereich die in Not Befindlichen und Betroffenen versorgt werden und der andere Bereich um so deutlicher als entsorgt erscheint.
Ich betreibe beileibe keinerlei Schuldzuweisungen. Vielmehr beschwöre ich die Ressourcen einer Volkskirche, die ihre Stärke darin hat und haben will, ein Lebensraum, ja Schutzraum zu sein für unterschiedliche Frömmigkeitsformen, Meinungen, Lebensstile, allerlei Gruppierungen usw. Das führt schon in Zerreißproben, manchmal ist es auch eine Qual. Doch kenne ich ermutigende Beispiele von Besuchsgruppen in Heimen, Einbeziehung von Behinderten, Aufnahme von Asylanten, ökumenische Partnerschaften usw.
Die Integrationsaufgabe weist in zwei Richtungen. Einmal geht es um die Nähe zwischen Gemeindegliedern und diakonischen Einrichtungen. Zum anderen muß an jedwedem Ort die Frage geprüft werden, was Ortsgemeinden fälschlich abgenommen worden ist, was vielleicht organisatorisch verändert werden könnte, jedoch noch wichtiger: Wie die Aufgabe der Diakonie gestärkt und neu geweckt werden kann.

Dies alles ist nur ein Teil. Die zweite Störung reicht tiefer. In Apostelgeschichte 6 stand nicht nur die Einheit des Amtes, die Gliederung in verschiedene Dienste im Amt der Kirche zur Debatte, es stand auch das Verständnis des Gottesdienstes auf dem Spiel. Darum sollte verhindert werden, daß das Leben selbst mit seinen Nötigungen aus dem Gottesdienst der Gemeinde auswandert.
Mit geht es darum, Kirche von ihrem Wesen her, aber auch für alle ihre Lebensäußerungen als diakonisch zu markieren. Es offenbart einiges Ungereimte, wenn man Mission und Diakonie, Zeugnis und Dienst gegeneinander ausspielt. Deswegen meine Überschrift: Die Kirche ist im Volke Gottes berufen, ihre Sendung diakonisch zu verwirklichen. In der seriösen ökumenischen Theologie ist man heute weitgehend darin einig, was aus der impliziten Ekklesiologie Jesu folgt – nämlich die Erweckung und Sammlung des Volkes Gottes quer durch alle Völker und Zeiten. Dabei steht das am populärsten gewordene Wort »Kirche« für die Versammlung derer, die Gnadengaben im umfassendsten Sinn des Wortes empfangen, um sie mit anderen zu teilen. Jeder wird hier zu einem Gesandten, der von der Nähe Gottes in seinem eigenen Leben unterwegs ist zu der Nähe Gottes im anderen. Die ganze Welt ist Gottes Welt und darum gewürdigt zu erfahren, was sie von sich aus nicht hat und weiß: Das ist die Auferweckung des Gekreuzigten und seine Gegenwart noch beim Elendesten unter den Elenden. Wir haben uns aufgemacht, um Menschen die Relevanz Gottes plausibel zu machen, und übersehen leicht, daß Gott sich längst im Nächsten uns relevant gemacht hat.
Als Jesus dem Petrus die Füße wusch, wollte der es nicht zulassen, weil ihm das Verhältnis von Handeln und Empfangen verkehrt zu sein schien. Schließlich meinte er, wenn schon die Füße, dann müßten auch Hände und Kopf gewaschen werden. Doch Jesus eröffnete über diesen niedrigsten der Dienste eine Beziehung, die den ganzen Petrus einschloß, eine Beziehung übrigens, die von Petrus mehrmals in Frage gestellt wurde, die von Jesus her in Geltung blieb bis in jene Stunde hinein, da Petrus angekommen war, wohin zu gelangen er nie gewünscht hatte. Das ist die Diakonie Jesu Christi. Die Sendung besteht in nichts anderem, als diese Diakonie sich selbst gefallen zu lassen und anderen mitzuteilen.
Darum kann eine Kirche nicht alles mögliche sein und dann auch noch diakonisch. Wir haben hier das alles entscheidende Kriterium, von dem her die Selbstbezogenheit der Kirche angegriffen ist, das offene Herrschaftsgebaren einer Amtstheologie oder das subtile einer Gruppensituation aufgedeckt wird und die Teilnahme an

der Missio Dei davor bewahrt werden kann, mit der christlichen Wahrheit, die ja eine Person ist, imperialistisch umzugehen.
Aber nicht nur ein kriteriologisches Moment ist dabei wichtig. Das Epitheton ›diakonisch‹ will der leidenschaftlichen Bejahung des notwendigen Gottesdienstes Ausdruck verleihen. Die Sache ist nicht im Lot, wenn Gottesdienst so aufgefaßt wird, als habe der Dienst am Menschen ihm erst noch irgendwie ergänzend hinzuzutreten. »Dem Menschen in seinem Gottesverhältnis zurechtzuhelfen, ihn dazu zu befreien, daß sein Leben selbst zum Gottesdienst wird, ist der unvertretbare Dienst der Kirche am Menschen«, und »deshalb wird allerdings die wache und tätige Aufmerksamkeit gerade auch auf die leiblichen Nöte der Menschen zum Kriterium dafür, daß die Kirche der Welt die Botschaft von der Liebe Gottes wirklich aus Liebe und in Liebe ausrichtet« (Gerhard Ebeling).
Daraus folgt, alle Diakonie - die organisierte allzumal - habe ihre Sendung so zu verwirklichen, daß sie in allem diakonisch ist. Da die Zuwendung zum Nächsten als zentraler Wert des christlichen Glaubens säkularisiert ist, andererseits jede Not ihr Kriterium in sich selbst trägt, muß unumgänglich danach gefragt werden, was als Not zu gelten hat und wahrzunehmen ist.
Bei Jesus jedenfalls legen sich Vergebung der Sünden und Heilung der Krankheit gegenseitig aus; und die Urgemeinde hat bekanntlich das Herrenmahl und die leibliche Fürsorge aufeinander bezogen. Daraus folgt doch wohl, daß die geistlichen Aspekte des Wohls betont und herausgefunden werden, und umgekehrt, daß das Heil seinen Ort im Leben des Menschen finden will.
Servilität wäre ein Mißverständnis, ebenso eine geistliche, missionarische Aufstockung des Sozialen als eines Superadditum. Das Diakonische im Sinn Jesu bezieht sich auf eine Bedürftigkeit, die oftmals mit der Gabe dem Empfänger überhaupt erst oder auch schmerzlich bewußt werden muß. Der »ältere Sohn« im Gleichnis wäre des heimgekehrten Bruders bedürftig gewesen, um sein Verhältnis zum Vater neu und damit in Wahrheit zu realisieren. Die Hungrigen, die Jesus sättigt, hatten die Chance, das Brot als Zeichen zu entdecken, um Jesus selbst als Brot des Lebens zu erfahren.
Zum Diakonischen in Martyria, Leiturgia und Koinonia kann ich mich hier nicht äußern. Das Diakonische in der Diakonie beachtet, daß beide hilfsbedürftig sind: Der oder die Hilfe gibt und der oder die Hilfe empfängt, und das noch einmal in doppelter Hinsicht: in der Beziehung ihres Lebens auf Gott, also auf Gnade angewiesen, und in der Beziehung je zueinander insofern, als sie einander brauchen. In der Sprache des Matthäus (9,9-13) muß der »Gerechte«

erst noch lernen, daß sein Opfer als Gnadengabe ermöglicht ist, um dann dem Nächsten zugewendet zu werden. Und der »Schwache« kann begreifen, daß er mit der Entgegennahme der Barmherzigkeit vor Gott gestellt ist.
Ich denke, das hat reichlich Konsequenzen für die Ebene der Motivation, für den Freiraum zur Gestaltung von Beziehungen und für die Grundsatzentscheidungen, was wer zu tun hat und auch getrost anderen überlassen sollte.

2 Das Priestertum der Getauften: ein einlösbares Versprechen

Die ausgreifende Expansion der diakonischen Handlungsfelder und Einrichtungen ist von zwei wesentlichen Voraussetzungen abhängig gewesen. Die eine bezieht sich auf das Geld. Mit ihm wird Vertrauen ausgezahlt. Andererseits haben wir ausreichend Mitarbeiterinnen und Mitarbeiter für den Dienst bei uns gewonnen. Auch hier ist ein großes Vertrauenskapital investiert, denn alle gehen davon aus, daß wir die richtigen Leute in genügend großer Zahl hätten - als Fachleute allzumal, die dazu noch Christen sind.
Wenn wir herausfinden wollen, wo wir uns eigentlich befinden und ob die Seele mit dem Körper gewachsen ist, und wenn wir die notwendige kritische Bestandsaufnahme vornehmen, die »goldenen Fesseln« betrachten, die Einbindung in die Mechanismen des bürokratischen Sozialstaates beseufzen und uns die klamme Frage beschleicht, ob wir unsere Mitarbeiterschaft insgesamt gelegentlich nicht überfordern, muß doch die eine Würdigung stattfinden, daß wir 140 Jahre nach dem Kirchentag in Wittenberg, bedingt durch Staat und Gesellschaft, einen Rahmen haben, der uns in einem nie erwarteten Ausmaß die Chance bietet, unseren Auftrag als kirchliche Diakonie und diakonische Kirche wahrzunehmen oder gar zu erfüllen. Die Kirche betreibt nach wie vor Sympathiewerbung mit ihrer Diakonie und tut das mit Erfolg. So darf man konstatieren, daß dieser Ruf am Einsatz der Mitarbeiterinnen und Mitarbeiter in der Diakonie hängt.
Fast ausschließlich sind es unsere Gemeindeglieder. Sie stammen also aus unserer Volkskirche, dieser vielgeschmähten, von manchen längst abgeschriebenen Größe. Nicht alle leben bewußt in der Nachfolge Christi. Keiner hat allerdings die Kirche als Arbeitgeber abgelehnt, obwohl diffuse oder falsche Erwartungen anzutreffen sind. Das kirchliche Verhalten und die christliche Einstellung sind jedenfalls nicht besser und nicht schlechter, als es der Vokskirche in

ihrer Wirklichkeit entspricht. Ich will hier gleich etwas Wichtiges hinzufügen, worüber wir wahrscheinlich noch zuwenig nachgedacht haben, nämlich daß wir Nachwuchs brauchen und dies bei den Altersverschiebungen in unserer Bevölkerung schwieriger wird, da wir nicht einfach wie unsere Schwesterkirche auf Ordensgemeinschaften in Vietnam etwa zurückgreifen können. Vielmehr sind wir angewiesen auf die Gemeinden in unserer Kirche, so wie sie ist.

Wollen wir mehr tun, als Arbeitsplätze zu vermitteln, dann müssen wir uns mit dem lutherischen Hauptartikel vom Priestertum der Getauften befassen. Nicht gut ist es, wenn man den Eindruck erweckt, als sei das Priestertum lediglich auf die Ehrenamtlichen zu verrechnen oder als sei das Thema dran, weil wir in Zukunft mehr Ehrenamtliche brauchten. Übersehen werden dürfen auch nicht die Kirchenmitglieder in sozialen und dienenden Berufen, die anderswo tätig sind als bei uns und darin ihre Glaubenseinstellung – auch unreflektiert – praktizieren. Wir treffen hier auf das grundlegende Thema für das Existenzverständnis von uns allen: Im Priestertum lassen wir uns gefallen, was wir uns selbst nicht beschaffen können, um das Empfangene anderen zu gönnen und mitzuteilen – und dies alles vor Gott.

In meiner Begrifflichkeit pointiere ich das Priestertum aller Getauften und nicht das Priestertum der Glaubenden oder »Engagierten« (wie es vor kurzem einmal hieß). Man ist dann nämlich schnell mit Forderungen bei der Hand, als käme doch wieder alles auf meine Entscheidung, meine Glaubensintensität, meine geistliche Lebendigkeit an. Vom reformatorischen Ansatz her kommt es auf stellvertretenden Glauben an, auf Fürbitte, Fürsorge und Fürglaube, denn es geht um den Raum, der in der Taufe von Gott her eröffnet ist und in dem auch Platz ist für Fragende, Zweifler und solche, die sich noch unterwegs wissen. Dies ist die evangelische Basis für die Selbsteinschätzung und für die Einschätzung anderer.

Wir holen damit nicht eine theologische Klamotte aus dem Schrank. Zentral steht hier das Sakramentsverständnis auf dem Spiel. In seiner Tauflehre hat Luther die Unterscheidung von Klerus und Laien verworfen und die darauf aufgebaute traditionelle soziologische Struktur der Christenheit radikal verändert. Auch die Ordinierten mit ihrem besonderen Auftrag und ihrer speziellen Verantwortung sind und bleiben Glieder der Gemeinde Christi. Darum werden wohl verschiedene Aufträge erteilt, mit der gleichen Taufwürde jedoch wird die Herrschaft der einen über die anderen abgewehrt, weil sie alle zu gegenseitigem Dienst verpflichtet sind. Wer bejaht, daß er des Gottesdienstes für sich selbst bedürftig ist, der erfährt, daß Gott seiner bedürftig sein will, um das Werk der Liebe in der Welt zu betreiben. Luther hat den priesterlichen Dienst auf die Stände, also auf die Weltverantwortung bezogen, um Christen zu ermutigen, ihre gewöhnliche Arbeit im Einsatz für das Ganze und für den einzelnen als Gottesdienst zu begreifen, also das Liebesgebot sozial zu konkretisieren, wobei man die Mittel im Reich Gottes zur Linken trotz aller Schwierigkeiten, die dabei auftreten, nicht entbehren kann.

Ein Beispiel, wie richtig unterschieden und zusammengehalten wird: Ein Arzt, ein Neurologe, schrieb kürzlich: Die Autorität des Arztes mit seinem hohen Ansehen schaffe ihm den Freiraum, sich auf die Organfunktionsstörung zu konzentrieren und diese unter Ausblendung des Patienten als Person maximal zu behandeln. Dies sei jedoch nur zu verantworten, wenn Arzt und Patient miteinander klären, was für ihn zu tun ist und was er für sich getan wissen möchte, wozu auch die Aufklärung über das Leiden- und Sterbenmüssen gehöre oder das Wissen, daß auch ein bedingtes Gesundsein trotz vorhandener Organmängel positiv mit dem Leben vereinbar sei und man auch lernen könne, das technisch Mögliche nicht mit dem Sinnvollen zu verwechseln, weil der Glaube an Gott das Urvertrauen enthalte und das Aufgehobensein in Gott.

Für die Felder der Leitungsverantwortung deute ich Folgerungen an:

Die Volkskirche muß man in ihrem theologischen Sinn stark machen. Das bedeutet zunächst den Verzicht, Grenzen dort festlegen zu wollen, wo diese von Christus nicht eindeutig sichtbar gemacht worden sind, denn das Evangelium überschreitet immer wieder alle Grenzziehungen. Früher als erwünscht, stößt die Kirche als Größe in dieser Welt an die Begrenzungen ihrer eigenen Möglichkeiten. Darum ist sie gehalten, ihrer Sendung den weitestmöglichen Horizont offenzuhalten, weil sie nur so ein Zeichen sein kann für das kommende Reich Gottes. Gewarnt ist sie folglich auch, sich auf eines der Bilder von Gemeinde festzulegen. Wir bleiben also eine »gemischte« Schar im Volk Gottes.

Nun spielt in der Realität die Pfarrer- und Mitarbeiterschaft eine dominierende Rolle. Daraus resultieren hohe Erwartungen gegeneinander, so daß besonders viel an Zuwendung, Einfühlung, Verstehen, Rücksichtnahme und Einsatz des Herzens verlangt wird. Das Erwartungsgefälle geht ganz eindeutig von denen in der schwächeren Position hin zu denen in der stärkeren. Enttäuschungserlebnisse sind eine fast natürliche Folge. Es zeigt sich dann, ob wir genug gelernt haben, welche Konsequenzen die Rechtfertigung des Sünders für unseren Umgang miteinander bringt: Den anderen anzunehmen, wie er ist, ihn nicht dazu machen zu wollen, wie ich ihn haben möchte, ihn also in seiner Andersheit und Besonderheit zu respektieren. Das gilt für Mann und Frau, für Junge und Alte, Hilfsbedürftige und Nicht-Hilfsbedürftige in gleicher Weise.

Aus der Fürsorgeverpflichtung der Kirche heraus müßte es undiskutiert regelrechte Standards geben, wie Einführung in den diakonischen Zweck eines Arbeitsfeldes und eine ausreichende religiöse Nachsozialisation für alle, denn wie sollte das schmale Konfirmandenwissen ein Leben lang ohne Ausweitung und Vertiefung genügen? Man muß sie von Zeit zu Zeit sogar erneuern, weil sich die Gegebenheiten in der Begegnung von sozialstaatlichen Anforderungen und kirchlichen Aspekten verändern. Dies darf nicht auf die private Sphäre allein abgeschoben werden. Mitarbeiter dürfen nicht überfordert werden, weil sie nicht nur ermüden, sondern auch zerrieben werden zwischen sachlichen oder personellen Gegensätzen oder Überschneidungen. Wer schafft geeignete Freiräume, wer ist frei zur Seelsorge an den Mitarbeiterinnen und Mitarbeitern?

Ein Abteilungsleiter hat geschrieben: »Christliche Lehre und Kirche treten uns allerdings im Tagesbetrieb in eher zwiespältiger Form gegenüber: einerseits in Form des Gedankens der Diakonie, des Dienstes der Barmherzigkeit und Menschennähe, andererseits in Form der Bürokratie der Kirche, die den gleichen systemimmanenten Mechanismen folgen muß wie der weltliche Bereich. Sie unterwirft sich mit gleicher ökonomischer Strenge wie alle kommunalen Bürokratien den Leistungsgesetzen und ist daher genauso menschenfern. Die hierarchischen Strukturen zeigen auch unter der Nähe der christlichen Lehre allgemein-gesellschaftliche Merkmale wie Abgrenzungsbedürfnis, Profilproblematik, Verlustängste, Machtausübung und Taktieren im eigenen Interesse. Vielleicht bieten sich hier Ansatzpunkte für Veränderungen, so daß sich geistig-seelische Neuorientierung, eine entkrampfte Trägerschaft sowie ein offenes Miteinander der Abteilungen und Abteilungsführungen zu einer menschlicheren Basis des Handelns zusammenfinden könnten.«

Hier haben wir mindestens zwei ineinander verschlungene Problemknäuel: Das erste betrifft die Arbeitsorganisation und die Frage, wie aus Bürokratie Dienstleistung zu werden vermag unter proprialem Verhältnis von Sachbezug und persönlicher Zuwendung. Das andere betrifft die Leitungsfunktionen und die Mitverantwortung. Seit dem Neuen Testament werden ›Dienen‹ und ›Herrschen‹ als Gegensätze behandelt. Aber innerhalb der ›Dienerschaft‹ gibt es verschiedene Verantwortlichkeiten, Kompetenzverteilungen, damit also Über- und Unterordnungen. Doch man muß für Klarheit und Deutlichkeit sorgen, so daß Abhängigkeiten durchsichtig werden, um angstfreie Räume zu schaffen. In allen möglichen diakonischen Handlungsfeldern landauf, landab haben Pastorinnen und Pastoren Leitungsfunktionen inne. Wir scheinen deren Naturbegabung vieles zuzutrauen, denn haben sie Leitung gelernt oder werden sie darin fortgebildet? Und schafft nicht Unsicherheit in der Leitungsverantwortung autoritäres Gehabe, wohinter allemal die Sorge steckt, daß ein anderer mehr wissen könnte als man selber und so gerade das verhindert wird, was erforderlich wäre, nämlich daß Mitarbeiterinnen und Mitarbeiter als Experten ihres Gebietes an den Entscheidungen beteiligt werden? Nicht verschweigen will ich die Sorge, wo wir denn die leitenden Ökonomen hernehmen, die ausreichend kirchlich beheimatet sind und die wir in zunehmender Zahl benötigen. Und wir brauchen künftig unter den Theologinnen und Theologen ausreichend Vorgebildete, denen ein Betrieb namens Diakonie geistlich und überhaupt anvertraut werden kann.

3 Diakonie im Sozialstaat – was ist sie: Partner? – Zeichen für das Reich Gottes?

Die organisierte Diakonie in Umfang und Form als singuläre Erscheinung in den Kirchen der Welt ist im Zusammenhang der bundesrepublikanischen und sozialstaatlichen Gegebenheiten entstanden. Als einer unter anderen Wohlfahrtsverbänden profitieren wir in der Diakonie von dem staatsbegrenzenden und übrigens dem nicht der evangelischen Ethik entstammenden Prinzip der Subsidiarität. Die mit der Sache ständig Befaßten wissen ein Lied davon zu singen, wie das Prinzip entwickelt worden ist, wie es verändert und auch eingeschränkt wurde. Wenn der Staat will, sitzt er allemal am längeren Hebel durch die ihm zur Verfügung stehenden finanziellen Mittel, durch die in der jüngeren Zeit entwickelte Gesamtverantwortung, die Planungshoheit und den Letztentscheid auf dem gesetzgeberischen Gebiet. Alles funktioniert nur und läßt sich auch vertretbar aushalten im Rahmen der komplexen, vertrauensvollen, wenn auch keineswegs spannungsfreien Zusammenarbeit von Staat und Kirche.

Natürlich muß mit anvertrautem Geld in den Kontrollmechanismen der Ökonomie gehandelt werden. Jedoch mit Tarifrecht und Pflegesatz sind auch die sozialen, organisatorischen, technischen und bürokratischen Standards gesetzt. Die organisatorischen Abhängigkeiten ergeben sich aus den Gegebenheiten. Sind wir auch inhaltlich abhängig? Daß nach den Maßstäben der weltlichen Sozialgesetzgebung die Zeit für ein Gebet oder für das seelsorgerische Verweilen beim Patienten nicht pflegesatzträchtig gemacht wird, läßt sich verstehen. Jedoch ist für unsere Einrichtungen zu fragen, ob es richtig ist, den kirchlichen Charakter lediglich in der Motivationsebene der Mitarbeiterinnen und Mitarbeiter zu verankern und nicht darüber hinaus durch kirchliche Mittel Zeit und Raum zu schaffen, daß Beziehungen und Zuwendungen angemessen gestaltet werden können. Haben wir oder nutzen wir zusätzliche kirchliche Mittel, um diakonische Standards für die Beziehungsebene des Hilfehandelns einzusetzen? Alle hier anzubringenden Fragestellungen betreffen nicht bloß das Verhältnis von helfendem Personal und Klienten, sondern auch Mitarbeiterinnen und Mitarbeiter untereinander und die für die Diakonie Verantwortlichen.
Über die Bereiche der Motivation und der Gestaltung von Beziehungen hinaus reichen inhaltliche Fragen, die die Stellung der Diakonie innerhalb der allgemeinen Sozialarbeit berühren. Sie treten nicht nur in der Theorie der wissenschaftlichen Diskussion auf, sie werden immer wieder virulent innerhalb der Konkurrenzen bei Trägerschaften. Wir sind dann sehr schnell mit dem Vorwurf der konfessionellen, d.h. ideologischen Bindung konfrontiert, demgegenüber sich die nichtkirchliche Sozialarbeit als neutral und ideologiefrei ausgibt, was freilich auch gelegentlich dazu führt, daß diakonische Vertreter solche Positionen einnehmen möchten. Im Gegenzug läßt sich leicht nachweisen, daß überall fundamentale Grundannahmen hinsichtlich der Anthropologie oder des Lebensverständnisses am Werke sind - wie verdeckt oder offengelegt und geklärt, das ist eben die Frage. Andererseits widerspräche es allen Einsichten in eine christliche Ethik, wenn es nur schlicht um eine Operationalisierung theologischer Prinzipien ginge. Wir kommen deshalb um Diskussionen und gelegentlich auch Auseinandersetzungen nicht herum. Nur dürfen wir da nicht auf dem Stuhl der Besserwisserei sitzen. Die weitverbreiteten humanwissenschaftlichen Prämissen eines optimistischen Menschenbildes und der gesellschaftlichen Bedingtheit des einzelnen sind theologisch keineswegs hinreichend bearbeitet. Aber wir haben auf jeden Fall ein Glaubenswissen einzubringen über die Bedeutung von

Krankheit und Leiden in der menschlichen Existenz, über den Umgang mit Angst und Einsamkeit, die Realisierung der Grenzen menschlicher Möglichkeiten und den elementaren Lebensbezug von Religion.

In unserer Sozialgesetzgebung ist – so denke ich – die Definition der Weltgesundheitsorganisation maßgebend, wonach Gesundheit als »Zustand völligen körperlichen, seelischen und sozialen Wohlbefindens« gilt. Diese Definition hat den Vorteil, daß sie mehrdimensional ist und die zunehmende Sensibilisierung des öffentlichen Bewußtseins für die Komplexität menschlichen Lebens ausdrückt. Gegen eine vorherrschende Ausrichtung allein an körperlichen Störungen und körperlichem Wohlbefinden wird hier die seelische und die soziale Dimension des Lebens bewußt eingeschlossen. Doch hat diese Definition auch einen gewaltigen Nachteil, nicht nur deshalb, weil es im Grunde keinen Menschen gibt, der vorbehaltlos von sich sagen könnte, er sei im Zustand völligen Wohlbefindens. Dagegen könnte man sagen, die Definition enthalte lediglich eine Zielvorstellung, sei also bewußt utopisch. Aber sie ist insofern auch gefährlich, weil sie nicht-erfüllbare Erwartungen weckt, somit Enttäuschungen produziert und, was das schlimmste ist, ganze Gruppen von Menschen von der Normalität der so Gesunden ausschließt. Leider tragen auch religiöse oder kirchliche Heilungskampagnen dazu bei. Meistens erfassen sie die Wunderheilungen der Evangelien nur vordergründig, verstehen diese Ereignisse nicht in ihrer integrierenden Wirkung hinsichtlich Gottes und der menschlichen Umgebung und in ihrer Relativität als Zeichen für das künftige Reich Gottes. So scheint es insgesamt schwer zu sein, gegen den weitverbreiteten Kult unserer Gesellschaft, der Jugendlichkeit, Fitness und ein funktionales Gesundheitsverständnis hochhebt, kritisch anzugehen. Dagegen muß man darauf bestehen, Gesundheit nicht als Abwesenheit von Störungen zu sehen, vielmehr als die Kraft, mit ihnen leben zu können. Hier wird also nicht einfach ein Zustand beschrieben, sondern die Lebensführung in den Blick genommen. Das entscheidende Kriterium ist die Ermöglichung eines selbständigen Umgangs mit Störungen oder der Annahme ergänzender Hilfestellungen. Es kommt darauf an, eigene Grenzen zu erkennen und zu akzeptieren mit dem Ziel, ob und wieweit es dem Menschen möglich ist, sich selbst innerhalb der ihm gesetzten Grenzen wahr- und anzunehmen. Das Leiden Jesu war kein Betriebsunfall Gottes, nicht die Aufhebung seiner Gottebenbildlichkeit. Seine Hilfsbedürftigkeit vor Menschen und vor Gott ist Teil seines vollen Menschseins. Ich weiß, dies sind alles nur wenige

Andeutungen. Sie interessieren mich wegen der Standards in unserer Arbeit.

Zum kompensatorischen Handeln in der Diakonie:

Hier erwähne ich noch einmal, daß die organisierte Diakonie in umfangreicher und wirksamer Weise eingetreten ist, wo häusliche, nachbarschaftliche Hilfe usw. aktuell und generell überfordert ist oder scheint. Damit wird vielerlei Elend vermieden oder auch aufgehoben. Ich halte es für gut, daß eine Diskussion in Gang gekommen ist, die wiederum generell und aktuell nach der Berechtigung solcher Übernahme fragt, um Selbstverantwortung, Selbstbetätigung zu stärken.

Doch Kompensation im sozialen Handeln hat auch mit den Nachtseiten unserer Gesellschaft zu tun. Es muß klar bleiben, daß wir uns dem schuldhaft in Not Befindlichen nicht verschließen dürfen. Dennoch sind gesellschaftliche Zustände und Verführungen mit im Spiel. Und da man bestimmte Verhaltensmuster kaum verändern kann oder verändern will, zum Teil auch aus Gründen des Profits, ist man sehr froh, daß insbesondere die Kirche und ihre Diakonie sich der Opfer der Gesellschaft annimmt, selbst wenn sie damit nicht an die Ursachen der Nöte herankommt und durch ihr Verhalten eher dazu beiträgt, bestimmte Auswüchse und Erscheinungen hinzunehmen, vielleicht sogar zu sanktionieren. Ist dieser Zustand nicht zu verändern, so sollte er im einzelnen und allgemeinen bewußt- und noch öffentlich gemacht werden.

Schließlich will ich hier noch einen dritten Aspekt erwähnen, der mir wichtig ist wegen der Entdeckung der strukturellen Ungerechtigkeiten und der Erfahrungen, die wir seitdem mit ihnen gemacht haben. Hier steht um des Reiches Gottes willen die Unterscheidung von Vorletztem und Letztem an, zwischen dem, was verändert werden kann und muß, und dem, was nicht verändert werden kann, und die weisheitsvolle nötige Unterscheidung von beidem. Daraus folgt, daß die Förderung und Forderung aller nötigen Situationsanalysen vorurteilsfrei geschieht und vorangetrieben wird, so daß ein Beitrag dazu geleistet werden kann, im politischen Verantwortungsbereich die Karten auf den Tisch zu bekommen, warum man trotz besseren Wissens an die Beseitigung bestimmter Mißstände nicht herangeht bzw. herangehen will. Andererseits muß individuell und generell deutlich werden, daß wir in dieser Welt immer nur Spuren von Gerechtigkeit verwirklichen können und Grenzerfahrungen nicht entgehen: Krankheit ist nicht nur menschlich produziertes Ereignis, sondern auch Geschick. Armut ist nicht nur von Menschen gemacht, sondern in der Gestalt mancherlei Katastro-

phen Schicksal. Auch Behinderungen sind nicht nur Lebensschicksale, die von Menschen abhängig sind, sondern werden letztlich als kontingent erlebt. Diakonisches Handeln trifft auf solche Situationen an den Schwellen des Verstehbaren und des Veränderbaren. Hier ist der Schritt zur Resignation sehr kurz. Diakonie darf nicht verschweigen, daß wir an der Gottwidrigkeit und Unerlöstheit dieser Welt leiden. Diakonie hat aber auch die Aufgabe, Symbole der Hoffnung zu setzen. Es sind Symbole, die nicht aus ihr selbst stammen, sondern die ihr im Evangelium, in der Taufe, im Abendmahl verliehen worden sind. Wir hätten in unsere Lebensumstände entsprechend einzubringen, was im alten Spital baulich eingerichtet war: der Blick und der Zugang zu demselben Altar, auf den auch die Versammlung der Gemeinde sich ausrichtete.
Zur Eigenständigkeit der Organisierten und damit überhaupt der Diakonie gehört es, daß christliche Werte und die Aufmerksamkeit für die menschliche Wirklichkeit vertreten und gegebenenfalls gesellschaftskritisch eingebracht werden. Zugleich sind wir genötigt, in unserem eigenen Haus die Dinge zum besten zu wenden. Da es sich bei alledem um Menschen handelt, nützen Verordnungen allein nichts, sondern alles kann nur zusammen mit den Beteiligten und Betroffenen geschehen. Hier bewährt sich noch einmal, daß Kirche verstanden wird als eine Gemeinschaft derer, die mit ihrem Glauben in aller Schwachheit und Freudigkeit auf einen Weg gestellt sind.

4 Der Sonntag der Diakonie

Bei dieser Überschrift könnte man denken, ich wollte jetzt darüber sprechen, in welcher Weise innerhalb unserer diakonischen Arbeit der Sonntag gewürdigt wird einschließlich der Stellung, die dabei der Gottesdienst tatsächlich hat und noch besser gewinnen könnte. Die gottesdienstliche Gemeinde in unseren diakonischen Einrichtungen ist gewiß ein Thema, zu dem ich auch viel zu sagen hätte. Aber mir geht es hier um etwas anderes, nämlich daß Christus der »Sonntag der Schöpfung« ist, wie das Else Lasker-Schüler einmal formuliert hat, unser Sonntag.
Als erstes ist sonntäglich der Dank an der Reihe. In dem bekannten Wort aus dem Galaterbrief heißt es, was meistens übersehen wird: »Da wir nun noch Zeit haben, laßt uns Gutes tun . . .« (Gal 6,10). Da haben wir Gottes große Gabe, Grund unseres Dankes. Auch Danken braucht Zeit.

Dieser Dank gegenüber Gott ist umzumünzen. Der Dank gegenüber den Mitarbeiterinnen und Mitarbeitern ist die höchste »Tarifklasse« der Kirche. Dabei ist Wagemut und Einsatz, treuer Glaube und viel Geduld zu bedenken. Auch die, die nicht zu den Treuesten unter den Gemeindegliedern zählen, haben sich doch überlegt, daß sie in der kirchlichen Diakonie Dienst tun können. Und nicht wenige arbeiten an den Sonntagen!
Wir haben alles zu tun, was wir nur können und so gut wir können; nichts wird uns nachgelassen. In den guten Werken darf sich kein Christ übertreffen lassen. Am Sonntag werden wir dessen inne, daß alles Gabe ist, anvertrautes Gut. Um Christi willen empfange ich mich neu aus der Hand Gottes.
Wer an die Auferstehung glaubt, entwickelt eine Abneigung gegen den epikureischen Umgang mit dem Tod. Bei Paulus vernehmen die Erlösten das Seufzen der Kreatur. Vielleicht macht die Liebe Gottes sensibler oder verletzlicher gegenüber dem Leid, so wie der Friede des Herrn die Sehnsucht vergrößert, über diese Weltzustände hinauszukommen. Am Sonntag rechnen wir inmitten aller Elenden und Geplagten mit der Ruhe, die dem Volk Gottes vorhanden sein wird. Die Aufdeckung der Wirklichkeit vor Gott und Gottes Trost befähigen zu kritischem und helfendem Tun.
Es wird sich zeigen, ob das Werk, das wir betreiben, aus Stroh ist und verbrennt oder ob es Bestand haben wird. Auf jeden Fall aber wird uns die Gewißheit zuteil, daß wir selbst gerettet werden. Auch das ist eine Sonntagsgewißheit. Bei Jesus sind die Starken und die Gesunden derselben Barmherzigkeit bedürftig wie die Schwachen und die Kranken. Die ›Pharisäer‹ hat das immer furchtbar geärgert. Aber es ist dieselbe Gnade, die mir entdeckt und geschenkt wird, daß ich helfe und daß ich mir helfen lasse.

Gerd Theißen

Die Legitimitätskrise des Helfens und der barmherzige Samariter

Ein Versuch, die Bibel diakonisch zu lesen

Was heißt: Die Bibel diakonisch lesen? *»Diakonein«* bedeutet »dienen«. Die Frage liegt nahe: Wem soll diese Bibellektüre dienen? Soll hier Exegese nach dem Motto getrieben werden: Die Bibel, recht verstanden, hat schon immer das gemeint, was Diakonie heute will? Solch absichtsvolle Exegese würde niemandem dienen. Sie dient weder dem Verständnis der Texte, noch gibt sie unserem Handeln neue Impulse. Die Bibel diakonisch lesen heißt vielmehr: Motive und Formen gegenwärtigen Helfens im Lichte biblischer Texte überprüfen - und umgekehrt: biblische Texte im Lichte gegenwärtiger Fragen interpretieren. Beides soll im folgenden versucht werden. Zunächst werden eine Reihe von Fragen formuliert, mit denen heute die Bereitschaft zum Helfen konfrontiert wird. Im zweiten Teil soll das Gleichnis vom barmherzigen Samariter im Lichte dieser Fragen interpretiert werden. Der dritte Teil faßt die Ergebnisse systematisch zusammen und bezieht dabei die biblische Tradition als ganze mit ein.

I Die Legitimitätskrise des Helfens in der Gegenwart

Wir finden heute in Literatur und Öffentlichkeit viele intelligente Argumente, die das Helfen problematisieren, aber nur wenige, die es ermutigen. Das kann damit zusammenhängen, daß Hilfsmotivation zu tief in Kultur und Gesellschaft verwurzelt ist, als daß sie ständig neu begründet werden muß. Viele Argumente zielen zudem darauf, die Effektivität der Hilfe zu verbessern, ohne sie grundsätzlich in Frage zu stellen. Zusammengenommen aber wirken sie wie eine Legitimitätskrise des Helfens. Es kann m.E. kein Zweifel daran sein: Moderne Gesellschaften sind skeptisch geworden gegenüber altruistischen (oder vermeintlich altruistischen) Handlungen und Institutionen.[1]

1 In der Rhein-Neckar-Zeitung vom 22. Mai 1986 wurde über eine Untersuchung des Allensbacher Instituts für Demoskopie berichtet, nach der eine genußorientierte Lebensorientierung altruistische Einstellungen zurückdränge. Kommentar des Instituts: »Wo Hingabe an andere als Dummheit gilt und nur noch das

Möglicherweise ist das eine Folge dessen, daß Hilfsmotivation oft erfolgreich war: Sie hat große Institutionen und Organisationen hervorgebracht. Aber diese Organisationen entwickelten wie alle Institutionen autonome Interessen, bürokratische Verfahren, hierarchische Spannungen. Die ursprünglichen Motive gerannen zur legitimierenden Ideologie, die in Festreden aufgewärmt wird, aber im alltäglichen Handeln nicht mehr glaubwürdig vermittelt werden kann. Die Legitimitätskrise des Helfens ist zu einem großem Teil eine Krise von Hilfsinstitutionen - ein Mißtrauen gegen institutionell vorgegebene Verhaltensmuster des Helfens.

Eben deshalb sollten wir alle Argumente ernst nehmen, die Hilfe und Hilfsmotivation problematisieren. Theologie ist m.E. verpflichtet, eine Theorie des Helfens zu entwickeln - und den Helfern auf diese Weise zu helfen. Das ist eine große Aufgabe, zu weitgespannt für diesen Aufsatz und doch notwendig.

Christliche Hilfsmotivation wird heute von zwei Seiten her problematisiert. Zunächst wird ihr Proprium in Frage gestellt. Hilfsmotivation ist ja ein allgemein-menschliches Phänomen. Sie findet sich nicht nur bei Christen. In diakonischen Institutionen arbeiten de facto Christen und Nicht-Christen zusammen. Hilfeleistungen und Motivation anderer herabzusetzen wäre unmoralisch: Es würde die Zusammenarbeit mit ihnen belasten - und das käme gewiß nicht den Hilfsbedürftigen zugute. Aber eine Konsequenz ist, daß das Proprium christlicher Hilfsmotivation undeutlich wird.

Auf der anderen Seite finden wir eine grundsätzliche Kritik, die sowohl die christliche wie die allgemein-menschliche Hilfsmotivation trifft. Sie begegnet in psychologischer, soziologischer und evolutionistischer Form. Ich kann hier nur die Grundlinien der Argumente skizzieren.

Psychologische Überlegungen führen oft zu der These, Hilfe sei psychische Selbstausbeutung, die den Helfer notorisch überfordere. Professionelle wie freiwillige Helfer sind zweifellos immer in Gefahr, durch psychische Krisen gelähmt zu werden, weil sie es

eigene Glück und Glück der Allernächsten vor Augen steht, dürften wir schon bald tatsächlich in eine soziale Eiszeit geraten.« Solchen Einschätzungen stehen andere entgegen, wonach der »Wertwandel« in (post-)modernen Gesellschaften zu einer Höherschätzung altruistischer Einstellung führt. Vgl. *K.H. Hillmann*, Wertwandel. Zur Frage soziokultureller Voraussetzungen alternativer Lebensformen, Darmstadt 1986, 185: »Konkurrenz, Rivalität, Status- und Prestigewettbewerb« erfahren heute Abwertungen, umgekehrt »Solidarität, Mitmenschlichkeit, Partnerschaft, Kooperation, prosoziales Handeln, gegenseitige Hilfe« Aufwertungen. Alltagserfahrung kann ohne Mühe Belege für beide Einschätzungen finden.

nicht schaffen, sich von Hilfsbedürftigen abzugrenzen. Die Psychologie bietet zur Erklärung zwei Theorien an:
Entweder spricht sie (in psychoanalytischer Tradition) vom »Helfersyndrom«, das sie auf frühkindliche Prägungen zurückführt: Ein Überich mit allzu großen altruistischen Idealen habe zur Folge, daß eigene Bedürfnisse verdrängt und eine unrealistische Vollkommenheitsfassade aufrechterhalten werde. In Wirklichkeit seien die Helfer selbst hilflos - bearbeiteten aber ihre Hilflosigkeit, indem sie diese in andere Menschen hineinprojizierten. Aus lerntheoretischer Sicht spricht man dagegen von der Erfahrung des »Ausgebranntseins«, einer depressiven Reaktion auf den Mangel an positiver Verstärkung beim Helfen. Der Helfer gibt über seine Kräfte, er grenzt sich zuwenig ab - und erhält kein entsprechendes positives Echo.[2]
Die Kritik am Helfen als psychischer Selbstausbeutung muß in einer Zeit großen Anklang finden, in der eine pflichtorientierte Lebensführung durch eine Selbstentfaltungsethik verdrängt wird, innerhalb deren Selbstausbeutung als *die* Grundverfehlung des Lebens erscheinen muß - zumal sie zur finanziellen Selbstausbeutung verführt, die von der Gesellschaft oft unfair ausgenutzt wird.
Mit der soziologischen Kritik am Helfen weiten wir die Perspektive über das Leben des Individuums hinaus aus: Helfen ist eine soziale Beziehung, ein Ausgleich von Lebensgütern und Chancen zwischen denen, die über sie verfügen, und anderen, die sie entbehren - ein Ausgleich über das hinaus, was Pflicht, Gesetz, Vorteil oder Zwang fordern und bewirken. Helfen ist daher immer eine asymmetrische Beziehung. Der Helfer hat mehr Macht als der Hilfsbedürftige, sonst könnte er nicht helfen. Daher hat die soziologische These eine so große Plausibilität, daß Hilfe kaschierte Herrschaft sei, die angeblich zum Besten des Hilfsadressaten ausgeübt werde,

2 Zur psychoanalytischen Deutung vgl. die inzwischen klassiche Darstellung von *W. Schmidbauer,* Die hilflosen Helfer. Über die seelische Problematik der helfenden Berufe, Hamburg 1977; *ders.,* Helfen als Beruf. Die Ware Nächstenliebe, Hamburg 1983. Die (mich mehr überzeugende) lerntheoretische Deutung findet sich bei *E. Aronson, A.M. Pines, D. Kafry,* Ausgebrannt. Vom Überdruß zur Selbstentfaltung, Stuttgart [2]1985.

in Wirklichkeit aber den Interessen des Helfers diene. Auch dies Argument begegnet in verschiedenen Variationen[3]:
Die in der Hilfe verborgene Herrschaft kann in der unmittelbaren Beziehung zwischen Helfer und Hilfsadressaten gesehen werden. Der Helfer befriedigt in ihr seine Dominanz- und Herrschaftsbedürfnisse (und hat im Grunde kein Interesse an der Unabhängigkeit des Hilfsadressaten). Insoweit bleibt die Kritik noch in einem psychologischen Rahmen.
Die in der Hilfe verborgene Herrschaft kann aber auch in der Macht von Institutionen gesehen werden, die sich durch einen Hilfsbedarf legitimieren und daher ein Interesse haben, die Not aufrechtzuerhalten, die sie eigentlich überwinden sollen – und sei es dadurch, daß sie Lebenslagen als ›Not‹ etikettieren, die einst als ›normal‹ galten.
Schließlich kann die durch Hilfe kaschierte Herrschaft in der Struktur der Gesellschaft gesucht werden, in der Abhängigkeit und Zwang immer vorhanden sind. Persönliche und institutionalisierte Hilfe kommt dann in den Verdacht, Konfliktpotential zu entschärfen, um vorhandene Gesellschaftsstrukturen zu stabilisieren.
Der Verdacht, Hilfe sei kaschierte Herrschaft, liegt in einer Zeit nahe, in der aufgrund von Demokratisierungsprozessen Emanzipation von Herrschaft ein zentraler Wert geworden ist. Verschleierung von Herrschaft unter dem Deckmantel von Altruismus muß in ihr als besonders heimtückische Form des Bösen erlebt werden.
Das dritte Hauptargument weitet noch einmal den Horizont aus und bezieht biologische Aspekte mit ein: Gesellschaft und Ge-

3 *D.J. Rothmann* schreibt in der Einleitung zu *W. Gaylin, I. Glasser, St. Marcus, D.J. Rothmann,* Doing Good. The Limits of Benevolence, New York 1978, X: »That benevolence should appear to a surprisingly wide variety of observers to have devolved into mischievousness, that one wise and sensitive federal judge, upon hearing that we were going to investigate benevolence, could chide us for even considering seriously the idea that it was anything more than the exercise of power in disguise, is a very curious component in present-day intellectual and political perspectives . . . How was it that a concept of such traditionally high and noble standing, the text for countless ministers to preach on . . ., was perceived as a positively dangerous impulse that ought to be curbed, maybe even eliminated?« Die Gefahr der Machtausübung durch Hilfe wird in der mir zugänglichen deutschsprachigen Literatur intensiv diskutiert, wobei aber meist die unmittelbare Beziehung von Helfer und Hilfsadressat im Blick ist. So besonders bei den psychologischen Beiträgen von *A. Guggenbühl-Craig,* Macht als Gefahr beim Helfer (Psychologische Praxis 45), Basel/München/Paris 1971, [3]1978; *D. Stollberg,* Helfen heißt Herrschen. Zum Problem seelsorgerlicher Hilfe in der Kirche, WuD 15 (1979) 167-173. Gesellschaftliche Aspekte werden stärker berücksichtigt bei *A.M. Houtman,* Machtaspekte in der helfenden Beziehung, Freiburg 1978 (holl. 1976) und *E. Börsch,* Von der Macht in der helfenden Beziehung. Sozialethische Überlegungen zur Praxis sozialen Helfens (TEH 210), München1981.

schichte sind ein Produkt der Evolution, ihre vorläufig letzte Phase. Biologische Evolution entwickelt durch Mutation und Selektion neue Lebensformen. Hilfe im christlichen wie im humanen Sinne wird in diesem Rahmen oft als dysfunktionale Gegenselektion kritisiert, durch die geschützt wird, was der Evolution und der Gesellschaft als ganzer schaden.

Auch hier begegnet das Argument in mannigfachen Variationen. Zunächst als das alte sozialdarwinistische Argument, Selektionsdruck habe die positive Funktion, unangepaßte Lebensformen aussterben zu lassen. Nachdem man 1933-1945 in unserem Land daraus die ›Pflicht‹ zu den schrecklichsten Untaten abgeleitet hat, welche in der uns bekannten Geschichte geschahen, dürfte dies Argument für alle Zeiten kompromittiert sein - aber es lebt im Untergrund weiter.[4]

Viel häufiger findet man heute eine sanftere, ökologische Variante des Sozialdarwinismus. Hier argumentiert man etwa so: Hungerkatastrophen und Epidemien entstünden besonders dort, wo das Gleichgewicht zwischen Bevölkerungsdichte und natürlichen Ressourcen gestört sei, sie seien ein natürlicher Anpassungsprozeß zwischen Leben und Umwelt, in den man nicht eingreifen dürfe. Durch Hilfsprogramme programmiere man nur die nächsten Katastrophen vor. Hier wird zwar nicht das Ausüben von Untaten propagiert, wohl aber das Unterlassen guter Taten.

Am bestechendsten ist die soziobiologische Entzauberung des Altruismus.[5] Nach soziobiologischen Erkenntnissen ist vermeintlich ›altruistisches‹ Verhalten unter Tieren evolutionär nur dort dauerhaft möglich, wo es der Verbreitung der eigenen Gene dient - sei es durch Förderung der Verwandten, die ja in abgestuftem Grade die Gene des Helfers besitzen, sei es durch Hilfe für nicht-verwandte Artgenossen, bei denen eine Chance besteht, daß sie dem Helfer wiederum helfen. Verwandtschaftsselektion und reziproker ›Al-

4 Eine beeindruckende, kurze Darstellung der sozialdarwinistischen Argumente findet sich bei *K. Nowak,* ›Euthanasie‹ und Sterilisierung im Dritten Reich, Göttingen 1978, bes. 11-27.

5 Vgl. *E.O. Wilson,* Biologie als Schicksal. Die soziobiologischen Grundlagen menschlichen Verhaltens, Frankfurt/M./Berlin/Wien 1980 (engl. 1978), bes. 142-159. Zur Auseinandersetzung mit der Soziobiologie vgl. *H. Hemminger,* Der Mensch - eine Marionette der Evolution? Eine Kritik an der Soziobiologie, Frankfurt/M. 1983. Sofern Soziobiologen ihre Entzauberung des Altruismus auf tierisches Verhalten beschränken, haben sie eine aufklärerische Wirkung: Sie zeigen, daß moralische Normen aus natürlichem Verhalten nicht ableitbar sind. In diesem Sinne wertet *Ch. Vogel,* Gibt es eine natürliche Moral? Oder wie widernatürlich ist unsere Ethik?, in: *H. Meier* (Hg.), Die Herausforderung der Evolutionsbiologie, München 1988, 193-220 die Erkenntnisse der Soziobiologie aus.

truismus‹ machen das Vorhandensein von vermeintlicher ›Hilfe‹ unter Tieren in einem darwinistischen Erklärungsrahmen verständlich. Einige Soziobiologen übertragen diese Erkenntnisse auf den Menschen. Unbestreitbar ist ja, daß auch Menschen zunächst ihren Verwandten und Freunden helfen. Das sei kaschierter genetischer Egoismus. Echter Altruismus könne sich unter Menschen nicht durchsetzen, weil Menschen, die die Förderung ihrer eigenen Gene unterlassen, diese (und damit sich selbst) aus der Geschichte hinauskatapultieren. Das bestechende an der soziobiologischen Entlarvung des ›Altruismus‹ ist, daß hier weder zu Untaten motiviert noch zum Unterlassen guter Tagen geraten wird. Hilfe gilt als lebensnotwendig. Aber sie diene letztlich den eigenen Genen. Echter Altruismus wäre evolutionär dysfunktional.

Die skizzierten Argumente sind keineswegs alle miteinander vereinbar. Aber sie führen immer wieder zum selben Schluß: Hilfe bringe oft jene Hilflosigkeit hervor, die sie bekämpfen sollte. Sie stürze Helfer in psychische Krisen, stabilisiere Abhängigkeits- und Machtstrukturen, störe ökologische Gleichgewichte. Hilfe erscheint innerhalb psychischer, sozialer oder ökologischer Systeme als dysfunktional.

Wie gesagt, trifft diese Kritik sowohl eine christliche wie eine allgemein-menschliche Hilfsethik. Gerade bei der Auseinandersetzung mit dieser Kritik werden aber vielleicht einige Unterschiede zwischen christlicher und allgemein-menschlicher Hilfsmotivation deutlich.

Wir können auf die Kritik mit einer Reihe mehr oder weniger überzeugender Gegenargumente reagieren, die alle darauf hinauslaufen zu zeigen: Hilfe ist nicht nur dysfunktional. Natürlich nicht! Sie ist nicht nur psychische Selbstausbeutung, sondern kann uns als Menschen herausfordern und fördern. Hilfe macht nicht nur den Hilfesuchenden abhängig – sie kann auch jene Selbständigkeit geben, die Menschen erst instand setzt, effektiv gegen Abhängigkeiten aufzubegehren. Schutz und Hilfe sind evolutionär nicht nur dysfunktionale Gegenselektion, sondern als Zufallsfaktor in die Evolution eingebaut: Viele Formen des Lebens hätten sich nicht entwickelt, wären nicht durch Separation Schutzräume entstanden, wo sie sich ohne Konkurrenz entfalten konnten. Es besteht kein Zweifel: Hilfe ist oft funktional, wenn sie in psychische, soziale oder evolutionäre Systeme eingreift. Trotzdem befriedigen diese Überlegungen nicht.

Denn niemand von uns hat einen so großen Überblick über die Systeme, in denen wir leben, um zuverlässig beurteilen zu können, was letztlich funktional ist und was nicht. Wenn wir die Legitimität von Hilfe von ihrer Funktionalität abhängig machen, dann können wir wegen unseres begrenzten Wissens nie sicher sein, ob Hilfe legitim ist. Selbst wenn wir aber die Funktion unserer Handlungen in den großen Systemen des Lebens beurteilen könnten, würde uns das wenig helfen: Denn wir kommen unweigerlich in die Situation, wo wir auf Hilfsbedürftigkeit stoßen - aber verpflichtet wären, nein zu sagen, weil Hilfe an diesem Punkt erkennbar dysfunktional für das Ganze wäre. Wer Hilfe durch deren Funktionalität begründet, endet immer in diesem Dilemma: Entweder bleibt ungewiß, ob unsere Hilfe legitim ist, weil wir nur begrenzte Einblicke in umfassende Zusammenhänge und die zukünftigen Folgen unseres Handelns haben - oder wir trauen uns ein Urteil über Funktionalität und Dysfunktionalität unseres Handelns zu mit dem Ergebnis, daß wir manchmal Hilfe verweigern müßten, wo es uns spontan danach drängt zu helfen. Dieses Dilemma entsteht m.E., weil Hilfe letztlich nicht funktional begründet werden kann. Denn Hilfsadressaten sind nicht Systeme, sondern konkrete Menschen. Helfen wir ihnen nur unter der Bedingung, daß unsere Hilfe zur Funktion psychischer, sozialer und evolutionärer Systeme beiträgt, so verfehlen wir die schlichte Tatsache, oder genauer: die grundlegende Überzeugung, daß jeder Mensch einen Wert in sich selbst hat. Dieser Wert ist unabhängig von seiner Funktion in einem größeren Ganzen - und auch unabhängig davon, ob wir uns durch die Zuwendung zu ihm psychisch bereichert fühlen oder nicht.

Hilfsmotivation ist sachlich eine Antwort auf diesen unverrechenbaren Wert jedes Menschen. Sie ist letztlich nur transfunktional begründbar. Oder (mit einem Begriff des dänischen Religionsphilosophen K.E. Løgstrup ausgedrückt): Sie ist eine »souveräne Lebensäußerung«.[6] Sie erweist ihre Souveränität gerade darin, daß sie sich geltend macht, obwohl wir mit unzähligen guten Argumenten Hilfe und Hilfshandeln problematisieren. Wir erleben sie als souverän gegenüber unseren Bedenken. Und wir erleben sie als souverän gegenüber unserer kulturellen Prägung. Wir finden sie spontan auftretend bei Menschen mit ganz anderen Überzeugungen.

Wie kann man solche »souveränen Lebensäußerungen« begründen? Sie wären nicht »souverän«, wenn wir sie ableiten könnten. Aber wir können Letztbegründungen durch Erzählungen anschaulich machen. Eine solche narrative Veranschaulichung enthält das

6 *K.E. Løgstrup,* Norm og spontaneitet, Kopenhagen 1972 (eine deutsche Übersetzung ist in Vorbereitung).

Zugeständnis, daß wir unsere Normen und Werte nicht logisch ableiten können. Wir können uns dennoch über sie verständigen, indem wir eine Geschichte erzählen. Ich wähle die Geschichte vom barmherzigen Samariter.

II Die Geschichte vom barmherzigen Samariter

Diese Geschichte soll im Lichte jener modernen Legitimationskrise des Helfens gelesen werden, die ich im ersten Teil skizzierte. Das ist mehr als eine historisch-kritische Exegese. Wir treten in einen Dialog mit dem Text, der durch unsere Fragen bestimmt ist. Aber es wäre kein Dialog mit *diesem* Text (und keinem anderen), wenn wir den Text nicht unabhängig von unseren Fragen wahrnehmen könnten.

Unsere erste Frage war: Wie verhalten sich menschliche und christliche Hilfsmotivation zueinander? Worin zeigt sich das Proprium christlicher Hilfe? Liest man unter diesem Aspekt die Samaritergeschichte, so fällt auf (was kritische Exegese schon immer sah), daß sie aus zwei isolierbaren Perikopen zusammengesetzt ist: der Frage nach dem höchsten Gebot und der Beispielgeschichte vom Samariter. Beide Perikopen bilden bei Lukas eine sinnvolle Einheit. Bei Lukas fragt der Schriftgelehrte aber abweichend von den Parallelüberlieferungen nicht nach dem höchsten Gebot, sondern: »Was muß ich *tun*, um das ewige Leben zu erlangen?« Das paßt zur Samaritergeschichte, die mit der Aufforderung endet: *»Tue* ebenso!« Womöglich hat erst Lukas diese Verklammerung geschaffen und beide Teile durch kleine Änderungen sinnvoll aufeinander bezogen.[7]

Durch die lukanische Komposition wird eine hochtheologische Frage mit einer Erzählung verbunden, die allgemein-menschlichen Charakter hat. Der Schriftgelehrte fragt im ersten Teil nach dem ewigen Leben, und Jesus antwortet mit dem Gebot der Gottes- und Nächstenliebe. Der zweite Teil wirkt dagegen so profan, daß Theologen immer versucht waren, allegorisch einen tieferen christologi-

7 Das ist natürlich nicht unumstritten. Aus der Fülle der Literatur nenne ich nur zwei Darstellungen, die sich ausführlich mit der Frage beschäftigen – aber mit verschiedenem Ergebnis: *H. Zimmermann,* Das Gleichnis vom barmherzigen Samariter: Lk 10,25-37, in: Die Zeit Jesu. FS H. Schlier, Freiburg 1970, 58-69, bes. 58-62 plädiert für eine lukanische Komposition, *H. Marshall,* The Gospel of Luke, Exeter 1978, 444ff dagegen für einen dem Evangelisten vorgegebenen Zusammenhang.

schen Sinn hineinzulesen: Der Samariter soll Jesus sein, der die verlorene Seele rettet.[8] Solche exegetischen Versuche zeigen die Verlegenheit angesichts dieses Textes auf: Er spricht nirgendwo von Gott, nirgendwo von Jesus. Der Samariter handelt, weil er den Halbtoten sieht, weil er Mitleid fühlt. Er tut Barmherzigkeit. Sofern in der Geschichte theologische Motive begegnen, haben sie eine negative Farbe: Denn die beiden in ihm auftretenden ›Theologen‹, der Priester und der Levit, versagen angesichts der Situation. Sie gehen vorbei, ohne zu helfen. Die Samaritergeschichte ist nicht nur profan, sie hat sogar einen ›antitheologischen‹ Akzent.

Im Lukasevangelium sind nun beide Teile eng verbunden. Man kann diese Komposition so verstehen, daß die von Gott erwartete Nächstenliebe vorbildlich von dem ausgeübt werden kann, der keine manifesten religiösen Motive hat. Das Gleichnis vom Weltenrichter in Mt 25,31ff enthält eine ähnliche Aussage: Die Gerechten helfen, ohne zu wissen, daß sie in der Gestalt der geringsten Brüder dem Menschensohn selbst begegnen. Sie helfen, weil Hunger, Durst, Kälte, Gefangenschaft Schmerz und Leid bedeuten – und erfüllen dadurch den Willen des Weltenrichters.

Um diese Beobachtungen auf einen Begriff zu bringen, möchte ich von einer Konvergenz zwischen theologischen und humanen Motiven sprechen, einer Konvergenz, die den handelnden Menschen nicht unbedingt bewußt sein muß.

Wenn wir nun den theologischen Teil für sich betrachten, fällt weiter auf, daß er wenig geeignet ist, Basis für eine spezifisch *christliche* Hilfsmotivation zu sein. Nicht Jesus, sondern der Schriftgelehrte formuliert das Doppelgebot der Liebe. Es gilt als gemeinsame Tradition von Juden und Christen. Hinsichtlich dieses Gebots konvergieren zwei Religionen. Jeder Versuch zu zeigen, erst mit dem Christentum sei wahre zwischenmenschliche Liebe in eine lieblose Welt gekommen, widerspricht dem Neuen Testament. An diesem Punkt ist vieles zu korrigieren, was zur Begründung christlicher Diakonie in Abgrenzung zum Judentum gesagt und geschrieben worden ist.[9]

8 Die jüngsten Auslegungsversuche in diese Richtung werden von *W. Monselewski,* Der barmherzige Samariter. Eine auslegungsgeschichtliche Untersuchung zu Lukas 10,25-37 (BGBE 5), Tübingen 1967 diskutiert.

9 Vgl. *R. Weth,* Der eine Gott der Diakonie. Diakonie als Problem und Aufgabe biblischer Theologie, in: JBTh 2, Neukirchen-Vluyn 1987, 151-164, der auf antijudaistische Motive in der Begründung von Diakonie seit G. Uhlhorn aufmerksam macht. Nebenbei sei erwähnt, daß nach *A. Jülicher,* Die Gleichnisreden Jesu II, Tübingen [2]1919 = Darmstadt 1963, 596 schon bei Lukas das Motiv wirksam gewesen sein soll, ›Nächstenliebe‹ gegen deren jüdisches Verständnis abzugrenzen. Lukas habe die Samaritergeschichte aus einem anderen Zusammenhang hierher geschoben, »weil er die Perikope von dem Doppelgebot in der ihm überlieferten

So paradox es klingt: Die klassische Erzählung zur Begründung christlicher Hilfsmotivation, die Samaritergeschichte, gibt wenig zur Begründung einer spezifisch christlichen Hilfsmotivation her. Und sie gibt erst recht nichts her, um eine allgemein-menschliche Hilfsmotivation abzuwerten. Im Gegenteil!
Die Geschichte kann als Aufforderung an uns verstanden werden, Hilfsmotivation bei allen Menschen zu entdecken und anzuerkennen. Hilfsmotivation ist souverän gegenüber kulturellen und religiösen Grenzen. Sie kann sich überall zeigen, auch dort, wo wir es nicht erwarten. Sie ist souverän auch gegenüber menschlicher Sünde. Wie es in einem Jesuswort heißt, können auch böse Menschen ihren Kindern Gutes tun (Lk 11,13). Hilfsmotivation bricht trotz aller Verzerrungen immer wieder souverän durch – als Erinnerung daran, daß alle Menschen Geschöpfe Gottes sind.
Aber eben diese allgemeine Hilfsmotivation wird heute grundsätzlich problematisiert. Was sollen wir zu jenen eingangs genannten Argumenten sagen, die sich sowohl gegen christliche wie nichtchristliche Hilfsmotivation wenden? Die Samariterperikope gibt einige bedenkenswerte »Antworten«, wobei wir jeweils nach konvergenten Gedanken und Motiven in der theologischen Einleitung und der humanen Erzählung fragen. Ich hoffe, die Konvergenz humaner und christlicher Motive so deutlich machen zu können.

1 *Das psychologische Argument: Hilfe als psychische Selbstausbeutung*

Das erste Argument lautete: Hilfe sei psychische Selbstausbeutung. Der Helfer stehe immer in Gefahr, daß er sich nicht vom Hilfsadressaten abgrenzen kann.
Lesen wir die Samaritergeschichte als ein menschliches Beispiel, so ist eindeutig: Der Samariter hat dies Problem nicht. Er wirkt eher wie ein Gegenbeispiel zum »Helfersyndrom«. Der Samariter trennt sich vom Opfer der Räuber und setzt seine Reise fort. Er hinterläßt etwas Geld für ihn, einen begrenzten Betrag, von dem er weiß, daß er vielleicht nicht ausreicht. Er praktiziert begrenzte Teilnahme – nicht jene unbegrenzte Teilnahme am Schicksal des Hilfsadressaten, die den Helfer überfordert.
Darüber hinaus scheint mir eine zweite Beobachtung wichtig. Hil-

Form zu arm an spezifisch christlichem Gehalte fand. Nach seiner Meinung konnte nicht Jesus mit einem beliebigen Schriftgelehrten der Juden über das A und O der Religion so einig sein; mochten sie auch die gleichen Grundgebote anerkennen, sie verstanden sie sehr verschieden.« Andererseits ist zu beachten: Der Schriftgelehrte kommt am Ende zum selben Urteil wie Jesus!

feverweigerndes und hilfegewährendes Handeln werden in der Samaritergeschichte nicht nur als individuelles Handeln dargestellt. Es treten vielmehr zwei auf, die versagen. Beide sind mit dem Kult verbunden. Auch wenn wir nichts über ihre Motive erfahren, so wird doch signalisiert: Ihr Verhalten hängt mit allgemeinen Verhaltensmustern in ihrer Gruppe zusammen - mag es nun Furcht vor Befleckung mit Leichen sein oder was auch immer. Gerade weil kein konkretes Motiv genannt wird, drängt sich dem Leser die soziale Bestimmtheit und Konformität ihres Handelns um so mehr auf: Wir begegnen nicht nur individuellem Versagen, sondern einem sozialen Klima, das einzelne versagen läßt. Denn so souverän Hilfsmotivation auftritt, so unverkennbar kann sie durch kulturelle Verhaltensmuster und Mentalitäten gelöscht und unterdrückt werden.

Umgekehrt steht auch der Helfer nicht allein. Oder genauer: Er engagiert einen zweiten Helfer. Seine Motivation wirkt als Vorbild. Und er vertraut dabei keineswegs selbstloser Hilfsbereitschaft, sondern unterstützt sie durch Bezahlung. Beim Helfen müssen viele mitwirken. Das Helfersyndrom tritt m.E. besonders dort auf, wo die Helfer isoliert sind. Nicht zufällig wurde christliche Hilfsmotivation dauerhaft oft in Gruppen institutionalisiert: in kleinen Gemeinden, in Gruppen von Nonnen und Mönchen, von Diakonissen und Diakonen. So souverän Hilfsmotivation auftritt, so wichtig ist doch, daß sie durch ein positives Hilfsklima gestützt wird - und sei es nur dadurch, daß Menschen durchschnittliche Anständigkeit zeigen wie der Gastwirt im Samaritergleichnis.

Schauen wir uns nun die theologische Einleitung unserer Perikope an. Entdecken wir dort konvergente Motive? In der Tat: Wir hören von zwei Geboten, die für das »ewige Leben« entscheidend sind. Diese beiden Gebote werden sehr verschieden formuliert. Die Liebe zu Gott wird uneingeschränkt verlangt: »Du sollst den Herrn, deinen Gott, lieben von ganzem Herzen, von ganzer Seele, von allen Kräften und von ganzem Gemüt« (Lk 10,27). Das Nächstenliebegebot nennt dagegen einen endlichen Maßstab für die Liebe: Du sollst deinen Nächsten »lieben wie dich selbst«. Gott fordert totale Hingabe, der andere Mensch aber verlangt eine Hingabe, die ihr Maß in der Liebe zu sich selbst findet: Er hat das gleiche Lebensrecht wie man selbst. Um es mit Hilfe des Samaritergleichnisses zu sagen: Hätte der Samariter den Halbtoten »mit allen seinen Kräften« geliebt, so hätte er mehr als nur zwei Denare für ihn opfern müssen.

Nun könnte man einwenden, es handle sich nur um zufällige Unterschiede zwischen der Formulierung des Liebesgebots. Beide Gebote stammen ja aus dem Alten Testament und sind Zitate aus Dt 6,5 und Lev 19,18. Ihr Unterschied ist durch die Tradition bedingt, ohne daß man mit ihm eine spezifische Aussageabsicht verbinden könnte. Trotzdem ist die Beibehaltung des Unterschieds signifikant. Denn sie ist nicht selbstverständlich. In den »Testamenten der 12 Patriarchen« wird das Doppelgebot der Liebe so zitiert, daß die Totalitätsaussage auf beide Gebote ausgedehnt wird. So sagt Issaschar:

»Den Herrn liebte ich
und ebenso jeden Menschen mit aller meiner Kraft.
Das tut auch ihr . . .« (Test Iss 7,6f).

Ebenso lesen wir im Testament Dan:

»Liebet den Herrn in eurem ganzen Leben
und einander mit wahrhaftigem Herzen« (Test Dan 5,3).

Diese Verschmelzung beider Gebote in jüdischen Schriften beginnt im Grunde schon im Neuen Testament: Wo dort ein jüdischer Schriftgelehrter beide Gebote zitiert, werden sie mehr miteinander verschmolzen als im Munde Jesu. In der späteren urchristlichen Überlieferungsgeschichte bleiben sie weitgehend getrennt. Das Nächstenliebegebot wird isoliert tradiert (Röm 13,8-10; Gal 5,14; Jak 2,8). Oder beide Gebote werden unverschmolzen nebeneinandergestellt (Did 1,2; Justin Dial 93,2).[10]
Wir finden also eine Konvergenz zwischen beiden Teilen der Samariterperikope: Theologisch gesehen ist die Nächstenliebe eine endliche Größe: Der Nächste ist nicht Gott. Menschlich gesehen bleibt die helfende Zuwendung zum Nächsten begrenzt: Der Samariter nimmt Abschied von dem, der unter die Räuber gefallen ist. Daß mit solchen Beobachtungen die mit der psychologischen Kritik an christlicher Hilfsmotivation aufgeworfenen Fragen nicht beantwortet sind, sei ausdrücklich erwähnt: Die moderne Selbstentfaltungsthematik hat in unserem Text keine Entsprechung.

10 Vgl. *Ch. Burchard,* Das doppelte Liebesgebot in der frühen christlichen Überlieferung, in: Der Ruf Jesu und die Antwort der Gemeinde. FS J. Jeremias, Göttingen 1970, 39-62 und *R. Fuller,* Das Doppelgebot der Liebe. Ein Testfall für die Echtheitskriterien der Worte Jesu, in: Jesus Christus in Historie und Theologie. FS H. Conzelmann, Tübingen 1975, 317-329.

2 *Das soziologische Argument: Hilfe als kaschierte Herrschaft*

Das zweite Grundmotiv der Altruismuskritik ist der Verdacht, Hilfe sei eine raffinierte Art von Herrschaftsausübung. Dieses Argument läßt sich schwer widerlegen. Denn es stimmt in vieler Hinsicht. H. Bolkestein hat in seinem grundlegenden Buch über »Wohltätigkeit und Armenpflege im vorchristlichen Altertum«[11] die These vertreten, das biblische Hilfsethos sei nur Variante eines allgemein-orientalischen Barmherzigkeitsethos', das an die autoritären Gesellschaftsstrukturen des Alten Orients gebunden sei: Hilfe sei hier kein Recht, sondern Gnade der Mächtigen. Sie wird zum Statussymbol, dessen sich hochstehende Beamte in Ägypten rühmen. Sie rühmen sich auf ihren Grabinschriften, daß sie die Hungrigen speisten und die Nackten kleideten - und demonstrieren so, daß sie über Brot und Kleidung verfügen. Im Westen sei dagegen in republikanischen Gesellschaften ein Hilfsethos auf Gegenseitigkeit entstanden, eine Verpflichtung zur »Philanthropie«, die nicht speziell dem Armen und Schwachen gilt, sondern dem Mitmenschen, der prinzipiell gleichberechtigt ist. Mit dem Christentum habe sich das autoritäre Barmherzigkeitsethos im Westen ausgebreitet: Die Idee einer sich zum Armen und Schwachen herablassenden Liebe habe besser in die autoritärer werdende römische Gesellschaft gepaßt als die republikanische Philanthropie unter Gleichgestellten.

Läßt sich die lukanische Perikope vom barmherzigen Samariter als Illustration für diesen Vorgang interpretieren? Der erste Teil spricht von »Nächstenliebe«, also von einer Beziehung unter Gleichberechtigten. Nächstenliebe ist ein Verhalten auf Gegenseitigkeit. Paulus kann in Röm 13,8 die Mahnung, einander zu lieben (ἀλλήλους ἀγαπᾶν), durch das alttestamentliche Gebote der Nächstenliebe untermauern. Wenn er wenig später mahnt: »Jeder von uns lebe dem Nächsten zu Gefallen für das Gute, zu seiner Auferbauung« (Röm 15,2), so schließt der Appell an »jeden« (ἕκαστος)

11 *H. Bolkenstein,* Wohltätigkeit und Armenpflege im vorchristlichen Altertum. Ein Beitrag zum Problem »Moral und Gesellschaft«, Utrecht 1939 = Groningen 1967. Vgl. dazu die Rezension von *W. Bauer,* GGA 1940, 358-368. Bolkestein wurde widersprochen von *I. Weiler,* Zum Schicksal der Witwen und Waisen bei den Völkern der alten Welt. Materialien für eine vergleichende Geschichtswissenschaft, Saeculum 31 (1980) 157-193: Hilfe für die Schwächeren sei ein »Universal« menschlichen Verhaltens. Bolkesteins These ist jedoch nicht, daß solche Hilfeleistungen in Griechenland und Rom fehlten, sondern daß kein spezielles Hilfsethos für Schwächere entwickelt wurde, weil ihnen auf anderem Wege geholfen werden konnte: Almosen galten als viel zu geringfügig, um als gutes Werk bezeichnet zu werden. Vgl. *R. Heiligenthal,* Werke der Barmherzigkeit oder Almosen? Zur Bedeutung von ἐλεημοσύνη, NT 25 (1983) 289-301.

die Erwartung ein, daß es sich um ein Verhalten auf Gegenseitigkeit handelt. Noch deutlicher wird dieser symmetrische Charakter der Nächstenliebe im Jakobusbrief. Er mahnt ausdrücklich dazu, in der Gemeinde jeden »ohne Ansehen der Person zu behandeln« (Jak 2,1), den Reichen nicht besser als den Armen. Dies ›egalitäre‹ Verhalten gilt ihm als Erfüllung des Nächstenliebegebots:

»Wenn ihr das königliche Gesetz erfüllt nach der Schrift: ›Liebe deinen Nächsten wie dich selbst‹, so tut ihr recht; wenn ihr aber die Person anseht, tut ihr Sünde und werdet überführt vom Gesetz als Übertreter« (Jak 2,8f).

Den Nächsten »wie sich selbst« lieben bedeutet hier: ihn als Menschen gleichen Status' zu behandeln. Der »Nächste« ist jemand, der prinzipiell auf gleicher Ebene steht. Das gilt auch für das Alte Testament: Wenn es im letzten der Zehn Gebote heißt: »Du sollst nicht begehren nach dem Hause deines Nächsten: Du sollst nicht begehren nach dem Weibe deines Nächsten, nach seinem Sklaven oder seiner Sklavin, nach seinem Rinde oder seinem Esel, nach irgend etwas, was dein Nächster hat« (Ex 20,17) - so wird deutlich: Der »Nächste« wird als vermögender Nachbar vorgestellt, nicht als Notleidender, Schwacher, Armer und Hilfsbedürftiger. Im Gedanken der »Nächstenliebe« fehlt in der biblischen Tradition jenes asymmetrische Gefälle, das nach Bolkestein für das altorientalische Barmherzigkeitsethos charakteristisch ist. Wir finden in ihm vielmehr ein egalitäres Element. Es tritt im ersten Teil der Samariterperikope deutlich hervor. Bolkestein hat es übersehen, als er das biblische Hilfsethos als Variante eines autoritären Barmherzigkeitsethos interpretierte.[12]

Dennoch könnte er in einem Punkt recht haben: Auf den ersten Blick wird in der lukanischen Samariterperikope das Gebot der Nächstenliebe (im theologischen Einleitungsteil) durch den Gedanken der Barmherzigkeit (im zweiten Teil) interpretiert, und das heißt: Eine symmetrische Beziehung wird durch eine asymmetrische gedeutet. Das Stichwort »Nächstenliebe« aus dem ersten Teil begegnet nämlich im zweiten Teil nicht mehr, sondern wird durch

12 *Bolkenstein,* Wohltätigkeit, 93 stellt z.B. eine Liste der Personen zusammen, denen gegenüber in Ägypten, Israel und Griechenland soziale Verpflichtungen anerkannt werden. Die Liste soll zeigen, daß nur in Griechenland Mitbürger und Mitmenschen (ὁ πέλας, ὁ πλησίον, vgl. 88) ausdrücklich genannt werden. Für Israel wird dies ausdrücklich verneint, obwohl Bolkestein (89) das Nächstenliebegebot (Lev 19,18) zitiert! Auf S. 36-40 nennt er als Gruppen, denen gegenüber die soziale Moral in Israel besondere Verpflichtungen kennt, nur: König, Höhergestellte, Eltern, Ältere, Freunde, Arme. Der »Nächste« wird trotz Dekalog und Lev 19,18 nicht erwähnt. Erst durch Leugnung der Nächstenliebe kann Bolkestein seine These durchführen, daß die soziale Moral in Israel eine autoritäre Struktur hat.

»Mitleid« (ἐσπλαγχνίσθη Lk 10,33) und »Barmherzigkeit« (ἔλεος 10,36) ersetzt. Mitleid und Barmherzigkeit beschreiben eine eindeutig asymmetrische Beziehung: Das Opfer der Räuber und der helfende Samariter stehen nicht auf einer Ebene. Der Helfer läßt sich herab zu jemandem, der halbtot ist. Das in jeder Hilfsbeziehung enthaltene Machtgefälle tritt offen zutage. Ein solches Verständnis von »Nächstenliebe« ist im Judentum möglich. So heißt es im Testament Issaschar: »Liebt den Herrn und den Nächsten, des Schwachen und Armen erbarmt euch« (Test Iss 5,2). Auch hier wird Nächstenliebe als Barmherzigkeit gedeutet.[13]

Auf den zweiten Blick muß man die lukanische Samariterperikope jedoch ganz anders verstehen: In ihr wird nicht Nächstenliebe durch eine asymmetrische Barmherzigkeit gedeutet, sondern umgekehrt: Barmherzigkeit wird als symmetrisch verstandene Nächstenliebe interpretiert. In dieser Hinsicht konvergieren beide Teile der Perikope. Zwei Argumente und Beobachtungen seien dafür angeführt:

1. Der Perspektivenwechsel im Verständnis der Nächstenliebe: Es ist schon immer aufgefallen, daß der »Nächste« in der Einleitung Adressat der Liebe ist.[14] Wenn der Schriftgelehrte fragt: »Wer ist mein Nächster?« (10,29), so will er wissen, wen er lieben soll. Nach der Beispielerzählung fragt Jesus dagegen: »Wer von diesen dreien, meinst du, ist dem der Nächste geworden, der unter die Räuber gefallen war?« (10,36). Der »Nächste« ist hier nicht mehr Adressat der helfenden Liebe, sondern ihr Subjekt. Auf diese Weise werden in der lukanischen Samariterperikope beide – Helfer und Hilfsadressat – als »Nächste« angesprochen. Beide haben aufgrund gleicher sprachlicher ›Etikettierung‹ denselben Status.

2. Der marginale Status des Samariters: Die Vorstellung, daß Hilfe Ausdruck eines überlegenen Status' ist, wird schon dadurch ausgeschlossen, daß der Helfer ein Samariter ist. Er hat im judäischen Land einen Status minderen Ranges. Als Samariter ist er An-

13 *W. Stegemann*, Nächstenliebe oder Barmherzigkeit. Überlegungen zum ethischen und soziologischen Ort der Nächstenliebe, in: Spiritualität. Theologische Beiträge im Auftrag des Dozentenkollegiums anläßlich des 40jährigen Bestehens der Augustana-Hochschule Neuendettelsau, hg. von H. Wagner, Stuttgart 1987, 59-82 sieht bei Lukas eine Neuinterpretation der (symmetrisch verstandenen) Nächstenliebe durch den (asymmetrisch angelegten) Gedanken der Barmherzigkeit.

14 Dieser Perspektivenwechsel wird entweder als Ausdruck einer bewußten Absicht gedeutet – erst wenn ich ein Geschehen aus der Perspektive eines anderen wahrnehme, überwinde ich die natürliche Egozentrizität des Menschen –, oder man sieht in ihr das Ergebnis einer Kombination zweier verschiedener Geschichten. So seit *Jülicher*, Gleichnisse, 596. Zu einer dritten Möglichkeit s.u. Anm. 18.

gehöriger einer als häretisch verworfenen Abspaltung von der jüdischen Glaubensgemeinschaft.[15] In der Beispielerzählung vom Samariter hilft also einer, der aufgrund seiner sozialen Rolle Außenseiter ist, einem anderen Außenseiter, der es durch ein böses Geschick wurde. Hilfe ist hier ein Geschehen zwischen zwei Menschen, die beide marginalisiert wurden.

Daß ein Samariter als Beispiel für Hilfe gegenüber einem Fremden gewählt wird, ist vielleicht kein Zufall: Wir können nämlich aus antiken Quellen erschließen, daß eine abgewandelte Form von Gen 14 als Gründungslegende des samaritanischen Heiligtums galt.[16] Der Samaritaner Pseudo-Eupolemos erzählt, Abraham habe 1. in Gefangenschaft geratenen Verwandten »geholfen« und sie befreit, 2. Gefangene, die er dabei gemacht habe, ohne Lösegeld freigegeben und sei 3. am Garizim vom dortigen Priesterkönig Melchisedek »gastlich aufgenommen« worden (Euseb, Praep. ev. IX, 17,4-6). Abraham erscheint hier als großer »Helfer«, auch gegenüber Fremden. Denn alles geschieht in einem Krieg der Armenier gegen die Phönizier, unter denen sich Abraham aufhält. Gastfreundschaft und Offenheit gegenüber Fremden muß zum ›Selbstbild‹ der samaritanischen Gemeinde gehört haben. Nannte doch eine samaritanische Gruppe den bei ihnen verehrten »Jahwe« den »Zeus Xenios«, d.h. den gastfreundlichen Zeus (Josephus, Ant 12,257-264). Damit wird wahrscheinlich auf die oben referierte (Gründungs-)Legende des Garizimkultes angespielt. Auch der später in Samarien entstandene Mythos von Simon und Helena zeigt eine hohe Wertschätzung von Hilfe und Rettung: Simon sei die Inkarnation des höchsten Gottes gewesen, der den in der Welt verlorengegangenen Gedanken Gottes (ἔννοια) rettete, indem er ihn in Gestalt der ehemaligen Prostituierten Helena aus einem Bordell freikaufte (Justin, Apol. I,26; Irenäus, Adv. haer. I, 23,1-5). Wenn der aus Samarien stammende Justin versichert, daß fast alle Samariter diesen Mythos teilten, so ist das ein Beleg dafür, daß altruistische

15 Die Spannungen zwischen Juden und Samaritern haben im Neuen Testament mehrere Spuren hinterlassen: Nach Mt 10,5 verbietet Jesus den Jüngern, in Samarien zu predigen. Nach Lk 9,51ff wird Jesus in einem samaritanischen Dorf deswegen abgelehnt, weil er auf der Reise nach Jerusalem ist. Nach Joh 4,9 gibt es keinen Kontakt zwischen Juden und Samaritern. Solche Aussagen werden durch Josephus bestätigt: Samariter sollen unter Coponius (6-9 n.Chr.) den Jerusalemer Tempel mit Leichenknochen geschändet haben (Ant 18,29f). Ob es wirklich Samariter waren, mag offenbleiben; Tatsache ist, daß man ihnen so etwas zutraute. In den 50er Jahren wurde ein galiläischer Pilger auf dem Weg durch Samarien nach Jerusalem getötet (Bell 2,232-245). Nach dem Parallelbericht war es eine ganze Pilgergruppe (Ant 20,118-136). Dabei entladen sich in den nachfolgenden Ereignissen offensichtlich lang angestaute Aggressionen: Juden verwüsten und verbrennen ganze Dörfer. Der Evangelist Lukas hat von solchen Spannungen gewußt (vgl. Lk 9,51ff). In seinem Reisebericht nutzt er sie geschickt für seine Erzählung und Aussageabsicht: Obwohl die Samariter Jesus gegenüber feindselig eingestellt sind, schildert er einen Samariter als Vorbild für »Liebe« (Lk 10,25-37) und »Glauben« (Lk 17,11-19).

16 Vgl. das grundlegende Buch zu den Samaritern: *H.G. Kippenberg,* Garizim und Synagoge. Traditionsgeschichtliche Untersuchungen zur samaritanischen Religion der aramäischen Periode (RVV 30), Berlin / New York 1971, bes. 80ff.98ff. Der bei Euseb erhaltene Text eines anonymen Samaritaners (genannt Pseudo-Eupolemos) ist übersetzt bei *N. Walter,* Fragmente jüdisch-hellenistischer Historiker (JSHRZ I,2), Gütersloh 1976, 137-143.

Einstellungen im samaritanischen Milieu hohe Wertschätzung genossen. Der »barmherzige Samariter« paßt gut in das Milieu. Wenn im Lukasevangelium die Samariter trotzdem als ungastlich dargestellt werden (Lk 9,51-56), so widerspricht das keineswegs einer unter Samaritanern hochgeschätzten Gastfreundschaft und Hilfsbereitschaft. Vielmehr zeigt die Perikope, wie Samaritaner an ihrem eigenen ›Ideal‹ scheitern.

Aus all dem läßt sich m.E. schließen: Hilfe wird in der Samariterperikope nicht als Ausüben einer Macht dargestellt, die über die akute Situation hinausreicht. Der Samariter ist ein im judäischen Land benachteiligter Außenseiter, die Beziehung zu dem halbtoten Opfer ist eine Beziehung zum »Nächsten«. Ihre Wege trennen sich wieder. Es bleibt keine dauernde Abhängigkeit. Die von ihrem Status her Hervorgehobenen - Priester und Levit - verweigern dagegen die Hilfe. Die Mächtigen versagen.

3 Das evolutionäre Argument: Hilfe als dysfunktionale Gegenselektion

Wir kommen nun zum dritten Argument, das heute das Ethos des Helfens problematisiert: Hilfe wird als dysfunktionale Gegenselektion kritisiert, durch die evolutionäre Gleichgewichte und Entwicklungen gestört werden. Sofern ›altruistisch‹ scheinendes Verhalten evolutionär funktional sei, sei es nur ein Scheinaltruismus, d.h. ein Egoismus, der letztlich den eigenen Nachkommen oder der eigenen Gruppe zugute komme.

Wenn wir die Samaritergeschichte als menschliches Beispiel im Lichte dieser Frage lesen, so fällt auf: Das Opfer der Räuber wird ausdrücklich »halbtot« genannt. Damit wird gesagt: Ohne den helfenden Eingriff des Samariters wäre er gestorben. Hilfe bewahrt Leben, das ohne menschliche Eingriffe verloren wäre. Im biologischen Sinn handelt es sich um »Gegenselektion«.

Nun könnte man sagen: Solche Hilfe sei im biologischen Sinne sinnvoll, wenn sie der Verbreitung der eigenen Gene diene. Nach soziobiologischem Kalkül lohnt sich eine Investition für das Leben von vier Neffen, da jeder 25% der eigenen Gene enthält. Legt man die Grundsätze eines solchen Vier-Neffen-Altruismus zugrunde, so ist die Tat des Samariters eine verlorene Investition: Die Chance, daß er mit dem verwundeten Fremden genetisch verwandt ist, dürfte gering sein. Offen ist, ob der Fremde überhaupt überleben wird.

Genausowenig ist im Verhältnis zwischen Opfer und Samariter mit einem reziproken Altruismus zu rechnen. Er setzt ja voraus, daß zwei Lebewesen lange Beziehungen haben. Dann steigt die

Chance, daß jeder in den Genuß der Hilfe durch den anderen kommt. Aber die Wege des Samariters und des hilflosen Mannes trennen sich. Die Chance, daß sie sich wieder begegnen, ist gering. Die älteren Ethologen (wie K. Lorenz) hätten vielleicht dem Handeln des Samariters eine arterhaltende Funktion zugeschrieben: Eine Art, in der sich die Lebewesen gegenseitig helfen, habe als ganze mehr Überlebenschancen als andere Arten. Dies setzt jedoch eine bewußte Identifikation mit jedem anderen Mitglied der gleichen Art voraus, wie sie nur unter Menschen denkbar ist. Durch ›blinde‹ biologische Evolution entsteht solch ein ›arterhaltendes‹ Verhalten nicht, wenn die neueren soziobiologischen Erkenntnisse im Recht sind, wonach nicht arterhaltendes, sondern nur das die eigene Gene verbreitende Verhalten evolutionär ›belohnt‹ wird.[17] Von der Biologie inspirierte Versuche, menschlichen Altruismus zu deuten, müssen in jedem Fall davon ausgehen, daß der Adressat der Hilfe von vornherein der »Nächste« ist: der genetisch Nächste, der reziprok handelnde Nächste oder der Artgenosse. Hilfe ist in der Samariterperikope aber nicht Ausdruck eines vorgegebenen Status', sondern begründet Status. Jesus fragt den Schriftgelehrten: »Wer von diesen dreien, meinst du, ist dem der Nächste *geworden,* der unter die Räuber gefallen war?« Die griechischen Worte: τίς δοκεῖ σοι γεγονέναι können sowohl übersetzt werden: »Wer ist der Nächste geworden?« als auch »Wer ist der Nächste gewesen?« Daß allein die erste Übersetzung angebracht ist (obwohl die meisten Übersetzungen die zweite vorziehen), ergibt sich aus der Entdekkung, daß ein Wortspiel vorliegt[18]: Die griechische Wendung γίνομαι πλησίον τινος, die mehrfach bei Josephus belegt ist (Bell 6,258.346; Ant 1,254; 2,279; 5,225.245; 14,445), bedeutet: sich einer Sache oder einer Person nähern. Sie setzt voraus, daß man sich vorher nicht »nahe« gewesen ist; πλησίον ist in dieser Wendung ein adverbial gebrauchtes Adjektiv, keine Statusbezeichnung. Lukas spielt mit der Doppelbedeutung von πλησίον als adverbialem Adjektiv und Substantiv. Er setzt im Zitat des alttestamentlichen Nächstenliebegebots den Artikel, läßt ihn aber sowohl in 10,29 wie in 10,36 weg. Er will sagen: Derjenige, der dem halbtoten Opfer »nahe«gekommen ist, wurde sein »Nächster«. Da das

17 Zur Kritik an der älteren Ethologie vgl. *Vogel,* Gibt es eine natürliche Moral? (s.o. Anm. 5), 193ff.

18 Diese »wortspielartige Beziehung« zwischen V. 29 und V. 36 wurde von *K. Haacker,* Art. πλησίον, EWNT III (1983) 265-269, dort 268f entdeckt. Er meint, daß dieses Wortspiel auch schon im Hebräischen möglich gewesen wäre »auf der Grundlage der Wortverwandtschaft zwischen rea' ›Nächster‹ und ra'ah ›sich gesellen‹« (268).

Opfer sich nicht fortbewegen konnte (es ist ja »halbtot«), läßt sich das Wortspiel von »nahekommen« und »Nächster werden« nur auf den Helfenden anwenden. Nur der Samariter »näherte« sich ja dem Opfer; die anderen gingen vorbei. Lukas sagt m.E. eindeutig: Durch dieses »Sich-Nähern« wurde der Samariter ein Nächster. Er war es nicht von vornherein. Die Frage: »Wer ist mein Nächster?« läßt sich dann so beantworten: Es ist kein vorgegebener und abgegrenzter Kreis von Menschen, sondern alle, denen man »nahekommen« kann, indem man ihnen hilft. Der »Nächste« ist kein Status, aus dem die Pflicht zu Hilfe und Liebe folgt, sondern umgekehrt: Hilfe und Liebe machen uns gegenseitig zu »Nächsten«.[19] Dieser Nächste kann uns räumlich, genetisch, kulturell und religiös fernstehen. Sofern wir uns ihm »nähern« und ihm effektiv Hilfe leisten können, wird er unser »Nächster«.

Aber nicht nur dadurch: In den erzählenden Abschnitten der Samariterperikope begegnet das Stichwort »Nächster« nicht. Erst Jesus wendet es im kommentierenden Dialog auf den Samariter an. Der Samariter wird ein »Nächster«, weil er von Jesus so genannt wird – aufgrund der »Etikettierungsmacht« der Sprache, die konstruktiv und destruktiv wirken kann, indem sie den einen zum »Nächsten« und den anderen zum »Außenstehenden« macht. Diese triviale Beobachtung ist m.E. von großer Bedeutung. Fragt man sich nämlich, wie altruistisches Verhalten von den nächsten Verwandten auf fremde Menschen »übertragen« und die in unserer biologischen Herkunft tiefverwurzelte Enge des Verwandtschaftsaltruismus überwunden werden konnte, so ist dies ohne Sprache nicht vorstellbar. Indem Menschen Verwandtschaftsbegriffe wie »Bruder« und »Schwester« oder soziale Kategorien wie »Nächster« und »Nachbar« in ihrer Sprache auf andere übertragen, wird es möglich, auch das Brüdern und Schwestern geltende Verhalten auf andere zu übertragen. Die Ausweitung von Begriffen und Verhalten geht Hand in Hand. Man kann hier von einem »Wortgeschehen« sprechen, das die Wirklichkeit verändert. Genau an dieser Stelle wird Religion wirksam: Ihre Bilder und Metaphern lassen uns den anderen Menschen als »Nächsten« und als

19 Treffend *T.W. Manson*, The Sayings of Jesus, London (1949) [6]1964, 263: »The principle underlying the question is that while mere neighbourhood does not create love, love does create neighbourliness.« Vgl. ferner *J.A. Fitzmyer*, The Gospel According to Luke (Anchor Bible 28 A), Garden City / New York 1985, 884: »The point of the story is summed up in the lawyer's reaction, that a ›neighbour‹ is anyone in need with whom one comes into contact and to whom one can show pity and kindness, even beyond the bounds of one's own ethnic or religious group.«

»Bruder« und »Schwester« sehen.[20] Wo in vollem Ernst geglaubt wird, daß in Notleidenden die »geringsten Brüder« begegnen, mit denen sich der Weltenrichter selbst identifiziert (Mt 25,31-46), da werden Energien für fremde Menschen mobilisierbar, die nach soziobiologischen Erkenntnissen dauerhaft *nur* durch allernächste Verwandte aktiviert werden können.

Das ›Opfer‹ der Räuber und der barmherzige Samariter sind also nicht schon immer »Nächste«. Im Gegenteil: Zwischen ihnen steht eine Geschichte der Distanz, Verachtung, Verketzerung. Aber sie werden »Nächste« – durch eine statusbegründende Hilfsbeziehung und die statusverändernde Macht des Wortes. Indem sie »Nächste« werden, geschieht Gegenselektion. Denn der unter die Räuber Gefallene droht Opfer biologischer und sozialer Selektion zu werden. Er stirbt den physischen Tod und den sozialen Tod des Aufgegebenseins: Priester und Levit gehen an ihm vorbei. Angehörige der eigenen Gruppe[21] wollen in ihn – aus welchen Gründen auch immer – nichts mehr investieren. Er ist schon ausgeschieden aus ihrem Leben. Das Handeln des Samariters ist dagegen antiselektionistisch: dem Nicht-Verwandten, dem Fremden, dem Aufgegebenen und Verlorenen zugewandt.

Gibt es im theologischen Einleitungsteil ein konvergentes Motiv? Ursprünglich kreiste der einleitende Dialog um die mehr theoretische Frage nach dem höchsten Gebot (Mk 12,28-34 / Mt 22,35-40). Bei Lukas wurde daraus die praktische Frage: »Was soll ich tun, damit ich ewiges Leben erbe?« (Lk 10,25), eine Frage, die wohl aus der Perikope vom reichen jungen Mann übernommen wurde (vgl. Mk 10,17; Lk 18,8). Dort ist sie auf die Motive in der ganzen Geschichte abgestimmt: Der junge Mann wird aufgefordert, alle seine Habe für die Armen dahinzugeben, dann wird er einen Schatz im Himmel haben. Sein ethisches Tun bildet ab, was ihn als Lohn erwartet: das ewige Leben, der Schatz im Himmel. Eine vergleichbare Motivbeziehung kann man in der Samariterperikope feststellen: Die Frage nach dem rechten Tun wird im Blick auf die nachfolgende Beispielgeschichte gestellt. In ihr wird das rechte Tun

20 *R.W. Burhoe,* Religion's role in human evolution: The missing link between apeman's selfish genes and civilized altruism, Zygon 14 (1979) 135-162 vertritt die These, der Mensch habe erst durch Religion gelernt, sich mit nicht-genetisch verwandten Mitmenschen so zu identifizieren, als seien sie seine Geschwister. Burhoe's Aufsatz ist identisch mit Kap. 7 seines Buches: Toward a Scientific Theology, Belfast/Dublin/Ottawa 1981, 201-233.

21 Daß das Opfer ebenso wie Priester und Levit ein Jude ist, wird nicht ausdrücklich gesagt. Da aber innerhalb der Erzählung nur der Samariter als Fremder hervorgehoben wird, dürfen wir bei allen anderen Personen Einheimische, d.h. Juden, annehmen.

geschildert. Dessen Lohn wird ausdrücklich genannt: Nach dem Hinweis des Schriftgelehrten auf das Doppelgebot der Liebe sagt Jesus: »Dies tue und du wirst leben« (Lk 10,28). Wenn nun als Illustration die Rettung eines Menschen folgt, der als »halbtot« bezeichnet wird, so kann das kein Zufall sein. Zwischen dem geforderten ethischen Verhalten und seinem Lohn dürfte auch hier ein innerer Zusammenhang bestehen: Wer Menschen vor dem Tod bewahrt und so Leben rettet, der wird ewiges Leben haben, ein Leben, das nicht mehr vom Tod bedroht ist.

Was aber ist »ewiges Leben«? Die verschiedenen Begriffe des ewigen Lebens - im Sinne präsentischer und futurischer Eschatologie - haben im Neuen Testament einen Zug gemeinsam, der hier mit einem nicht-neutestamentlichen Begriff erfaßt werden soll: Es ist ein Leben jenseits des Selektionsprinzips. Denn das Instrument des Selektionsprinzips ist letztlich der Tod: Die ungleiche Verteilung von Fortpflanzungs- und Überlebenschancen, die wir »Selektion« nennen, arbeitet auf der Grundlage, daß es durch den Tod zu immer neuen Generationsfolgen kommt.[22] Wo von einem ewigen Leben gesprochen wird, befindet man sich immer schon jenseits des Selektionsprinzips. Die Antwort der Perikope auf die Frage des Schriftgelehrten lautet daher - umgesetzt in diese Terminologie: Wenn du ein Leben jenseits des Selektionsprinzips willst, dann handle antiselektionistisch: Rette das Verlorene!

Solange man nur von einem Leben im biologischen Sinne spricht und Hilfe dadurch begründen will, was biologisch (und evolutionär) funktional ist, werden einem schnell die Argumente für das Helfen ausgehen - gerade dort, wo christliche Nächstenliebe immer ihre besondere Aufgabe gesehen hat: bei den zerstörten, zerrütteten, hilflosen Menschen, die oft nur noch ein Schatten ihrer selbst sind. Das wird anders, wenn man von ›Leben‹ auch in einem anderen Sinne spricht, von einem Leben jenseits des Selektionsprinzips, von dem 1Joh 3,14 sagt: »Wir wissen, daß wir aus dem Tod ins Leben hinübergegangen sind, weil wir die Brüder lieben.«

Fassen wir den zweiten Teil zusammen: Die Perikope vom Samariter ist aus zwei Teilen zusammengesetzt, einer theologischen Einleitung und einer ›menschlichen‹ Beispielgeschichte. Theologische und humane Motive konvergieren bei der Darstellung der Nächstenliebe. Diese Nächstenliebe ist Liebe endlicher Menschen - der Samariter trennt sich vom verwundeten Fremden. Sie ist frei von

22 Vgl. *C.F. von Weizsäcker,* Der Garten des Menschlichen. Beiträge zur geschichtlichen Anthropologie, München/Wien 1977, I, 9: Der Tod, 145-166.

struktureller Macht - der Samariter ist selbst ein Außenseiter ohne Einfluß. Sie dient keiner erkennbaren biologischen Strategie - sie ist vielmehr Zeugnis und Verwirklichung eines Lebens jenseits des Selektionsprinzips.

III Systematische Überlegungen

Wir sind von einer der bekanntesten biblischen Geschichten ausgegangen, um Grundmotive einer christlichen und humanen Hilfsethik herauszuarbeiten. Der Rückgriff auf eine Beispielerzählung ist mehr als ein didaktisches Mittel. Wahrscheinlich ist es leichter, über Letztbegründungen von Haltungen und Normen mit Hilfe von Geschichten anstatt abstrakter Gedanken zu sprechen. Eine Erzählung verbirgt nicht jene »Irrationalität«, die mit allen Letztbegründungen verbunden ist: Letztbegründungen können selbst nicht mehr begründet werden (sonst wären sie keine Letztbegründungen); sie bilden vielmehr die Basis für andere Argumente. Eine Erzählung ist nicht verpflichtet, die in ihr enthaltenen impliziten oder expliziten Werte, Normen und Überzeugungen zu ›erklären‹, sie kann sich damit begnügen, sie darzustellen und ihre Wirksamkeit im Leben aufzuzeigen. Trotzdem sollen abschließend Grundgedanken einer Hilfsethik auf nicht-erzählende Weise noch einmal in Form von Thesen formuliert werden - losgelöst von der einen Geschichte, von der wir ausgegangen sind.
Ein grundlegendes Motiv ist für mich die schlichte Beobachtung, daß authentische Hilfe bei allen Menschen geschehen kann - unabhängig von Religion, Kultur, Bildung und Kontext. Sie ist (um den Begriff von K.E. Løgstrup noch einmal zu verwenden) eine »souveräne Lebensäußerung«, die transkulturell verbreitet ist. Daraus folgt, daß über Hilfe zunächst im Rahmen der Schöpfung nachgedacht werden muß.
Eine zweite Beobachtung ist, daß die Bereitschaft zur Hilfe gefährdet ist. Menschen haben eine erschreckende Tendenz, Hilfeleistungen zu verweigern, Hilfsmotivation mit intelligenten Argumenten zu zerreden, Hilfsbedürftigkeit zu übersehen. Hilfsmotivation muß immer wieder gegen Trägheit, institutionelle Erstarrung und ein ungünstiges kulturelles »Hilfsklima« erneuert werden. Über Hilfe muß daher auch im Zusammenhang mit der Erlösung nachgedacht werden.
Lassen Sie mich zunächst zwei Thesen zu Hilfe und Hilfsmotivation mit Blick auf die Schöpfung formulieren - dann drei Thesen im

Blick auf die Erlösung, d.h. auf die Verwandlung des Menschen, die durch Christus ermöglicht wird.

1. Hilfe kann sich letztlich nicht durch ihre Funktion in umfassenden Zusammenhängen legitimieren, sondern nur als Rettung der Ebenbildlichkeit des Menschen: Weil jeder Mensch einen unendlichen Wert hat, darum ist es sinnvoll, jedem Menschen zu helfen. Überall da, wo solche Hilfe geschieht, leuchtet – mitten in einer Welt, die durch Sünde und Leid gekennzeichnet ist – das Ebenbild Gottes im Menschen wieder auf. Denn überall da wird erfahrbar, daß der Mensch einen Wert hat, der nicht in den Zusammenhängen der Natur, der Geschichte und des Lebens aufgeht: Christen dürfen und sollen die Hilfe anderer Menschen anerkennen, sie lieben und schätzen – auch bei denen, die nicht ihre Motive und ihren Glauben teilen. Sie dürfen darin Zeichen der Güte Gottes sehen, einer Erinnerung daran, daß alle Menschen Geschöpfe Gottes sind.

2. Hilfe wird von endlichen Menschen gemacht, von Geschöpfen Gottes, die nie perfekt sind. Wir haben immer nur begrenzte Informationen, immer nur begrenzte Möglichkeiten an Zeit, Kompetenz, Mitteln und immer nur begrenzt altruistische Motive. Wer sich als Helfer in die Rolle Gottes hineinversetzt, wer alle Umstände kontrollieren will, alles Leid beseitigen zu müssen meint, wer die Geschichte noch einmal beginnen lassen will – der übernimmt sich in maßloser Weise. Dort, wo Hilfe geschieht, leuchtet nicht nur die Ebenbildlichkeit des Geschöpfes neu auf, es werden auch die Grenzen des Geschöpfes deutlich. Das Helfersyndrom entsteht dort, wo wir diese Grenzen nicht mehr respektieren. Das gilt sowohl für eine humanistische wie für eine christliche Hilfsethik.

Weil Hilfe ein allgemein-menschliches Phänomen ist und – theologisch gesprochen – zur Schöpfung gehört, sollte sich eine theologische »Theorie des Helfens« auch Gedanken über eine Begründung des Helfens machen, die für Nicht-Christen zugänglich ist. Sie könnte m.E. von den Menschenrechten ausgehen. Was in theologischer Sprache »Ebenbildlichkeit« des Menschen genannt wird, wird in menschenrechtlicher Tradition als »Würde des Menschen« bezeichnet. Die Menschenrechte haben m.E. eine dreifache Dimension[23]:

23 Daß es sich bei den ersten beiden Dimensionen der Menschenrechte um verschiedene Konzepte handeln kann, zwischen denen es Spannungen geben kann, ergibt sich schon daraus, daß die UNO im Jahre 1966 zwei Menschenrechtspakte verabschiedete: Den »Internationalen Pakt über staatsbürgerliche und politische Rechte«, in dem vorwiegend die liberalen Gedanken westlicher Demokratien ih-

Menschenrechte sichern das Individuum gegen Übergriffe staatlicher Macht. Das ist ihre ›liberale‹ Dimension. Sie wurde in der Geschichte als erste entwickelt. Aber schon früh wurde erkannt, daß formale Freiheitsrechte, wie sie der liberale Rechtsstaat garantiert, nicht ausreichen, um menschenwürdiges Leben zu ermöglichen. Menschenrechte fordern daher zweitens für jeden Menschen ein Minimum an sozialer Verteilungsgerechtigkeit. Durch Beteiligung an Besitz, Arbeit, Bildung muß jeder in die Lage gesetzt werden, auch faktisch die Freiheitsrechte in Anspruch nehmen zu können, die ihm zugesprochen sind. Das ist die sozialpolitische Dimension der Menschenrechte, die der Sozialstaat zu verwirklichen sucht. Menschenrechte schreiben drittens jedem Menschen auch dann eine unauslöschliche Würde zu, wenn diese Würde empirisch nicht mehr erkennbar ist, d.h. wenn sich Menschen in Sucht und Abhängigkeit, Neurose und Psychose, Verwahrlosung und Kriminalität verloren haben. Ich möchte dies die ›caritative‹ Dimension der Menschenrechte nennen. Die christlichen Kirchen haben von ihrem Auftrag und ihrer Geschichte her eine besondere Pflicht, für diese caritative Dimension das allgemeine Bewußtsein sensibel zu machen.

Die Frage ist berechtigt, ob dieser ›caritative‹ Aspekt nicht schon immer in der sozialpolitischen Dimension der Menschenrechte enthalten war. Zwei Argumente sprechen für seine Unterscheidbarkeit. Zunächst die geschichtliche Erfahrung, daß die Entstehung eines Wohlfahrts- und Sozialstaats elementare Formen menschlicher ›Verlorenheit‹ nicht aufhebt, im Gegenteil: Psychische Instabilität, Sucht und Abhängigkeit, Kriminalität und Verwahrlosung nehmen in erschreckendem Maße zu. Die komplizierter werdende Gesellschaft verlangt ein immer größeres Maß an kultureller Lernfähigkeit und Kompetenz, das viele überfordert: Viele können nicht mehr am sozialen Leben in Übereinstimmung mit seinen durchschnittlichen Normen und Chancen teilnehmen. Das Problem wird dadurch verschärft, daß moderne Medizin Unfälle, Krankheit und Alter häufiger und länger ›überleben‹ läßt und den Betroffenen eine psychische Belastung aufbürdet, die eine Gesellschaft mit ganz anders ausgerichteten Idealen nicht gerade erleichtert.

ren Niederschlag gefunden haben, und den »Internationalen Pakt über wirtschaftliche, soziale und kulturelle Rechte«, in dem die sozialistischen Staaten im Bündnis mit Entwicklungsländern ihre Konzeption durchsetzen konnten. Beide wurden von der gesamten Staatengemeinschaft akzeptiert. Vgl. dazu *W. Huber / H.E. Tödt*, Menschenrechte. Perspektiven einer menschlichen Welt, Stuttgart/Berlin 1977 = München 1988, 17ff.

Dazu kommt ein sachlogisches Argument. W. Huber und H.E. Tödt haben in allen Menschenrechtsformulierungen drei Sachmomente unterschieden: Freiheit, Gleichheit und Partizipation.[24] Sie fassen diese drei Sachmomente als hermeneutische Regel zur Auslegung und Beurteilung positiver Grundrechtsformulierungen auf. Die oben unterschiedenen drei Dimensionen haben zweifellos jeweils eine besondere Nähe zu einem dieser Sachmomente: Die liberale Dimension der Menschenrechte betont den Freiheitsgedanken, ihre sozialpolitische Dimension den Gleichheitsgedanken, insofern es um einen Ausgleich zwischen Lebenschancen und Gütern kommt. Der Partizipationsgedanke, durch den die Menschenrechtssubjekte erst in eine positive Beziehung zueinander gebracht werden, muß sich besonders dort bewähren, wo Menschen am Rande des sozialen Lebens stehen: bei Obdachlosen, Behinderten, psychisch Beeinträchtigten.

Denn hier erst erweist sich, ob wir wirklich bereit sind, jedem Menschen das Recht zuzugestehen, an unserem gemeinsamen Leben teilzunehmen, und ihm jene Anerkennung zu geben, ohne die kein Mensch leben kann.

Judiziabel - d. h. in positives Recht faßbar und einklagbar - ist jeweils nur ein Teil dessen, was Menschenrechte fordern. Die allen Menschenrechten zugrunde liegende Würde des Menschen transzendiert das Recht, zumal dort, wo sich das Recht als ein Steuerungsinstrument der Gesellschaft versteht, das seine eigenen Voraussetzungen nicht mehr begründen kann, sondern sie aus einem sozialen und politischen Konsens bezieht, der nicht weiter hinterfragt wird.

Gerade an diesem Punkt lassen sich nun Analogie und Differenz zwischen Menschenrechtstradition und christlichem Menschenbild aufweisen. Das Bekenntnis zur unverletzlichen Menschenwürde erscheint heute als ein Bekenntnis, das bei einer naturalistischen Sicht des Menschen die beeindruckende Macht der Fakten gegen sich hat: Denn warum soll der Mensch, dieser »Zigeuner des Weltalls«, dessen Kultur ein ephemeres Krustenphänomen auf einem winzigen Planeten ist, eine unverletzliche Menschenwürde besitzen? Das Bekenntnis zur Menschenwürde erscheint in diesem Kontext als ein »Protest« gegen die Nichtigkeit des Menschen. Christliches Bekenntnis zur Schöpfung teilt den humanistischen Protest - aber versteht diesen Protest als Antwort auf eine dem

24 Vgl. *Huber/Tödt,* Menschenrechte, 80ff. Ferner *H.E. Tödt,* Menschenrechte - Grundrechte, in: *Ders.*, Perspektiven theologischer Ethik, München 1988, 135-176.

Menschen vorgegebene Realität: als Antwort auf Gott, der dem Menschen unendlichen Wert gibt.

Warum ist diese »analoge« Begründung des Helfens im Gedanken der Ebenbildlichkeit und der unverletzlichen Menschenwürde für die Diakonie so wichtig? Sie ist m. E. wichtig, weil in diakonischen Institutionen wie in der Gesellschaft überhaupt Christen und Nichtchristen zusammenarbeiten. Es ist m. E. unzulässig, innerhalb diakonischer Institutionen nur von den Nicht-Christen (oder säkularisierten Christen) Verständnis für die christlichen Motive zur Diakonie zu verlangen. Christen müssen auch umgekehrt Verständnis für die rein humanen Motive des Helfens haben: Diese Motive sollten sie mit gutem theologischen Gewissen als wertvoll anerkennen, damit die Zusammenarbeit nicht durch gegenseitige Abwertungen gefährdet wird.

Bisher sprachen wir von Hilfe im Rahmen der Schöpfung. Und wir gingen davon aus, daß sie trotz aller Widerstände und Verzerrungen immer wieder gelingt. Aber ebenso richtig ist: daß sie immer wieder scheitert. Der Mensch strandet oft mit den besten Absichten. Seine Motivation zu helfen ist keineswegs stabil, sondern schnell erschütterbar. Seine helfenden Eingriffe sind nicht nur hilfreich, sondern auch destruktiv. Kritik an der Hilfe deckt diesen unerlösten Charakter des Helfens auf. Diese Kritik ist ernst zu nehmen.

Als Antwort auf diese Kritik formuliere ich drei Thesen, in denen Grundsätze christlicher Hilfe deutlich werden sollen. Dabei werden die bisher diskutierten drei Argumente der Altruismuskritik in umgekehrter Reihenfolge behandelt: Ausgehend von der weitesten Perspektive der Evolution über die Sozialform menschlichen Helfens bis hin zur psychologischen Motivation, die den einzelnen zum Helfen bewegt.

1. Ein unumstrittenes Ergebnis soziobiologischer Entzauberung des »Altruismus« ist, daß uneigennützige Hilfe innerhalb der biologischen Evolutionsphase unmöglich ist. Was uns im Tierreich als »Altruismus« erscheint, beruht auf Verwandtschaftsselektion und reziprokem Altruismus. Nur das setzt sich durch, was den eigenen Genen nützt. Darüber hinaus ist altruistisches Verhalten engstens mit Aggression verbunden: In der Abwehr von Feinden entstanden Extremformen altruistischer Aufopferung für andere. Erst beim Menschen gibt es eine Chance, daß es zur Hilfe für andere kommt, ohne erkennbaren Vorteil für die eigenen Gene, allein deshalb, weil der andere ein Mensch ist. Erst bei ihm kann Hilfe aus einem selektionsfördernden Verhalten zu einer Einschränkung des Selektionsprinzips werden: Denn erst Hilfe ermöglicht menschliches Le-

ben auch dort, wo es unter natürlichen Verhältnissen unmöglich wäre. Mit dieser Reduktion von Selektionsdruck beginnt alle Kultur. In der Bibel finden wir eine radikale Zuspitzung dieser Reduktion von Selektion - einen Aufruhr gegen das Selektionsprinzip[25]: Gott wählt antiselektionistisch ein Volk, das ein Opfer der Großmächte war. Israel tritt zum ersten Mal in der Geschichte mit einer Vernichtungsnachricht des Pharao Merneptah auf. Dieser Herrscher meldet 1219 v. Chr., daß Israel keinen Samen mehr habe - keine Nachkommen und keine Zukunft. Dies Volk, vom Pharao dazu bestimmt, aus der Geschichte zu verschwinden, wird in der Bibel zum Hoffnungsträger. Der mit ihm beginnende antiselektionistische Aufstand findet seinen Höhepunkt in Jesus: Die von ihm verkündete Herrschaft Gottes gilt den Armen, Hungrigen und Leidenden, den Schwachen und Kranken. Sein Kreuz und seine Auferstehung werden zur Grundlage für ein »neues Leben«, das aus einer Macht lebt von jenseits des Selektionsprinzips. Aus allem dem folgt, daß christlich motivierte Hilfe Suche nach dem Verlorenen ist - um den ersten Grundsatz diakonischer Hilfe mit einem biblischen Begriff zu fassen. Verloren ist all das, was durch selektive Prozesse an den Rand des Lebens rückte, was halbtot ist wie jenes Opfer der Räuber, dessen sich der Samariter annimmt. Christliche Hilfe hat sich offen und demonstrativ zu diesem antiselektionistischen Grundmotiv zu bekennen, durch das der Mensch die Schranken der biologischen Evolution - der *»sarx«*, wie Paulus gesagt hätte - verlassen hat und zum Bürger einer neuen Welt geworden ist, in dem ein Leben »nach dem Geiste« möglich ist.

2. Durch seine Fähigkeit zu helfen tritt der Mensch aus den Schranken biologischer Evolution heraus, aber diese Fähigkeit zur Hilfe wird in verschiedenen Sozialformen organisiert, die selbst zum Problem werden können.[26] Bei einer segmentären Differenzierung der Gesellschaft in nebeneinander existierende gleichberechtigte soziale Einheiten (Familien, Sippen, Stämme) geschieht Hilfe auf Gegenseitigkeit. Sie begründet Beziehungen zwischen segmentären Einheiten. Anders ist das in stratifizierten Gesellschaften: Hier wird Hilfe zur Statusverpflichtung und zum Statussymbol der Mächtigen. Hilfe legitimiert und stabilisiert Abhängigkeit. In modernen Gesell-

[25] Diesen Gedanken habe ich in meinem Buch: Biblischer Glaube in evolutionärer Sicht, München 1984 entfaltet.

[26] Die folgenden drei Sozialformen des Helfens werden nach *N. Luhmann*, Formen des Helfens im Wandel gesellschaftlicher Bedingungen, in: *H.U. Otto / S. Schneider*, Gesellschaftliche Perspektiven der Sozialarbeit, Neuwied/Berlin 1973, 21-43 unterschieden.

schaften schiebt sich eine funktionale Differenzierung über traditionelle Schichtungen: Hilfe wird zur Aufgabe spezialisierter Hilfsinstitutionen und Hilfsprogramme. In der Gegenwart finden wir alle drei Sozialformen von Hilfe nebeneinander.
Das biblische Hilfsethos, nach wie vor eine Quelle altruistischer Motivation, ist seinen Ursprüngen nach tief in segmentären Strukturen des frühen Israels verwurzelt. Die Liebe zum (gleichberechtigten) Nächsten steht in ihrem Zentrum. Das ging niemals ganz verloren, auch dann nicht, als die israelitische Gesellschaft sich in Schichten und Klassen aufspaltete. Wir finden zwar auch in der Bibel die Vorstellung, daß Hilfe eine Aufgabe des Königs ist. Doch stoßen wir immer wieder auf Korrekturen solch eines autoritären Hilfsethos' im biblischen Traditionsbereich. Sowohl im Judentum wie im Christentum kommt es zu Organisationsformen des Helfens, bei denen kleine Leute selbst zu Subjekten der Hilfe werden. Das Judentum entwickelte die Institutionen der *»quppah«* (einer Armenkasse für ortsansässige Witwen und Waisen) und der *»tamhuj«* (einer Naturaliensammlung für ortsfremde Bedürftige).[27] Im Urchristentum motivierte man zur Hilfe durch den Appell zu Arbeit und Verzicht. In beiden Fällen werden einfache Menschen zu Helfern. Hier wie dort treten sie als »Wohltäter« auf – wie sonst nur Fürsten und Aristokraten. In der Jesusüberlieferung wird dieser Widerspruch zu ›autoritären‹ Formen des Helfens klar artikuliert. Er findet sich in der zweiten diakonischen Grundregel[28], die dazu verpflichtet, Hilfe nicht als eine Form von Herrschaftsausübung, sondern als Gegenbild zur Herrschaft auszuüben. Sie lautet in den Worten von Mk 10,42–45:

»Ihr wißt, daß die, welche als Fürsten der Völker gelten, sie knechten und ihre Großen über sie Gewalt üben. Unter euch ist es aber nicht so, sondern wer unter euch groß sein will, sei der Knecht aller. Denn auch der Menschensohn ist nicht gekommen, daß er sich dienen lasse, sondern daß er diene und sein Leben gebe als Lösegeld für viele.«.

Dieser Grundsatz des Positionswechsels findet sich in verschiedener Form in der ganzen biblischen Tradition, aber er nimmt seine eindringlichste Verkörperung in der Gestalt Jesu an: Wo der Wel-

27 Vgl. *M. Brocke*, Art. Armenfürsorge I. Judentum, TRE 4 (1979) 10–14, dort 11f.
28 Vgl. *P. Philippi*, Christozentrische Diakonie, Stuttgart (1963) ²1975, 104. Für ihn ist diese Regel die »Grundregel« für die Diakonie schlechthin. Sie bezieht sich auf das Subjekt des Helfens. Ich würde ihr die Aufgabe, das Verlorene zu suchen, vorordnen, weil sie sich auf die Hilfsbedürftigen bezieht.

tenherrscher selbst die Rolle des letzten Sklaven übernimmt, wird der radikalste Positionswechsel gedacht, der überhaupt denkbar ist. Hilfe in der Nachfolge Jesu ist diesem Positionswechsel verpflichtet. Die Suche nach herrschaftsreduzierenden Formen von Hilfe wird uns aus dem Zentrum biblischen Glaubens heraus zur Pflicht gemacht.

3. Die Psychologie der Hilfsmotivation hat sich in modernen Gesellschaften verändert.[29] Hinsichtlich der persönlichen Lebensplanung wurden einschränkende Bedingungen in einem nie zuvor gekannten Ausmaß reduziert, so daß jeder vor sehr viel mehr Wahlmöglichkeiten steht als früher. Diese Situation erfordert, daß wir uns in größerem Maße selbst zum Thema werden. Ständig müssen wir uns fragen: Was paßt wirklich zu uns? Die damit gegebene Selbstentfaltungsthematik wird oft in Gegensatz gebracht zu einem traditionellen christlichen Hilfsethos der Selbstverleugnung. Man macht es sich zu leicht, wenn man dagegen einwendet, Pflicht und Opfer, Entsagung und Verantwortung könnten auch Wege zur Selbstverwirklichung sein. Denn dieser Gedanke kann ethisch nur motivieren, wo Selbstentfremdung als Weg zur Selbstverwirklichung einsichtig ist und der Verdacht fernliegt, er diene dazu, daß große Institutionen ihre Mitarbeiter noch intensiver ›verschleißen‹ können.

Mitten in der biblischen Tradition wird vielleicht ein Weg gewiesen, Selbstentäußerung als Selbstgewinn zu verstehen. Es ist ein Weg, der dem Protestantismus fremd geworden ist und auf den ich nur mit Zögern hinweise: Es ist die Mystik in Christus. Sie wurde von Albert Schweitzer überzeugend in altruistisches Handeln verwandelt. Sie hat bei ihm folgende Merkmale[30]:

Es handelt sich um eine Willensmystik: Ein unbedingter Wille zum Leben findet sich in allen Kreaturen, wird im Menschen seiner selbst bewußt, erkennt hier seine Verwandtschaft mit allem anderen Lebenswillen, aber auch die tragische Entzweiung dieses Willens mit sich selbst, die auf Erlösung durch Liebe wartet.

[29] Ich kann hier leider nicht auf die intensive psychologische Altruismus-Forschung eingehen. Vgl. dazu *E. Staub,* Entwicklung prosozialen Verhaltens. Zur Psychologie der Mitmenschlichkeit, München/Wien/Baltimore 1982 (engl. 1979); *H.E. Lück* (Hg.), Mitleid – Vertrauen – Verantwortung, Stuttgart 1977; *H.W. Bierhoff / L. Montada* (Hg.), Altruismus. Bedingungen der Hilfsbereitschaft, Göttingen/Toronto/Zürich 1988.

[30] Die exegetischen Grundlagen hat *A. Schweitzer* in: Die Mystik des Apostels Paulus, Tübingen (1929) ²1954 gelegt. Die entscheidenden Texte zu seiner Lebensphilosophie finden sich in *A. Schweitzer,* Die Ehrfurcht vor dem Leben. Grundtexte aus fünf Jahrzehnten, München ⁴1984.

Es handelt sich ferner um eine Gemeinschaftsmystik, d. h. um eine Verbundenheit mit anderen Menschen, in denen dieser Wille zum Leben bewußtgeworden ist und durch Begegnung mit Christus zu erlösender Liebe verwandelt wurde.
Es handelt sich schließlich um eschatologische Mystik: Es geht nicht um ein Einswerden mit dem Urgrund allen Seins, sondern um eine Dynamik, die auf ein neues Ziel zutreibt. Die Welt verändert sich. Der Mensch hat daran teil. Wo immer einem Menschen geholfen wird, hat dieser Prozeß sein inneres Ziel erreicht.
Mir ist bewußt, daß Albert Schweitzers Mystik der Ehrfurcht vor dem Leben nicht im Zentrum theologischer Reflexion steht und nicht widerspruchsfrei ist. Dennoch vermute ich, daß die moderne Selbstentfaltungsthematik am ehesten an jene im Neuen Testament enthaltenen mystischen Traditionen anknüpfen kann, auf die sich A. Schweitzer berief. Denn wenn hinter dem Lebenswillen eines jeden Menschen letztlich derselbe Lebenswille steht, den jeder in sich erlebt, so ist die Hingabe an den anderen nicht Selbstentfremdung, sondern Selbstfindung.[31] Und wenn in diesem Einheitserleben mehrere Menschen verbunden sind, so daß sie einander so nahe sind wie die Glieder eines Leibes, so kann solch eine Gruppe die unvermeidlichen Krisen der Hilfsmotivation auffangen und konstruktiv bearbeiten.
Die begrenzte, fragmentarische und unvollkommene Zuwendung zum anderen Menschen kann dann sogar als Ausdruck einer grö-

[31] Die Grundproblematik der ›sich opfernden Liebe‹ ist, daß sie destruktiv wird, wenn sie nicht als Ausdruck einer tieferen ›Liebe auf Gegenseitigkeit‹ erlebt werden kann. Diese Beziehung auf eine gegenseitige Liebe kann in zweifacher Weise realisiert werden: 1. Liebe, die Gegenliebe erwartet, muß unter menschlichen Bedingungen das Ausbleiben dieser Gegenliebe riskieren. Sie kann daher immer zu einer ›sich opfernden Liebe‹ werden. Aber auch in dieser Gestalt zielt sie letztlich auf Wiederherstellung der Liebe auf Gegenseitigkeit. Sie ist – etwa in der Form der Feindesliebe – ein Signal an den anderen, trotz vorhandener Feindschaft doch noch mit Liebe zu antworten. 2. Die ›mystische Interpretation‹ der Liebe stellt die Gegenseitigkeit her, indem sie durch den Widerstreit antagonistischen Lebenswillens hindurch an einer ursprünglichen Einheit jeden Willens zum Leben festhält: Jeder partikulare Lebenswille ist ein (oft verzerrtes) Echo des göttlichen Willens zum Leben, der die Entzweiung des Lebens mit sich selbst so souverän transzendiert wie die Sonne, die ihre Strahlen auf Gute und Böse herabschickt. ›Liebesmystik‹ ist ein Signal an den Liebenden selbst, die Bejahung des anderen (auch in Gestalt der sich opfernden Liebe) als Teil einer umfassenderen Selbstbejahung zu erleben. Die mit diesen Gedanken aufgeworfenen Probleme können hier nicht ausdiskutiert werden. Zu Punkt 1 verweise ich insbesondere auf *D. Browning,* Religious Thought and the Modern Psychologies. A Critical Conversation in the Theology of Culture, Philadelphia 1987, bes. 140–156. Dort wird in sehr erhellender Weise die Spannung zwischen moderner »Selbstentfaltungsethik«, wie sie die humanistische Psychologie vertritt, und christlicher »Caritas« diskutiert und theologisch bearbeitet.

ßeren Liebe erlebt werden: »Gott ist Liebe; und wer in der Liebe bleibt, der bleibt in Gott und Gott in ihm« (1Joh 3,16). In solcher Liebesmystik liegt der spirituelle Ursprung christlicher Liebe. Wenn wir zu ihm nicht vordringen, können wir in den Sprachen der Menschen und Engel reden, wären aber nur dröhnendes Erz oder eine lärmende Pauke.

Fassen wir zusammen: Hilfe und Hilfsmotivation sind allgemeine menschliche Phänomene. In ihnen leuchtet sowohl die Ebenbildlichkeit des Menschen immer wieder auf wie seine Endlichkeit. Dies Aufleuchten der Ebenbildlichkeit geschieht in einer Welt, in der sich die besten Hilfsabsichten in Widersprüche verstricken müssen: Moderne Kritik an der Hilfe als kaschierter Herrschaft, als dysfunktionaler Gegenselektion und psychischer Selbstausbeutung deckt diese Verstrickung auf. Aber diese Welt ist nach christlichem Glauben nicht auf ihre Unerlöstheit festgelegt. Mitten in ihr beginnt eine neue Schöpfung. Im Lichte dieser neuen Schöpfung kann Hilfe zur Herrschaftsreduktion, zur rettenden Gegenselektion, zum Zeugnis für eine souveräne Liebe werden, durch die Helfer und Hilfsadressaten sich selbst finden. Christlich motivierte Diakonie teilt die Würde natürlichen Helfens, teilt die ganzen Widersprüche der Hilfe - aber sie lebt von der Hoffnung, daß diese Widersprüche nicht das letzte Wort sind.

Gerhard Ruhbach

Den Dienst geistlich leben
Zwischen Liebe und Leistung

Eigentlich ist das mir gestellte Thema kein Thema, sondern eine Tautologie. Denn »im Geist leben« heißt nichts anderes als einen Herrn haben und ihm dankbar und gern dienen. Wie ließe sich für den Christen Dienst anders bestimmen als »geistlich«?! Doch offenbar ist dies so selbstverständlich nicht mehr. Daß mein Thema zu einem eigenen, notwendigen Thema geworden ist, empfinde ich einerseits als sehr schön, andererseits aber auch als Problem. Ich möchte im Folgenden gern von den zentralen Worten der Überschrift ausgehen.

Dienst

»Dienst« ist das Fremdwort für das deutsche Wort »Diakonie«. Was Diakonie meint, weiß fast jeder, zumindest in der Kirche. Daß es Diakonische Werke gibt, die guten Werke der evangelischen Christenheit, ist schon manchmal belacht worden, aber vielleicht ist diese Wortwahl auch symptomatisch für die Ambivalenz, die der Diakonie als Werk anhaftet. Nach außen hin ist Diakonie sicherlich die Visitenkarte der Volkskirche, und nach innen – ein Versorgungsunternehmen mit vielfältigen Problemen. Diakonie als »Dienst« zu bezeichnen entspricht vielleicht innerkirchlichem Selbstverständnis und innerkirchlicher Sehnsucht, aber entspricht das auch der Realität? Jedenfalls ist eine Rückübersetzung von Diakonie in den deutschen Ursinn innerhalb der Kombination von Diakonie und Werk schwer möglich: Von einem Dienst-Werk oder gar einem dienenden Werk zu reden läßt schon unsere Sprache nicht zu.
Deshalb erinnern wir uns: »Diakonie« und »Dienst« leiten sich von der διακονία τῆς καταλλαγῆς, dem »Dienst der Versöhnung« und dem »Dienst zur Versöhnung« ab (2Kor 5,20). »Dienst« ist also im Grundsinn Werk Gottes für die Welt, dessen Subjekt Gott selbst ist. Inhalt und Inbegriff dieses Dienstes ist Jesus Christus, der die Sünde der Welt trägt. Das ist nicht nur eine erbauliche Floskel, eine liturgische Formel, ein biblisches Zitat, sondern eine eminent diakonisch-theologische Aussage. Kirche existiert, weil sie durch den Dienst Gottes entstanden ist und an ihm teilhat; ihr Dienst ist also immer theologisch-christologisch begründet und orientiert. Er hat

im weiten Sinn sakramentalen, d.h. zu Gott gehörenden und auf ihn weisenden Charakter.
Nur dann bezeichnen wir unser Handeln im weiten und engen Sinn legitim als Dienst, als Diakonie – und eben nicht als Sozialarbeit in kirchlicher Trägerschaft –, wenn unser Handeln wie unser gemeinsames Leben wie unsere persönliche Existenz transparent für Christus, theophan geblieben sind. Ich empfinde diese Feststellung als eminent entlastend: Wir leben und wirken als Beauftragte. Gemeindeaufbau wie diakonischer und missionarischer Dienst sind untrennbar auf Gottes Dienst an uns bezogen. Unser Dienst steht und fällt nicht mit uns selbst. Nur deshalb sind wir frei zum Dienst bis hin zum ganzen Einsatz unseres Lebens. Daß ein Christ im Dienst und nicht im »Raub« lebt, wußte schon Luther; und daß »ein Christ immer im Dienst ist«, ist so verkehrt nicht, weil dies zuerst eine christologische Aussage ist, die geistlich und nicht ›gesetzlich‹ interpretiert werden sollte.
Dienstfähig ist dann, wer gottesdienstfähig ist. Deshalb hat auch der explizite Gottesdienst in unseren Einrichtungen nicht nur Signalbedeutung nach außen, sondern fundamentale Bedeutung schlechthin. Das gilt erst recht für den impliziten Gottesdienst im Alltag der Welt, für den das Tischgebet in unseren Häusern lediglich ein Hinweiszeichen ist. Unterbrechen wir eine Sitzung beim Läuten der Glocke um 12.00 Uhr und kommen wir überhaupt nur auf die Frage, ob wir dies tun sollten? Dies gilt etwa für die Frage nach der Kirchenbeziehung (nicht nur -zugehörigkeit) bei Einstellungsgesprächen.
Damit berühre ich das eigentliche Problem meines Themas: Was ich andeute, wissen wir ja längst, bejahen es und setzen auch dies und jenes in Vollzüge um. Nur, vieles ist im Programmatischen steckengeblieben oder so routiniert geworden, daß der eigentlich treibende Beweggrund nicht mehr deutlich ist. Manches von der geistlichen Begründung unseres Dienstes wird nicht mehr ausdrücklich artikuliert oder ist auf die normalen Alltagsbezüge nicht mehr anzuwenden. Neulich fragte ich einen Kollegen, der wie ich relativ häufiger Gast beim Katholisch-Theologischen Fakultätentag ist, nach dem Unterschied zwischen dem Katholischen und Evangelischen Fakultätentag. Daß hier der Tag mit einer Eucharistiefeier beginnt und dort oft noch nicht einmal mit einer kurzen Andacht, war ihm gar nicht aufgefallen. Darin aber besteht das Problem in der Tiefe, daß uns Verlusterscheinungen auch in unserem Bewußtsein abhanden gekommen sind. Selbst wenn wir zu Beginn einer Sitzung die Losung lesen und dies nicht als Pflichtübung

verstehen, bleibt die Frage, wieweit der Anfang einer Sitzung den weiteren Sitzungsverlauf bestimmt. Es sieht so aus, daß Theologie und Diakonie sich von ihren Wurzeln so verselbständigt haben wie Denken und Leben des Glaubens auch. Gott und Gottesdienst sind fraglos Signaturen der Außenseite meines Berufs, aber treibe ich nicht nur Theologie, sondern bin ich auch Theologe, arbeite ich nicht nur in der Diakonie, sondern bin ich »Diakon«, Diener des Wortes und Diener am Wort zugunsten des wartenden und leidenden Menschen? Dieser Auftrag zum Dienst verbindet uns alle, die wir in der Diakonie tätig sind, jenseits unserer Ausbildungsgänge und Kompetenzen. So leuchtet im Wort »Dienst« der Überschuß des Glaubens gegenüber aller »Arbeit« (Sozialarbeit) auf.
Allerdings: Es gibt zwei kurze Wege und einen langen Weg für den Glaubenden. Kurz ist der Weg vom Kopf zur Zunge und kurz ist der Weg vom Kopf zur Hand, aber lang, manchmal endlos lang, ist der Weg vom Kopf zum Herzen, und das macht Theologie oft so blutleer und abgehoben und Diakonie so pragmatisch und funktional. Ich gestehe, das ist für mich nicht nur ein Problem, sondern ich leide darunter.

Geistlich leben

»Geistlich leben« meint zweierlei nicht: »Geistlich leben« ist nicht das Gegenteil von »weltlich leben«, und »geistlich leben« meint nicht den frommen Anteil meines Lebens, sondern vielmehr die Inbesitznahme, die Imprägnierung des ganzen Lebens durch Gott Wieder ist an den biblischen Grundsinn zu erinnern: »Wenn wir im Geist leben, laßt uns auch im Geist wandeln« (Gal 5,25). »Leben im Geist« beschreibt die Lebenswirklichkeit des Getauften, gehört zur Signatur jedes Christen. »Geistlich leben« zielt nicht auf eine spezielle Frömmigkeitstradition, z. B. den Pietismus, nicht auf ein Spezialinteresse, z. B. am Mönchtum oder evangelischen Kommunitäten, auch nicht auf eine Spezialbegabung, z. B. für Gottesdienst oder Jugendarbeit. Geistliches Leben vollzieht sich nicht nur sonntags zwischen 10.00 und 11.00 Uhr oder am Alltag beim Tischgebet, beim Lesen der Losung oder innerhalb der stillen Zeit – dort zwar auch! –, sondern geistliches Leben meint viel mehr, es ist Beschreibung des christlichen Lebens nach der Taufe im banalen und großartigen Sinn, beim Schlafen und Wachen, beim Denken und Handeln, im persönlichen und öffentlichen Bereich. Nicht ob, sondern wie wir geistlich leben, bedarf der Betrachtung.
Gewiß gibt es überaus unterschiedliche Ausprägungen geistlichen Lebens. Es wäre gut, sie zu kennen, sie zu beschreiben und sie ne-

beneinander als gleichberechtigt christlich gelten zu lassen. Und sie sollten bei aller Unterschiedlichkeit immer auf den Christus praesens, also den Heiligen Geist, und unsere Taufe zurückgeführt und dadurch als geistliches Leben identifiziert werden. Die Denkschrift »Evangelische Spiritualität« (^{2}1980, S. 13) unterscheidet zwischen drei Strömungen erneuerter evangelischer Spiritualität in der Gegenwart, zwischen einer bibelorientierten, d. h. evangelistischen, einer liturgisch-meditativen und einer emanzipatorisch-politischen Spiritualität. Die gegenseitige Ergänzung, Beziehung und Bereicherung dieser und anderer Lebensformen mit und vor Gott sollte benannt und gelebt werden: So erkennen sich Christen als Schwestern und Brüder, als einander zugehörig. Allerdings wird immer neu zu prüfen sein, daß und wie Heiliger Geist und Zeitgeist zu unterscheiden sind.

Freilich gibt es – und das bedarf innerhalb der volkskirchlich weithin gestaltlosen Form des Christseins zunehmend mehr der Aufmerksamkeit – unentwickelte, unterentwickelte und ausgewaschene Gestaltungen des geistlichen Lebens. Es gibt privatisierte Kümmerformen ungelebten geistlichen Lebens, Stillstand, Auszehrung und Verdunstung, und es gibt unterbrochene Wachstums- und Reifeprozesse. Das »Leben im Geist« vollzieht sich aber niemals statisch, sondern hält in Bewegung. Geistliches Leben hat Aufbruchs-, Progreßcharakter. Das ganze Leben des Christen sollte ein kontinuierlicher Entwachsungs- und Enteignungsprozeß heraus »aus den gottlosen Bindungen dieser Welt« sein. Aber »viele brechen nur scheinbar auf. Sie tragen nur ein Gespenst ihrer selbst mit sich fort. Eine abstrakte Puppe. Sich selber bringen sie vor dem Aufbruch in Sicherheit . . . Sie bilden sich eine künstliche Persönlichkeit, eine ausgeliehene, nach Büchern zurechtgemachte – und diesen Roboter, diesen Schatten ihrer selbst schicken sie auf die Suche nach Gott. Nie treten sie mit ihrem ganzen Wesen in die Erfahrung ein. Beim Auszug muß man seinen ganzen Besitz auf einen Esel packen, mit allem emigrieren, was man ist . . . Alles muß schließlich integriert werden, damit ein Mensch herauskommt, der mit Leib und Seele in die Erkenntnis Gottes eingehen kann« (I. Raguin). Die Pathologie des Christseins besteht oft im Stillstand, in der Funktionalisierung oder im völligen Verzicht auf das »Wandeln im Geist«.

Auf einige Behinderungen geistlichen Lebens sei schließlich hingewiesen:

– Die angina temporis, die Vielgeschäftigkeit, die Diskonzentration; aber das Eine, das wir brauchen, kann nur der suchen und finden, der sich sammeln, sich loslassen, in sich hineinwandern kann. »When you are too busy to pray, you are too busy.«

– Der Verlust an Tiefe, die Überbetonung der horizontalen Dimension des Lebens und damit die zunehmende Herrschaft der Sorge.

– Die Abnutzungs- und Verschleißerscheinungen im menschlichen Bereich. Eingeschränkte Begegnungsfähigkeiten mit Menschen wirken sich auch auf die Begegnung mit Gott aus. Viele Christen können nur mit Mühe andere um Hilfe bitten und daher auch nur schwer zu Gott beten.

– Der Verzicht (oder der Verlust) auf tragfähige geistliche Gemeinschaft. Oft sind es die vielen – notwendigen? – Sitzungen, die uns gemeinschaftsmüde machen. Wir werden zu Sklaven von Geschäfts- und Tagesordnungen und zu Interessenvertretern von Institutionen, Abläufen und Menschen, die alle eine bestimmte Eigengesetzlichkeit in sich haben. Aber wer sitzt und sitzen bleibt, geht eben nicht, im buchstäblichen und übertragenen Sinn: Wir gehen so wenig, und es geht so wenig.

Ein Grundmerkmal geistlichen Lebens ist die »eucharistische Existenz«, von der nun in Kürze die Rede sein soll. Das Lukas-Evangelium (17,11ff) erzählt von zehn Aussätzigen, die durch die Begegnung mit Jesus geheilt wurden. Alle mußten sie zu den Priestern nach Jerusalem, der Gesundheitsbehörde ihrer Zeit, und sich dort ihre Genesung bescheinigen lassen. Doch nur ein einziger, und ausgerechnet ein Samariter, kehrt zu seinem Wohltäter zurück, um ihm Dank zu sagen. »Wo sind aber die Neun?« Diese Frage ist wie ein Angelhaken, damals und heute. Als Menschen sind wir nämlich von Natur aus und von Geburt an Nehmende: tagaus, tagein empfangen wir unser Leben und unsere Gesundheit, Gemeinschaft mit anderen Menschen, Nahrung und Arbeit und so viel darüber hinaus. Dankbar also sollten wir sein in einem ganzheitlichen, existentiellen Sinn. Doch an die Stelle der Dankbarkeit ist weithin, oft unbemerkt, eine Anspruchshaltung getreten, die das Nehmen als Recht und den Wohlstand als Selbstverständlichkeit empfindet. Dabei schwindet oder geht ganz verloren, daß der Mensch sich zeit seines Lebens verdankt und daß die Dankbarkeit zum Grundsinn menschlichen Lebens gehört. Wer nur noch nimmt und nicht mehr – dankbar – annimmt, wird undankbar, mehr noch, wird danklos und damit in der Tiefe arm und labil, unzufrieden und nörglerisch. Er vergißt, daß jeder Mensch sich einem anderen verdankt, und er kreist nur noch um sich, seine Arbeit, seinen selbstgesetzten Le-

benssinn. »Nichts zu danken« – diese Höflichkeitsformel offenbart schlaglichtartig eine im Grunde schlimme Lebenseinstellung.
Wer dankt, sieht nicht nur irdische Zusammenhänge und wird so vor Sichtverengung bewahrt. Wer dankt, entgeht dem Rausch der Resignation, der leicht zur Sucht werden kann. Eltern müssen ihren Kindern Dankbarkeit beibringen. Wer als Erwachsener nicht dankt, erweist sich als unreif, als begegnungsunfähig im tieferen Sinn, als sich selbst und andere blockierend. Im Danken wachsen wir über uns selbst hinaus, erfahren Freiheit und können das uns geschenkte Leben dem wieder zurückgeben, der es uns anvertraut hat. »Wir hindern Gott, uns die großen Gaben, die er für uns bereit hat, zu schenken, weil wir für die täglichen nicht danken« (D. Bonhoeffer). Das, wofür wir nicht danken, wird uns leicht zur Last, zum Gegenstand der Sorge und des Selbstmitleids. Wer nicht dankt, fordert und wird gefordert; oft genug erfährt er sein Leben als Überforderung. Und umgekehrt – wer nicht danken kann, bekundet in der Regel, daß er noch wenig oder gar nichts empfangen hat, wofür sich zu danken lohnte.

Dabei steht so viel zur Verfügung an materiellem, emotionalem und geistigem Reichtum! So groß ist das Angebot an Gaben und Aufgaben, Zuwendung und Bitte um Nähe! Wer nicht empfängt und dankbar weitergibt, verschließt sich selbst, bleibt unreif oder wird krank. Dabei ist Dankbarkeit etwas ganz Elementares und Spontanes. Sie bricht einfach auf, ist einfach da. Dank wird verdorben, wenn man ihn schuldet oder erwartet. Wer dankt, kann nicht und braucht nicht zu vergelten. Deshalb ist Dankbarkeit auch keine Pflicht, sondern Aufnahme und Bejahung einer Beziehung, erfreute Anerkennung des anderen, Ausdruck erfahrener und erwiderter Liebe. H. Martensen sagt schön: »Die Liebe der Dankbarkeit schließt die bewundernde Liebe, welche Gott um seiner selbst willen liebt, ein« (Christliche Ethik I, 1892, S. 40). Dank hat also mit staunender Ergriffenheit, mit selbstloser Hingabe zu tun. Er ist das Gegenteil von Verzweckung, Versachlichung und Funktionseingepaßtheit. Dankbarkeit benutzt gern das Lied, die Lyrik; sie ist »Poesie des Zweckfreien«, tiefe Erfahrung von Freiheit, Freude und Selbstvergessenheit.

In der oben erwähnten Erzählung fragt Jesus nicht nach der Dankbarkeit der Geheilten, sondern nach ihnen selbst: »Wo sind die Neun?« Dankbarkeit ist Ausfluß des geheilten, erneuerten, ganz gewordenen Menschen. Der danklose Mensch erweist sich als der verlorene. Er ist in seinem eigenen Leben, in merkwürdiger Horizontverengung verharrend, in der Tiefe krank geblieben. Dank ist so nicht nur ein Zeichen von guter Erziehung und menschlicher Aufmerksamkeit, sondern Wesensbestimmung des befreiten und glücklichen Menschen. Sie ist Verwandlungserfahrung, Ausdruck erneuerten Grundvertrauens und Hoffnung auf weitergehende Welterneuerung in einem. In der Nähe solcher Menschen läßt sich gut leben, während der Nörgler mit seinem Mißmut und Überdruß abstößt oder zumindest sich und seine Umwelt sterilisiert. Infektionskraft haben beide, der Nörgler und der Dankbare. Gegenwärtig muß es viel mehr Nörgler als Dankbare geben, wenn allenthalben so viel Angst und so wenig Hoffnung, so viel Verweigerung und so wenig Wagemut, so viel Depressivität und so wenig ansteckende Freude anzutreffen ist.

Doch solche Klimazonen lassen sich durchstoßen. Man muß nicht in jeder Gesellschaft ausharren, und Unzufriedenheit ist nicht Ausweis von Bildung, sondern Signatur verengten Menschseins. Nicht nur am Erntedanktag, sondern bei den vielen (kleinen und großen) Erfahrungen des Schönen im Alltag sollten wir einhalten, offen für Dankbarkeit sein - und der Nörgelgeist wird von selbst vergehen. »Dann bist du gesund geworden, wenn du das Danken gelernt hast« (Friedrich von Bodelschwingh).

Wer so eucharistisch lebt, erfährt sich immer als beschenkt und als verantwortlich dem gegenüber, dem er sich verdankt. Er lebt auf Verwandlung und Erneuerung seines Lebens hin und weiß um Gott als seine »Voraus-Setzung«. Deshalb kann er gelassen leben, mit sich und anderen, und das Bild »entwickeln«, das Gott sich von ihm gemacht hat und das er in sich trägt. So sammelt sich im eucharistischen Leben geistliches Leben in seinen vielen Ausdrucksweisen. »Dankbarkeit ist der Wächter an der Pforte der Seele gegen die Mächte der Zerstörung« (G. Marne).

Zwischen Liebe und Leistung

Leistung ist ökonomisch nötig und anthropologisch sinnvoll. Nicht zufällig ist die Diskussion über Sinn und Wert der Leistung niemals zum Ende gekommen und gegenwärtig wieder neu aufgebrochen. Dies hat sich vielleicht als Konsens ergeben: Alle Arbeit, die von Gott zur Bereicherung und Erfüllung menschlichen Lebens vorgesehen war, verkommt ohne Liebe zur Leistung, und aller Dienst auch. Deshalb wäre das Unterthema besser so zu variieren: Liebe zwischen Leistung und Dienst. Liebe und Dankbarkeit haben im Aramäischen dasselbe Wort. Liebe braucht alles, was Dienst ebenfalls nötig hat, z. B. Motivation und Sprache, und über allen Einzelbeschreibungen ein Entscheidendes darüber hinaus, nämlich das

Dasein und die Vor-liebe des anderen, den nicht im Wort, in der Tat und in der Motivation aufgehenden Überschuß der Zuwendung, das mysterium caritatis, »die Wiederentdeckung des täglichen Wunders, das Außerordentliche des Selbstverständlichen, die Heiligung des Banalen, die Verwandlung des homo faber in den homo admirans« (Kurt Marti).

»Ich kenne dich so wenig und behaupte,
dich zu lieben.

Ich kenne dich so schlecht und wiederhole ständig,
daß du alles für mich bist;

aber was ist denn dieses ›alles‹?
Wirst du mir so unbekannt bleiben
wie heute, wirst du es bleiben bis zur
letzten Stunde, wenn du mir in deiner
vollen Klarheit erscheinst?

Ich möchte dich kennen
und darum das Evangelium erforschen.

Lehre mich, es zu lesen, um dich darin
zu entdecken, in seinen Worten den
leuchtenden Sinn zu finden, in dem die
Züge deines Antlitzes aufstrahlen.

Ich möchte dich erkennen,
indem ich die Kirche anschaue,
die trotz aller menschlichen Mängel
als wahrer Zeuge dein Geheimnis offenbart
und den Widerschein deiner verborgenen Kraft ausstrahlt.

Ich möchte dich erkennen in den Ereignissen,
die meinen Tag weben und mein Leben
einschließen als zahlreiche Zeugen
deiner Sorge um mich.

Ich möchte dich in Vertrautheit kennen,
in die du mich eintauchst,
wenn du zu mir kommst;
dich kennen, Herr, und dein verborgenes
Wesen, dich kennen und dich lieben –
immer besser und tiefer.«

(J. Galot)

Geistlich leben heißt in der Liebe Gottes leben, sich Gottes Liebe gefallen lassen und sich darin einüben: dich kennen und dich lieben, immer besser und tiefer. Darin besteht die Sünde der Welt, daß sie Gott vergißt. Darin besteht die Sünde der Christen, daß sie Gottes Liebe vergessen. Auf die Frage, wie man so leben, den Dienst geistlich leben könnte, gibt es eigentlich nur einen Hinweis: indem man sich darin einübt.

Übung meint den Vollzug des Gewußten in den kleinen Schritt hinein, in den »Gestaltglauben« (M. Seitz). Übung läßt immer neu anfangen mit Vertrauen, Liebe und Hingabe. Sie zielt nicht auf das Große, sondern auf das Lebbare. Üben muß man allein und in Gemeinschaft mit anderen. Wer übt, übertreibt nicht und überfordert nicht, aber er ermäßigt auch niemals das Wesentliche. Geistliches Leben darf niemals nur Konzept bleiben, sondern es drängt immer auf Leben als Übung und Dienst. Dann stellt sich aus vielen Erlebnissen Erfahrung ein, und aus Erfahrung wird Bewährung und Gewißheit.

Der gute Vorsatz (»Man müßte doch!«) hilft ebensowenig wie die skeptische Zurückhaltung (»Es wird ja doch nichts draus«!). Ermutigen wir uns gegenseitig, je nach unseren Kontexten und Möglichkeiten erste Schritte zu tun. Dann wird das Endgültige im Vorläufigen in guter Distanz und engagierter Gelassenheit aufscheinen und den so Lebenden auch gerne dienen lassen. Dann wird die Verheißung stets stärker leuchten als das Problem und die Hoffnung nicht aufhören. Im Märchen von Frau Holle ist beinahe klassisch formuliert, was Evangelium und Dienst bedeuten: »Weil die Alte (Frau Holle) ihm so gut zusprach, so faßte sich das Mädchen (die Goldmarie) ein Herz, willigte ein und begab sich in ihren Dienst.«

Johannes Busch

Leitung verantworten
Was heißt Leitung zwischen Management und Seelsorge?

Heute soll im Rahmen unseres Symposions das dritte Stichwort unseres Generalthemas akzentuiert werden. Im Kontext von SENDUNG und DIENST soll vor allem von LEITUNG gesprochen werden. Ich kann und will dieses nicht in Form einer systematischen Abhandlung tun, sondern so, daß ich den augenblicklichen Stand meines Nachdenkens über meine eigenen Erfahrungen im Leitungsgeschäft vor Ihnen ausbreite. Ich tue das als einer, der sich (auch) in seiner Leitungsfunktion als *Pastor* versteht - und der nach einer pastoral-theologischen Klärung all der Fragen sucht, die sich in der Leitung einer diakonischen Institution heute ergeben.

I

Ich möchte in einem ersten Abschnitt versuchen, von der Bibel her einen Zugang zu unserem Thema »Leitung verantworten« zu finden.
Dabei ist ein direkter Rückgriff auf die Bibel offenbar nicht unproblematisch. Horst Seibert sagt in einem Aufsatz über »Leitung in der Diakonie«: »›Führung‹ von neuzeitlichen Organisationssystemen kann aus dem biblischen Befund m. E. nicht direkt abgeleitet werden. Im Neuen Testament begegnet uns eine Vielfalt möglicher Leitungsformen« (in: Kompetenz und Teilhabe, S. 21).
In der Tat, sofern es um die funktionalen Aspekte von Leitung geht, um Leitungsmodelle, um Leitungsstrukturen und -stile, kann uns die Bibel allenfalls insofern helfen, als die Vielfalt, die sich in dieser Hinsicht im Alten und im Neuen Testament findet, unsere Erfahrungen bestätigt, daß sich Leitungsmodelle den jeweils gegebenen Bedingungen und Aufgabenstellungen anpassen müssen, damit Leitung in dem gewünschten Maß auch wirklich geschieht.
Trotzdem scheint es mir von Interesse, etwas genauer nachzusehen, wie in der Bibel von Leitung gesprochen wird.

1 Das gebräuchliche Wort für Leitung, κυβερνήσις, kommt nur einmal im Neuen Testament vor, und zwar 1Kor 12,28. Dort findet es sich unter den verschiedenen Funktionen in der Gemeinde.

Zweierlei ist in diesem Zusammenhang wichtig:

a) Zum einen bezeichnet Paulus die Leistungen für die Gemeinde als χαρίσματα. Dabei stellt er, wie Conzelmann in seinem Kommentar hervorhebt, alltägliche Dienstleistungen - wie zum Beispiel διακονία, die Bedienung bei Tisch, oder mehr technische Funktionen, wie ἀντιλήμψεις, Hilfeleistungen, oder eben κυβερνήσις - den anerkannten supranaturalen Geistphänomenen gleich. Jede Leistung für die Gemeinde ist als ein χάρισμα, als eine Zuteilung der Gnade in Gestalt einer individuellen Gabe an den einzelnen zu verstehen.

b) Zum anderen ist von Bedeutung, daß diese Gedanken bei Paulus in den Zusammenhang der Rede vom Leib Christi gehören. Die Gemeinde erkennt in diesem universalen Leib Christi ihre eschatologische Existenz.

Für unsere Überlegungen ist mir wichtig, daß mit der Qualifikation der Leitungstätigkeit als Gnadengabe das Selbstverständnis derer zum Ausdruck kommt, die in der Gemeinde eine Funktion wahrnehmen: Empfangene Gnade ist Grundlage des eigenen Lebens, und Gnade ist auch die Basis der Beziehung und des Verhaltens zum anderen. Gnade erlaubt jedem, er selbst zu sein, und bringt zugleich alle, so verschieden sie im einzelnen sind, auf einer Ebene zusammen. Gnade geht zwar nicht darüber hinweg, daß wir jedenfalls auch ein gebrochenes Verhältnis zu uns selbst und zu unseren Mitmenschen haben. Sie deckt auf, daß uns - seit Adams Zeiten - unser Allmachtsstreben ständig zu Versteckspielen verschiedenster Art anleitet und daß - wie zu Kains Zeiten - so unbegreiflich abgründige Gedanken in uns aufkommen, die darauf abzielen, den anderen zu beherrschen und beiseite zu räumen: »Soll ich meines Bruders Hüter sein?« Aber gerade weil Gnade die Chance bietet, dieses alles offenzulegen und auszusprechen, schafft sie mitten im Scheitern und Schuldigwerden zugleich die Basis für ein neues menschliches Verhältnis zu uns selbst und zu anderen.

Von diesem Selbstverständnis her fällt ein prägendes Licht auf die auszuübende Leitungsfunktion: Leitung als Gnadengabe verstanden ist *eine* spezifische Funktion im Ganzen des Organismus. Sie ist so nicht ohne weiteres jedem Menschen gegeben. Jedoch ist sie von gleichem Rang wie alle anderen Dienstleistungen. Im Zusammenwirken mit den anderen dient sie dem Bau und der Einheit des Ganzen. Leitung ist in einem Organismus unverzichtbar, aber eben im gleichen Maße wie all die anderen Funktionen unverzichtbar sind. Und nur im Zusammenspiel mit den anderen kommt Leitung mit ihrem Spezifikum zur Geltung.

2 Einen weiteren Blick möchte ich werfen auf biblische Aussagen über diejenigen, die in der frühen neutestamentlichen Gemeinde Leitungsfunktion wahrnahmen. Dabei interessiert mich hier weniger die Verfassungsgeschichte der Kirche oder die Entwicklung der einzelnen Ämter, sondern das, was über die Leitenden und über ihre Beauftragung zu erfahren ist.
Πρεσβύτεροι sind die Leiter der an einen bestimmten Ort gebundenen Einzelgemeinde; »Älteste« sind sie entsprechend ihrer Stellung und Bewährung in der Gemeinde. Offensichtlich sind es immer mehrere, ein ganzes »Presbyterium«, das die Gemeinde leitet, ohne daß zwischen den einzelnen ein Rangunterschied besteht. In Apg 20,28 werden die Ältesten im Blick auf ihre Aufgabe als ἐπίσκοποι bezeichnet, als »Aufseher«, als »Wächter« oder »Schirmherren«, als »Supervisoren«, wobei zu Anfang offensichtlich noch nicht ein ausgeprägtes Amt im Vordergrund steht, sondern ein frei sich vollziehendes Handeln bestimmter Gemeindeglieder. Wahrscheinlich sind sie durch eine Art Wahl oder auch durch die Berufung eines Apostels in ihre Funktion gekommen. Doch legt Paulus an der genannten Stelle in seiner Rede an die Ältesten von Ephesus Wert auf die Feststellung, daß der Heilige Geist sie zu Aufsehern eingesetzt hat. Nicht auf menschlicher Wahl, schon gar nicht auf eigenem Machtanspruch beruht die Leitungsaufgabe. Vielmehr gründen sich Sendung und Handlungsvollmacht der Ältesten allein auf das Wirken des Heiligen Geistes. Das heißt: Durch Gottes Beauftragung wird der Dienst der Leiter begründet und begrenzt. Dem entspricht, wenn im gleichen Zusammenhang ausdrücklich darauf hingewiesen wird, daß es um Leitung in der Gemeinde *Gottes* gehe, »die er durch sein eigenes Blut erworben hat«.
Ganz ähnlich wird in 1Petr 5,2–4 vom Leitungsauftrag der Ältesten gesprochen. An dieser Stelle wird zugleich deutlich, daß der Leitungsauftrag das Leben bis hin zum Leitungsstil prägt: »Weidet die Herde Gottes, die euch anbefohlen ist; achtet auf sie (ἐπισκοπεῖν steht da wieder!), nicht gezwungen, sondern freiwillig, wie es Gott gefällt; nicht um schändlichen Gewinns willen, sondern von Herzensgrund; nicht als Herren über die Gemeinde, sondern als Vorbilder der Herde.« Und dieses alles in Erwartung der Erscheinung des Erzhirten Jesus Christus.
Auch hier geht es offensichtlich nicht um Einzelanweisungen für die Leitungsaufgabe. Vielmehr geht es um die Klärung der Frage, wie sich denn im Rahmen des Auftrags an die Leiter der Gemeinde die verschiedenen Beziehungen zwischen dem Herrn, seiner Gemeinde und seinen Beauftragten darstellen. Klar muß sein: Es geht

um die Gemeinde *Gottes*, die zu leiten ist. Er gibt seine Herde nicht aus der Hand, wenn er Menschen mit der Leitung der Gemeinde beauftragt. Und Leitung muß auf seine Zukunft hin ausgerichtet sein. Von daher sind dann auch im einzelnen die Kriterien zu gewinnen für die Handlungsweise derer, die mit der Leitung beauftragt sind. Ihren Herrn selbst sollen sie bildhaft in ihrem Tun widerspiegeln. Aus ihrer Beziehung zum Herrn leitet sich ihr Umgang mit der Gemeinde ab – klärt sich letztlich sogar ihre Einstellung zur Frage der Vergütung ihres Leitungsdienstes.
Damit sind die wesentlichen Gesichtspunkte für unsere Überlegungen bereits genannt. »Leitung *verantworten*«, diese Aufgabe kommt hier in ihren angemessenen Kontext: Es geht bei unserer Leitungsverantwortung um nachgeordnete, um abgeleitete Verantwortung. Wir haben es nicht mit *unseren* Mitarbeitern, *unseren* Betreuten, *unserem* Unternehmen zu tun. Gott selber bleibt Herr und Eigentümer des Ganzen. Und auch diejenigen, die Leitung ausüben, sind nur ein Teil des Ganzen, das Gott gehört. Ich betone diesen Aspekt, obwohl gewiß auch das andere gilt, daß diejenigen, die zur Leitung beauftragt sind, in höchster Autorität handeln. Aber damit ist ja gerade nicht gesagt, daß wir den Heiligen Geist oder auch nur das Markenzeichen »diakonisch« in Anspruch nehmen dürften für eigenwillige und eigenmächtige Leitungsentscheidungen. Beauftragt zu sein, das heißt vielmehr, daß ER, der Herr, und sein Wille mit seiner Menschheit Grundlage und Orientierung für Leitungsentscheidungen bilden. Ich habe den Eindruck, daß wir im Vollzug unserer Leitungsaufgabe manchmal etwas zu unserer Verantwortung machen, was wir getrost der Verantwortung des Guten Hirten überlassen könnten. Manche statistische Hochrechnung bis zum Jahr 2030 empfinde ich in dieser Hinsicht als verführerisch. Im Umgang mit solchen Prognosen wünschte ich mir selber mehr Gelassenheit im Sinne des »Sorget nicht!« aus Jesu Bergpredigt. Andererseits kommt es vor, daß wir unsere Leitungsverantwortung faktisch preisgeben mit dem Hinweis auf sogenannte Sachzwänge. Dabei käme es gerade in solchen Situationen darauf an, nach Möglichkeiten zu suchen, den Leitungsauftrag dessen umzusetzen, dem alles und alle gehören.

3 Das im Alten und Neuen Testament am häufigsten gebrauchte Bild für die Leitungsaufgabe ist das Bild vom Hirten und der Herde, ein Bild, das heute – gerade da, wo es um Leitung geht – fast ausschließlich im negativen und für Menschen beleidigenden Sinne gebraucht wird und deshalb für uns praktisch unbrauchbar geworden

ist. Trotzdem möchte ich versuchen, diesem Bild einige wichtige Aspekte für unsere Überlegungen zu entnehmen.
Zunächst scheint mir wichtig, daß »Hirte sein« und »weiden« auch über das biblische Schrifttum hinaus geläufige Kennzeichnungen für politische, militärische und religiöse Führung sind. Näheren Aufschluß über den Gebrauch des Bildes im Alten Testament geben Jer 23,1-4; Ez 34 und Sach 11,4-17.
Es würde in diesem Zusammenhang zu weit führen, dem Hirtenbild im einzelnen nachzugehen. Soviel ist deutlich: Selbst wenn das Bild in der Bibel an einigen Stellen ganz bestimmte Leitungsstrukturen oder Leitungsstile nahelegen sollte, so steht der Hinweis auf diese schon damals nicht im Vordergrund. Ob einer ein guter oder ein schlechter Hirte ist, zeigt sich nicht an seinem laschen oder autoritären Führungsstil. Entscheidend ist, worauf inhaltlich sein Leitungshandeln abzielt. Die Kritik an den falschen Hirten in Ez 34 ist inhaltlich bestimmt: »Weh den Hirten Israels, die nur sich selbst weiden. Sie ziehen ihren Nutzen aus der Herde, führen sie aber nicht auf die Weide. Die schwachen Tiere stärkt ihr nicht, die kranken heilt ihr nicht, die verletzten verbindet ihr nicht, die verscheuchten holt ihr nicht zurück, die verirrten sucht ihr nicht, und die starken mißhandelt ihr.« Und dann wird, nachdem Jahwe die falschen Hirten abgesetzt und selbst das Hirtenamt übernommen hat, in einer Art »Hirtenspiegel« positiv entfaltet, was Ziel und Inhalt der Leitungsaufgabe ist.
Ich versuche, für unsere Überlegungen vom Hirtenbild abzulesen, was Inhalt von Leitung sein soll:

- *Leiten heißt:* Leben ermöglichen, heißt: dafür sorgen und eintreten, daß jeder einzelne bekommt, was er zum Leben braucht: Lebensraum und Nahrung, Heilung und Zuwendung; und dabei soll sich jeder eigenständig entfalten können.
- *Leiten heißt:* schützen, heißt: dafür sorgen und eintreten, daß das vielfältige Drohpotential, das sich gegen Menschen aufbauen kann – angefangen von Vorurteilen bis hin zu Schuldzuweisungen –, entlarvt und entmachtet wird, damit Menschen im Chaos nicht umkommen, sondern im Freiraum von Gnade und Vergebung aufatmen lernen.
- *Leiten heißt:* zusammenführen, heißt: dafür sorgen und eintreten, daß niemand isoliert wird oder sich selbst verkriecht; daß sich jeder vielmehr einem Ganzen zugehörig weiß, indem er im Zusammenspiel mit anderen seinen Platz findet und mit seinen Gaben am Aufbau des Ganzen mitwirkt.
- *Leiten heißt:* dem Recht und der Gerechtigkeit zur Geltung

verhelfen, heißt: dafür sorgen und eintreten, daß über eine formale Gleichbehandlung aller hinaus insbesondere denen Gerechtigkeit widerfährt, die zu kurz kommen, die in Armut leben oder unterdrückt werden und die selber nicht stark genug sind, ihre Lebensbedingungen zu verändern.

– *Leiten heißt* schließlich: darauf gefaßt sein, daß Menschen in, mit und unter der Begegnung mit anderen die Stimme des einen guten Hirten hören, daß sie im Hören auf Gott und in der Begegnung mit anderen Kraft empfangen, Mensch zu sein, sich selber anzunehmen und andere zu lieben. Leiten heißt deshalb: dafür sorgen und eintreten, daß Raum und Zeit vorhanden sind zum Beten und zur Stille, zum Gespräch und zur Feier, zur Andacht und zum Gottesdienst.

Mir erscheint die Tatsache, daß Leitung an dem zu messen ist, was sie für den Menschen erreicht, gerade heute von hoher Bedeutung.

4 Von hier aus ergibt sich allerdings sofort die Frage nach der Bewältigung der Leitungsaufgabe. Wie kann dieser Auftrag, bei dem es um einen solchen Inhalt geht, jemals angemessen verwirklicht werden?

Immer wieder wird in der Bibel davon berichtet, daß die »Hirten«, die politischen und religiösen Führer des Volkes, gemessen am Inhalt ihrer Leitungsaufgabe versagen. Jahwe selbst muß das Hirtenamt übernehmen und sich seiner Herde annehmen. Im Johannes-Evangelium, Kap. 10, füllt Jesus das Hirtenbild mit seiner eigenen Person aus:

»*Ich* bin der gute Hirte«, und das erweist sich vor allem in der Hingabe seines Lebens für die »Schafe«. Neben diesem einen guten Hirten gibt es bei Licht besehen nur den »Mietling«, den, der seine Verantwortung rein formal begreift, der im entscheidenden Augenblick flieht – und sich dann hinter Ordnungen und Paragraphen, hinter Sachzwängen und Gremienbeschlüssen – oder hinter seinem Schreibtischsessel versteckt: die Gestalt eines Leiters, der das Wesentliche seines Auftrags schuldig bleibt.

Am Ende des Johannes-Evangeliums wird im Zusammenhang mit der Beauftragung eines solchen Leiters eine kleine seelsorgerliche Szene berichtet. Bevor Jesus den Auftrag erteilt, stellt er eine Frage, und mit der Frage gibt er die Chance zu einer Antwort. »Hast du mich lieb?«, so lautet die Frage. »Ja, Herr, du weißt, daß ich dich liebhabe«, das ist die Antwort. Eine seelsorgerliche Handlung des guten Hirten bringt das Problem der Bewältigung des Auftrags zur Sprache und schafft gerade so die Voraussetzung zur Beauftragung.

Die dreifache Frage deckt ja ein offensichtliches Versagen auf; und zwar gerade ein Versagen im Blick auf einen Führungsanspruch: ». . . und wenn sie dich alle verließen«, so war der Führungsanspruch formuliert worden, und gerade das mißlang. Es ist schlimm, zu scheitern und zu versagen. Es ist zum Weinen. Das hat schon mancher im Leitungsgeschäft bitter erfahren.
In dieser Situation bringt Jesus die Liebe zur Sprache, die Liebe als Basis jeglicher Beziehungen, aufgrund derer allein Leitungsverantwortung übertragen werden kann. »Hast du mich lieb?« Ebendies steht in Frage, damit einer den Rücken frei bekommt, um »Pastor« sein und also Leitung wahrnehmen zu können. In dieser Frage spricht sich bedingungslose Liebe und unbegrenztes Vertrauen aus. Das schafft dem Ja eine freie Bahn und gibt Kraft, es auszusprechen, das Ja zur Liebe – und das Ja zum Auftrag Jesu: Weide meine Schafe!
So weit der Versuch eines Rückgriffs auf die Bibel zu unserem Thema. Es stellt sich von selbst die Frage, was wir denn damit in der institutionellen Diakonie anfangen, so wie sie sich heute darstellt. Mir selbst dient diese Reflexion in erster Linie als Impuls und als Orientierung, meine eigene Situation in der Leitungsverantwortung vom Glauben her zu durchdenken.

II

Ich möchte in einem zweiten Abschnitt anknüpfen an den Titel des Buches von Alfred Jäger »Diakonie als christliches Unternehmen«. Ich frage mich: Was könnte damit gemeint sein?
Wir haben uns seit einiger Zeit angewöhnt, die größeren oder kleineren diakonischen Institutionen in freier Trägerschaft als »Unternehmen« zu bezeichnen. Wenn ich an den vielfältigen Organismus Bethel denke, in dem ich mitarbeite, und an das lebendige Engagement vieler unterschiedlicher Menschen an unserem Ort, dann empfinde ich das Wort »Unternehmen« zwar als eine stark verkürzende Kennzeichnung dessen, was Bethel ausmacht. Jedoch ist nicht zu leugnen, daß die v. Bodelschwinghschen Anstalten Bethel in bestimmter Hinsicht eben auch ein Unternehmen darstellen. Wir machen für eine große Zahl von Menschen ein professionelles Dienstleistungsangebot in Diagnostik und Therapie, in Pflege und Betreuung, in Unterbringung und Rehabilitation, in Bildung und Arbeit. Dazu müssen Mitarbeiter angestellt und ausgebildet werden. Dazu müssen Bauten und Einrichtungen geschaffen und unterhalten werden. Und zu alledem sind eine umfangreiche Perso-

nalarbeit, die Beschaffung von Geld- und Sachmitteln sowie eine Reihe von Dienstleistungen sicherzustellen. Das alles kann nur gelingen, wenn unsere Institution jedenfalls auch als Unternehmen verstanden und nach unternehmerischen Grundsätzen geführt wird.

Inwiefern aber ist dieses Unternehmen »christlich« oder »diakonisch«? Diese Kennzeichnung kann sich in einem hochspezialisierten Dienstleistungsunternehmen ja nicht nur auf die persönliche Glaubensorientierung der Mitarbeiter gründen. Sie müßte vielmehr in einer Gestaltung des Unternehmens ihren Ausdruck finden, die sich an dem Selbstverständnis von Diakonie als Lebens- und Wesensäußerung der Kirche orientiert. Ein solches eigenes Gestaltungsrecht beanspruchen wir ja auch bis hin zum »Dritten Weg« im Arbeitsrecht. Tatsache ist aber, daß die Gestalt und die unternehmerischen Rahmenbedingungen, die wir unseren Institutionen im Laufe der Zeit gegeben haben, keine spezifisch diakonischen Kennzeichen tragen. Sie sind nicht aus kirchlichem Kontext erwachsen. Sie sind säkularer Herkunft. Wir haben uns mit unserer Aufgabe hineingebunden in das allgemeine Sozial-, Gesundheits- und Schulwesen in unserem Staat. Die Regeln und Gesetze und Verordnungen, nach denen wir unsere Institutionen gestalten, sind uns von außen vorgegeben. Der weitaus größte Teil unserer Geldmittel fließt uns aufgrund staatlicher Gesetze aus öffentlichen Finanzquellen zu und ist nach den dort festgesetzten Prinzipien zu verwenden und abzurechnen. Der politische Trend, mehr Marktmechanismen in das Sozial- und Gesundheitswesen einzuführen, ist unverkennbar, und wir treten mehr oder weniger unreflektiert mit ein in den Konkurrenzkampf um das preisgünstigste Heim oder Krankenhaus. Das von uns angewandte Arbeitsrecht ist faktisch eben kein eigener Weg; einer Abkoppelung vom Arbeitsrecht und von den Tarifen des öffentlichen Dienstes wagt niemand mehr das Wort zu reden. Die fachlich-wissenschaftlichen Entwicklungen, zum Beispiel auf medizinischem, auf pädagogischem oder therapeutischem Gebiet, machen wir nahezu unbesehen mit; wir kommen gar nicht nach, sie von unseren diakonischen Zielen her zu reflektieren und zu profilieren. Kurz: Wir führen und gestalten unsere Unternehmen seit Jahren nach rein säkularen Vorgaben, und das prägt mehr und mehr das Gesicht unserer Unternehmen.

Es kommt hinzu, daß wir uns genötigt sehen, den Eigengesetzlichkeiten Rechnung zu tragen, die ein Unternehmen entwickelt. Wir lassen uns davon bestimmen, daß das Unternehmen über seinen funktionalen Auftrag hinaus auf seinen Selbsterhalt bedacht sein

muß; daß es ausreichend Geld erwirtschaften und deshalb belegte Betten nachweisen muß; daß es Kosten begrenzen und deshalb den Personalstand anpassen muß. Betriebswirtschaftliche Kriterien bestimmen die Unternehmenspolitik. Sie bestimmen auch ungefragt und unreflektiert, wie Leitungsverantwortung wahrzunehmen und Verwaltung zu gestalten ist. Theorien moderner Betriebsführung faszinieren mit Begriffen aus dem »Management«-Vokabular, mit neuen Arbeitsmethoden, »computergestützt«.
Wohlgemerkt, wir können nicht hinter diese Entwicklung zurück; wir wollen es ja auch wohl nicht. Und ich selbst will ein gutes Gewissen dabei haben. Ich frage mich nur, ob das Wort »diakonisch« in Verbindung mit unseren Unternehmen mehr sein kann als ein Etikett, das an die Anfänge erinnert. Ob wir mit der stattgefundenen Entwicklung nicht faktisch den Anspruch aufgegeben haben, unsere Unternehmen im Kontext des Selbstverständnisses von Kirche zu gestalten; ob es nicht aufrichtiger wäre, wenn wir zu dem stehen würden, was unter unserer Beteiligung entstanden ist: zur Weltlichkeit unserer Unternehmen.
Ich sage das allerdings auf einem doppelten Hintergrund:
a) Auch sogenannte weltliche Unternehmen arbeiten bekanntlich nicht wertneutral, nicht ohne eine zumindest latente Sinngebung. Moderne Unternehmen legen ihre wirtschaftlichen Grundsätze und ihre Unternehmensphilosophie häufig ausdrücklich fest. Das bedeutet aber, daß auch den säkularen Vorgaben, nach denen wir unsere Unternehmen gestalten, bestimmte Normen und Wertvorstellungen innewohnen. Für die Leitung unserer Unternehmen scheint es mir deshalb geboten, daß wir die in den weltlichen Entwicklungen verborgenen Wertsetzungen und Sinngebungen ins Bewußtsein heben und offenlegen, um dann zu klären, ob und inwieweit sie mit den *erklärten* Zielen unserer Unternehmen übereinstimmen.
b) Was diese erklärten Ziele angeht, so ist es für mich eine offene Frage, ob wir sie auch künftig aus einem – dann allerdings sehr weit gefaßten – Selbstverständnis als Kirche gewinnen oder ob wir – was ich immerhin für denkbar halte – unsere Institutionen als weltliche Unternehmen verstehen und gestalten wollen. Allerdings, solange wir als Christen in diesen Unternehmen mitmachen und Verantwortung tragen, würden wir davon ausgehen, daß diese weltlichen Unternehmen – ebenso wie die ganze Welt – ihre Herkunft und ihre Zukunft im Horizont des anbrechenden Reiches Gottes finden. Von hier aus wären dann auch die Ziele des Unternehmens zu ermitteln. So, wie Christen sich zum Beispiel dafür einsetzen, daß die Bürgergemeinde in Analogie zur künftigen »polis« gestaltet wird,

so würden wir uns bei der Gestaltung unserer Unternehmen an den Konturen und Lebensbedingungen der künftigen Gottesstadt orientieren. Ein größtmögliches Maß an Freiheit für den einzelnen, an Frieden untereinander und an Menschlichkeit in den Verhältnissen wären dann die Ziele der Unternehmenspolitik.

Doch gleichgültig, in welchem Kontext der künftige Weg der institutionellen Diakonie zu deuten und zu gestalten sein wird – die gegenwärtige Situation und die künftige Entwicklung unserer Unternehmen stellen eine starke Herausforderung an die Leitung dar. Diese Herausforderung besteht darin, daß heute dringender denn je die theologische Grundlinie ermittelt und offengelegt werden muß, die die Gestaltung des Unternehmens bestimmen soll; und die Herausforderung wird konkret in aktuellen Leitungsentscheidungen, in denen die fachlichen und ökonomischen Aspekte eines Vorgangs mit denen der geistlich-theologischen Grundrichtung zu verknüpfen sind.

Ich selber empfinde dieses als den zur Zeit spannendsten und zugleich schwierigsten Vorgang in der Leitung unserer Einrichtungen. Schon die Ermittlung, Darstellung und Deutung der grundlegenden Orientierungslinie stellt bis in die sprachlichen Formulierungen hinein vor nicht unerhebliche Probleme. Denn die Grundlinie, der wir uns verpflichtet wissen, wurzelt ja mit ihrem Ursprung in der Geschichte der Liebe Gottes zu uns Menschen, und mit ihrem Ziel ist sie auf die Vollendung der Herrschaft Gottes in Jesus Christus ausgerichtet. Sie reicht also in Dimensionen hinein, die nicht ohne weiteres erfahrbar, nachvollziehbar und überprüfbar sind. Und trotzdem erwarten wir, daß von ihr prägende Gestaltungskraft ausgeht auf die realen Verhältnisse in unseren Unternehmen. Denn sie vermittelt ja zugleich die wesentlichen Inhalte für die Aufgabenstellung des Unternehmens: die einseitige und eindeutige Ausrichtung der Arbeit auf das Wohl einzelner Menschen mit dem Ziel, daß diese Menschen leben und nicht gelebt werden, daß sie so, wie sie sind, erfahren: Wir sind etwas wert, wir sind wichtig.

Wie also kann man diese grundlegende Orientierungshilfe darstellen,

- daß sie zum einen identifizierbar ist hinsichtlich ihres Ursprungs und ihres Ziels im Kontext des Reiches Gottes, und
- daß sie zum anderen erfahrbar wird als die Kraft und der Beweggrund zur Gestaltung der Aufgaben des Unternehmens, daß sie also Ansätze bietet zur Erarbeitung von Handlungszielen für die einzelnen Aufgabenfelder?

Und wie kann man diese grundlegende Orientierungslinie unter allen Beteiligten so vermitteln, daß sie verstanden wird, daß sie nicht ausgrenzend, nicht ›gesetzlich‹ oder moralisch wirkt, sondern integrierend und befreiend? Wir haben in Bethel bei der Erarbeitung einer Art Unternehmensverfassung die Erfahrung gemacht, daß der fast zweijährige Prozeß der Erarbeitung unserer »Grundsätze«, an dem über die Leitungsgremien hinaus auch große Teile der Mitarbeiterschaft durch Diskussionen beteiligt waren, beinahe ebenso wichtig war wie das Ergebnis der formulierten Grundsatzziele selbst.

Die Herausforderung spitzt sich zu, wenn es um die Anforderung an die Leitung geht, den Vorgang der Integration von geistlich-theologischen, fachlichen und ökonomischen Aspekten in konkreten Entscheidungsprozessen durchzuhalten. Im täglichen Leitungsgeschäft haben wir ständig damit zu tun, daß sich uns die vielfältigen Bedingungen und Einflußfaktoren, die unsere Arbeit bestimmen, als Sachzwänge aufdrängen. Und häufig stehen wir vor der Tatsache, daß das Geld zum ausschlaggebenden Faktor wird.

Wir wissen: Aus pastoral-theologischer Sicht besteht die Leitungsaufgabe darin, die verschiedenen Einflußfaktoren als Gestaltungs-*Mittel* zu begreifen, um mit den Möglichkeiten und Grenzen, die sie bieten, auf der gewollten Grundlinie des Unternehmens eine zielgerichtete Entwicklung zu gestalten. Das bedeutet, daß die Gesichtspunkte, die sich aus der grundlegenden Orientierungslinie für den Entscheidungsprozeß ergeben, in der konkreten Situation jeweils neu zu bestimmen sind. Ich denke zum Beispiel daran, daß wir in Bethel vor drei Jahren vor der Entscheidung standen, im Epilepsie-Zentrum die Neurochirurgische Epilepsiebehandlung mit den entsprechenden prächirurgischen Diagnostikmöglichkeiten einzuführen. Dazu waren nicht nur die fachlichen und die finanziellen Gesichtspunkte zu ermitteln; auch die anthropologischen Ziele unseres Krankenhauses bis hin zum Grundverständnis von Kranksein und Heilung waren neu zu durchdenken und fortzuschreiben.

Von der grundlegenden Orientierungslinie des Unternehmens her ergeben sich also in den einzelnen Entscheidungsvorgängen konkrete Aspekte, die um des Menschen willen im Entscheidungsprozeß durchzuhalten sind. Ich stelle mir vor, daß sie jeweils ermittelt werden durch Fragen wie diese: Was heißt, Menschen zurechtzuhelfen? Was fördert Gesundheit im Sinne von »Kraft zum Menschsein« (Karl Barth)? Was hilft zur Entfaltung des Lebens? Was fördert das Recht des Schwächeren? Was entlastet Menschen? Was ermöglicht Gemeinschaft? Auch sind in diesem Zusammenhang

immer wieder Ideologien zu entlarven, die sich in Entscheidungsprozesse einschleichen können, damit möglichst jeder, der von der Entscheidung betroffen ist, zu freier Entfaltung seiner Persönlichkeit findet.
Dies zu gewährleisten ist gemeinsame Aufgabe aller, die an einer Leitungsentscheidung beteiligt sind. Die Sache selbst legt es freilich nahe, daß der Pastor in einem Leitungsteam in dieser Angelegenheit mit seiner speziellen Kompetenz besonders herausgefordert ist.

III

In einem letzten Teil möchte ich davon sprechen, daß wir mit all diesen Überlegungen zur Leitungsverantwortung mitten in einer Bewährungsprobe stehen.
Anfang Februar dieses Jahres veranstaltete die Gewerkschaft ÖTV erstmals in Bethel eine Demonstration, die öffentlich auf den sogenannten Pflegenotstand aufmerksam machen sollte. Notwendig gewordene Stellenkürzungen waren vordergründig Anlaß zu dieser Aktion. Gespräche mit Mitarbeitern förderten allerdings tiefersitzende Ursachen für die Beunruhigung zutage:

- die Sorge, dieses könne der Anfang sein für weitere Stellenkürzungen;
- die Befürchtung, man werde den Anforderungen auf einer Krankenhausstation oder in einer Gruppe mit mehrfach schwerstbehinderten Menschen nicht mehr gewachsen sein;
- die Enttäuschung, daß Ansätze zu individueller Förderung und Zeit für persönliche Hinwendung zum einzelnen schlichtweg gestrichen werden müssen, weil die reine Versorgung alle Kräfte absorbiert;
- die Kränkung, daß der ohnehin schweren Arbeit die Anerkennung und Unterstützung nicht nur vorenthalten, sondern sogar entzogen wird, wobei auch die Frage nach einer angemessenen Vergütung des Stations- und Gruppendienstes eine wesentliche Rolle spielt;
- die Angst, die mangelnde Attraktivität der sozialen und pflegerischen Berufe könne zunehmend mehr Mitarbeiter veranlassen, sich von diesem Arbeitsfeld abzuwenden, und man selbst könne dumm dastehen, wenn man bleibt;
- der Wunsch nach mehr Offenheit und Durchsichtigkeit, was die wirtschaftliche Situation des Unternehmens und die Finanzentscheidungen der Leitung angeht;

- die Frage, ob wir denn wirklich den Trend mitmachen wollen, mehr Geld für medizinische Apparate und weniger für die Begleitung von Menschen auszugeben;
- das Interesse, dort, wo die äußeren Rahmenbedingungen für Wohnung, Arbeit und Förderung von behinderten Menschen in Großinstitutionen ein Optimum erreicht haben und zugleich zu teuer geworden sind, über alternative, kostengünstigere und ebenso menschenfreundliche Konzepte nachzudenken;
- die Forderung, durch politische Einflußnahme dem Lebensrecht behinderter oder anderer benachteiligter Menschen in unserer Gesellschaft mehr Geltung zu verschaffen;
- und in alledem die Erwartung, als Mitarbeiter bei der Gestaltung und Weiterentwicklung des Unternehmens ernster genommen und beteiligt zu werden.

Ich gestehe, daß mir die Unruhe unter den Mitarbeitern im ersten Augenblick Angst macht und ich das Gefühl habe, ich müsse Leitungsverantwortung in der Weise wahrnehmen, daß Ruhe und Ordnung wieder hergestellt werden. Bei genauerem Nachdenken wird mir aber klar, daß wir in der Leitung die Chance haben, genau bei dem anzuknüpfen, was die Mitarbeiter befürchten oder erwarten. Denn unter den Sachanliegen, die die Mitarbeiter gegenwärtig bewegen, ist keines, das nicht mit den Zielen unserer Arbeit übereinstimmt. Genau im Blick auf die Fragen und Probleme, die die Mitarbeiter artikulieren, muß sich Leitungsverantwortung heute bewähren. Und schon die Art, wie wir in der Leitung damit umgehen, daß die Mitarbeiter ihre Befürchtungen und Erwartungen in der Öffentlichkeit kundtun, ist ein Teil dieser Bewährungsprobe.

Ich will – ohne auf notwendige Einzelentscheidungen einzugehen – einige konkrete Felder oder Bereiche nennen, auf denen sich die gegenwärtige Bewährungsprobe der Leitungsverantwortung abspielen wird, und es scheint mir wichtig, daß wir die Herausforderungen, die sich auf den einzelnen Feldern stellen, gerade unter pastoral-theologischen Aspekten noch klarer zu Gesicht bekommen.

1 Wichtig ist, daß wir mit den Mitarbeitern kontinuierlich an einer Art ungeschriebenen Grundkonsens' arbeiten, der allen Beteiligten im Blick auf die Entscheidungen in aktuellen Tagesfragen mehr Gewißheit und Selbstbewußtsein verleiht und in dessen Kontext jeweils Einzelentscheidungen der einen für alle anderen als sinnvoll und einleuchtend erscheinen können. Konkret denke ich daran, daß von Zeit zu Zeit bestimmte Fragestellungen aus dem Alltag der Arbeit und des Zusammenlebens aufgegriffen und the-

matisiert werden, Fragestellungen, in denen wir für unser Verhalten und den Umgang miteinander Orientierung brauchen.

- Da stellt sich die Frage nach der Dosierung von Medikamenten.
- Da ist die Frage nach der Anwendung von Gewalt in der Psychiatrie: Darf man Menschen fixieren oder isolieren?
- Da ist das weite Feld der sexualpädagogischen Fragen, der Begleitung von Menschen in Fragen von Sexualität und Partnerschaft.
- Da ist das Problem der Sterilisation von Menschen mit einer geistigen Behinderung.
- Da ist das Verständnis von Gesundheit und Krankheit, die Frage nach Heilung oder Annahme einer Krankheit oder einer Behinderung.
- Da ist nicht zuletzt die Frage nach Tod und Sterben, nach Sterbehilfe oder statt dessen nach Sterbebegleitung.

Nicht alle Fragen und Probleme, die sich im Alltag der Arbeit stellen, können gründlich genug reflektiert werden. Aber wir haben die Erfahrung gemacht, daß das exemplarische Durchdenken einer einzelnen Problemstellung selbständige Orientierung auch in anderen Fragestellungen fördert. Und zugleich wird dadurch die Möglichkeit geschaffen, daß sich die Identifikation mit der Einrichtung nicht nur an traditionellen Ideen, sondern an aktuellen und existentiellen Erfahrungen festmachen kann.
Leitung verantworten heißt in diesem Zusammenhang, wach zu sein für relevante Problemstellungen, um dann Raum zu schaffen für klärende Gespräche. Dabei sollten wir darauf achten, daß Antworten auf der Grundlage der Botschaft von der Rechtfertigung des Sünders gesucht werden. Wir Menschen in sozialen Berufen sind häufig ethisch besonders sensibel und neigen dazu, uns selbst und andere mit allzu hohen Ansprüchen zu überfordern. Hier müßte nach Wegen gesucht werden, Orientierung aus der Freiheit eines Christenmenschen zu gewinnen.

2 Die veränderten Rahmenbedingungen für unsere Arbeit, die das Ende der großen Wachstumsphase mit sich brachten und uns heute und künftig ökonomische Einschränkungen abverlangen, haben uns deutlich gemacht, daß zur Leitungsverantwortung über Moderation und Koordination hinaus eine wirksame Steuerung des Unternehmens gehört. Wir sind mehr als noch vor zehn Jahren auf Leitungsinstrumente angewiesen, die die kurzfristige Reaktionsfähigkeit des Unternehmens als ganzen gewährleisten. Dabei wird uns gleichzeitig bewußt, wie zahlreich die Einflußfaktoren sind, die den Weg des Unternehmens mitbestimmen: angefangen

von der Situation derer, die heute und hier in unserer Gesellschaft Hilfe und Begleitung brauchen, über die Mitarbeitersituation, die wissenschaftlichen Erkenntnisse, speziell in Medizin und Pädagogik, die wirtschaftlichen Eckdaten, die Gesundheits- und Sozialpolitik, die Umwelteinflüsse – bis hin zu den Erwartungen in Kirche und Diakonie. Wir brauchen zur Leitung des Unternehmens genaue Informationen über die einzelnen Einflußfaktoren. Und wir müssen etwas wissen über die Interdependenz der unterschiedlichen Faktoren, also zum Beispiel über die Auswirkungen ökonomischer Entscheidungen auf die Situation der Betreuten, auf die Mitarbeiter, die Therapie, das Konzept und die Organisation der Arbeit.

Die moderne Betriebswirtschaft bietet für derartige Problemstellungen Methoden an, die sich bei der Leitung komplexer Wirtschaftsunternehmen bewähren. So scheint sich in dieser Situation zum Beispiel die Einführung einer Controlling-Funktion auch für unsere Unternehmen nahezulegen. Controlling meint ein koordinierendes System, das Planung, Steuerung und Kontrolle durch Beschaffung und Bündelung von Daten und Informationen ermöglicht und die Leitung bei der Umsetzung strategischer Ziele in operationelle Planung unterstützt.

Ich habe allerdings den Eindruck, daß es aus pastoral-theologischer Sicht zu unserer Leitungsverantwortung gehört, über eine spezielle Ausformung von Controlling für unsere Einrichtungen nachzudenken. Ich kann das hier noch nicht im einzelnen darlegen, möchte aber kurz auf zwei wesentliche Ansatzpunkte hinweisen:

a) Von Controlling wird – soweit ich sehe – in unseren Einrichtungen vorwiegend im Bereich der Ökonomie bzw. der Verwaltung gesprochen, und hier speziell im Zusammenhang des betrieblichen Rechnungswesens. Zweifellos bedarf es, etwa für den Bereich der Kostenentwicklung, eines Systems, das aktuelle Finanzdaten liefert und Planung, Steuerung und Kontrolle in diesem Bereich ermöglicht. Bleibt es aber bei einem reinen Finanz-Controlling, so besteht die Gefahr, daß sich die Leitung bei der Steuerung des Unternehmens auf die Daten aus dem Bereich der Betriebsrechnung beschränkt. Deshalb muß das System, das Daten und Informationen für Leitungsentscheidungen bereitstellt und bündelt, breiter angelegt sein und die anderen Einflußfaktoren mit umfassen. Erst dadurch versetzt sich die Leitung in die Lage, die verschiedenen Aspekte im Entscheidungsprozeß zu gewichten – und unter Beweis zu stellen, was denn dran ist an der Behauptung, die Sorge um die hilfesuchenden Menschen habe bei uns immer die höchste Priorität.

b) Weil es im Zusammenhang der Controlling-Funktion um Instrumente geht, die die Umsetzung der vorgegebenen Ziele in die laufende Betriebssteuerung sichern und erleichtern sollen, spielen hierbei auch Zieldefinitionen und Zielvereinbarungen eine wichtige Rolle. Ich empfinde es einerseits gerade in der heutigen Situation als eine hilfreiche Herausforderung, daß aus der Sicht der Betriebswirtschaft auf eine konkrete handlungsbezogene Umsetzung allgemeiner Ziele gedrängt wird - bis hin zu einer berechenbaren Quantifizierung der einzelnen Leistung. Das kann helfen, übersteigerte und verallgemeinerte Zielvorstellungen zu konkretisieren und nachvollziehbar und erfüllbar zu machen. Andererseits bringt uns die Forderung nach kontrollierbarer Zielkonkretisierung auch an Grenzen, an denen möglicherweise wesentliche Elemente praktischer Arbeit in unseren Einrichtungen in Frage gestellt werden. Bei vielen pädagogischen, seelsorgerlichen und diakonischen Dienstleistungen geht es um die bloße Anwesenheit eines Menschen, geht es vielleicht sogar darum, sich selber mehr und mehr zurückzunehmen. Eine faßbare Quantifizierung ist meines Erachtens nicht der angemessene Maßstab für solche Leistungen. An dieser Stelle gründlicher und konkreter nachzudenken hätten wir in der Diakonie vielleicht schon seit längerem Anlaß, wenn ich zum Beispiel daran denke, daß wir im Krankenhaus seit zwanzig Jahren unveränderte Anhaltszahlen hinnehmen und gleichzeitig bei Mitarbeitern das Evangelische des Krankenhauses einfordern.

3 Unter denen, die heute professionell über Führungsstrukturen und Führungsgrundsätze in Unternehmen nachdenken, herrscht - soweit ich sehe - Einmütigkeit darüber, daß ein kooperativ-partizipativer Führungsstil der Leitung moderner Unternehmen am ehesten angemessen ist. Ich gehe davon aus, daß auch in der institutionellen Diakonie dieses Leitungsverständnis in aller Regel zugrunde gelegt wird. Was mit kooperativ-partizipativem Führungsstil gemeint ist, was dieses über Umgangsformen und Betriebsklima hinaus für die Organisation und die Arbeitsweise eines Unternehmens bedeutet, darüber kann man in Büchern und Aufsätzen Wichtiges nachlesen.

Ich möchte aber aufgrund eigener Erfahrungen darauf hinweisen, daß Zeiten der Krise dazu verleiten, vereinbarte Zusammenarbeit zwischen den verschiedenen Verantwortungsebenen aufzukündigen, Delegation von Verantwortung und Kompetenz wieder zurückzunehmen und statt dessen Führung streng zentralistisch per Anordnung und Kontrolle wahrzunehmen. Das kann in Feuer-

wehrsituationen gelegentlich notwendig sein; doch die schwierigen Zeiten, in denen wir derzeit stehen, sind nicht von solcher Art. Sie machen vielmehr Zusammenarbeit, Beteiligung, Mitwirkung und Mitbestimmung erst recht erforderlich. Wir in der Leitung können unmöglich übersehen, was in den verschiedenen Handlungsbereichen vor sich geht, was dort im einzelnen zu tun ist und auf welche Art und Weise es verwirklicht werden kann. Das geht um so weniger, seit in diesen Bereichen hochkompetente Mitarbeiter selbstbewußt und selbständig die Arbeit gestalten. Zur Steuerung des Unternehmens bedarf es der wechselseitigen Absprachen zwischen der Leitung und den Mitarbeitern der anderen Verantwortungsebenen, und zwar vor allem deshalb, weil die Steuerung eines Unternehmens nur in einer konzertierten Aktion aller Beteiligten möglich ist. Leitungsentscheidungen sind in aller Regel nur dann umsetzbar, wenn diejenigen, die damit leben und arbeiten müssen, ihren Sachverstand in den Leitungsprozeß einbringen können, ihre Gesichtspunkte in den Entscheidungen wiederfinden und die damit gesetzten Vorgaben akzeptieren und nachvollziehen können.
Unter dem Aspekt pastoral-theologischer Verantwortung wird die Leitung nicht nur aus zweckrationalen Gründen einen kooperativ-partizipativen Führungsstil praktizieren. Zusammenarbeit und Teilhabe nur aus taktischen Gründen bringt leicht Mißtrauen hervor. Vom Selbstverständnis eines Organismus im Kontext des Leibes Christi her sind Kooperation und Partizipation tiefer begründet. Von daher bekommt auch der Umgang miteinander seine Prägung, und zwar so, daß das Zusammenspiel der unterschiedlichen Funktionsträger gerade nicht dazu führt, daß alle das gleiche tun, sondern jeder befähigt wird, das Seine zu tun. Vielleicht gelingt es auch, unter diesen Vorzeichen eine gewisse Streitkultur zu entwikkeln. Es ist ja nicht zu erwarten, daß es unter den Beteiligten ständig harmonisch zugeht. Aber wie man zum Beispiel in Konflikten miteinander umgeht, wie man auch beim Scheitern der Zusammenarbeit die Würde des anderen wahrt, das kann zum Prüfstein für die Grundorientierung der Leitungsverantwortung werden.

4 Ich möchte in diesem Zusammenhang wenigstens kurz daran erinnern, daß die Förderung der Mitarbeiter zu den wichtigsten Aufgaben der Leitungsverantwortung gehört. Wieder liegt die Gefahr nahe, an dieser Stelle zurückzuschrauben, wenn die Mittel knapper und die Stellenpläne enger werden. Doch müssen wir gerade angesichts der künftig zu erwartenden Engpässe in der Mitarbeiterentwicklung an diesem Punkt in die Zukunft investieren. Mit-

arbeiter sind nicht nur einfach Mittel zum Zweck der Aufgabenerfüllung unserer Unternehmen. Die inhaltlichen Kriterien, an denen Leitung zu messen ist, gelten auch für die Aufgabe der Mitarbeiterförderung. Das bedeutet: Auch Mitarbeiter brauchen Raum zur Entfaltung ihres Lebens und ihrer Gaben. Sie brauchen Schutz, und gerade nicht Drohungen oder Vorwürfe. Sie brauchen die Wohltat gelingender Gemeinschaft und Zusammenarbeit. Sie benötigen Arbeitsverhältnisse, in denen ihnen Recht widerfährt. Und nicht zuletzt brauchen gerade Mitarbeiter auch den Raum zur Stille und zum Gespräch mit Gott.
Was sich daraus an konkreten Angeboten zur Fortbildung, zur Erweiterung der Kompetenz, zur Rekreation, zur Muße und Erholung ergibt, braucht hier nicht näher ausgeführt zu werden. Mir fällt auf, daß im Laufe der letzten Jahre Supervision zunehmend an Bedeutung gewonnen hat. Der Wunsch nach seelsorgerlicher Begleitung bleibt darüber hinaus bei vielen Mitarbeitern groß, vielleicht auch deshalb, weil allzu rational durchorganisierte Kooperationsformen in unseren Einrichtungen kaum Raum lassen für eine mehr informelle wechselseitige consolatio fratrum.

5 Schließlich gehört aus pastoral-theologischer Sicht zur Leitungsverantwortung, daß die grundlegende Orientierungslinie, das Evangelium vom Reich Gottes, immer wieder expressis verbis unter denen zur Sprache kommt, die in unseren Einrichtungen leben und arbeiten.
Es gibt dazu die uns allen geläufigen Gelegenheiten von Gottesdienst und Feier. Aber ich finde es gut, daß unsere Väter auch Anlässe und Strukturen fanden, im Alltag des gemeinsamen Lebens und Arbeitens die Grundorientierung direkt zur Sprache zu bringen, in Andachten, in vielfältigen Formen gelebter Frömmigkeit, in theologischer Reflexion konkreter Glaubens- und Lebensfragen. Die praktischen Realisierungsmöglichkeiten hierzu sind heute schwieriger als früher. Vielen Mitarbeitern sind Formen gelebter Frömmigkeit fremd. Man spricht ebensowenig oder ebenso verschämt über seinen Glauben wie etwa über Sexualität. Gleichzeitig warten Mitarbeiter darauf, daß es normaler, alltäglicher wird, im Zuge unserer Arbeit auch über den Glauben zu sprechen. Mancher möchte sich üben in der Fähigkeit, über das zu sprechen, was doch so schwer auszusprechen und zu vermitteln ist, was vielen Probleme, Zweifel und Ängste beschert und was zugleich mit Hoffnungen verknüpft ist, die über den Tag hinausgehen.
Dabei sollte das Gespräch über den Glauben, die Verkündigung

und der Gottesdienst nicht allein Pastorensache sein. Viele andere können sich daran beteiligen, gerade auch, wenn es um Gebet und Andacht im Leben der Gruppen geht. Aber eben – dazu muß von der Leitung Raum und Gelegenheit geschaffen werden. Es muß deutlich sein, daß dies gewollt wird, damit die Strukturen des Zusammenlebens bis in die Dienstpläne hinein die Möglichkeiten dazu einräumen.
Vielleicht brauchen wir in unseren Leitungen mehr Zutrauen dazu, daß wir mit Verkündigung und Seelsorge ja nicht etwas Zusätzliches, sondern – um mit Helmut Tacke zu sprechen – Glaubenshilfe als Lebenshilfe zur Sprache bringen.
Eigentlich müßten noch weitere Felder genannt werden, auf denen sich heute Leitungsverantwortung zu bewähren hat. Ich denke an so wichtige Bereiche wie die Öffentlichkeitsarbeit oder die Gestaltung unseres Verhältnisses zu Gesellschaft und Staat. Gerade an diesen Stellen muß sich zeigen, was es heißt, ein Unternehmen auf der Grundlinie zu gestalten, die uns durch Christus vorgegeben ist.

Zum Schluß

Zum Schluß möchte ich noch einige Sätze im Blick auf diejenigen sagen, die Leitungsverantwortung wahrzunehmen haben. Vielleicht geht es anderen ähnlich wie mir, daß sie manchmal denken, die Größe und Komplexität der Leitungsaufgabe fordere eigentlich ganz andere Qualifikationen, als man sie selbst mitbringt. Und wenn man in einem Kommentar anläßlich des Todes von Siegfried Wiesinger, dem Leiter der Christoffel-Blindenmission, als eine Anfrage an die Kirche liest: »Wer bemüht sich eigentlich um unsere Führungskräfte? Wer fragt die fast immer Einsamen an der Spitze nach ihren Sorgen, nach dem Frieden ihrer Seele?«, dann fühlt sich mancher insgeheim davon angesprochen; »insgeheim«, wohlgemerkt, denn wer könnte es sich schon leisten, persönliche Schwächen zuzugeben?
Dahinter stecken, wie wir wissen, auch Probleme des Umgangs mit der eigenen Macht. Allmachtsphantasien und Ohnmachtsgefühle hängen bekanntlich eng zusammen. Und außerdem bedarf es schon einer soliden realistischen Selbsteinschätzung, um mit den Erwartungen, die andere an einen herantragen oder die man bewußt oder unbewußt selbst an sich stellt, angemessen umzugehen. Es steht mir nicht zu, in diesem Zusammenhang Ratschläge zu erteilen. Die Leitungsaufgabe wird in der institutionellen Diakonie tatsächlich zunehmend schwieriger. Vielleicht sollte nicht nur über Möglichkeiten zu einer angemessenen Ausbildung für diese Auf-

gabe nachgedacht werden, sondern auch über die Frage, ob wir uns und anderen Leitungsaufgaben dieser Art nicht besser nur zeitlich begrenzt zumuten sollten.
Mir selbst ist in diesen Tagen erneut wichtig geworden, Leitung im Kontext von Sendung und Dienst zu verstehen. Das bringt das Nachdenken über die eigene Person und die erforderliche Qualifikation in ebenso verbindliche wie realistische Zusammenhänge, und es eröffnet zugleich eine Perspektive, unter der sich - wenn es gutgeht - eine Fähigkeit entfalten kann, die heute für die Wahrnehmung von Leitungsverantwortung besonders wichtig ist: die Fähigkeit zur Antizipation künftiger Möglichkeiten, die Fähigkeit - wie Alfred Jäger es ausdrückt - zum »management by hope«.

Literatur

A. Müller-Schöll / M. Priepke: Sozialmanagement. Zur Förderung systematischen Entscheidens, Planens, Organisierens, Führens und Kontrollierens in Gruppen, Frankfurt/M. 1983
A. Jäger: Diakonie als christliches Unternehmen. Theologische Wirtschaftsethik im Kontext diakonischer Unternehmenspolitik, Gütersloh 1986
Kompetenz und Teilhabe. Wesen und Aufgabe von Leitung in diakonischen Unternehmen, Diakonische Praxis Nr. 3, Hephata - Hessisches Diakoniezentrum Schwalmstadt-Treysa
T. U. Schall: Krankmachende Führungsstile. Bemerkungen zum zeitgenössischen Dilemma optimaler Personalführung in Gemeinde, Kirche und Diakonie, in: Diakonie 1/1988
»Führungsfragen«. Bibelarbeiten und Vorträge, die bei den Begegnungstagen der Oberinnen, Vorsteher und Leitungen der Verwaltung des Kaiserswerther Verbandes im Oktober 1988 in Speyer gehalten wurden, hierin besonders:
W. Wiegräbe: Aspekte moderner Unternehmensführung in der Wirtschaft
G. Weidemann: Der Weg ist das Ziel. Plädoyer für angemessene Führungskonzepte in der Diakonie, in: Zur Orientierung 3/1987

III
Stellungnahmen

Die Bibel diakonisch lesen

Jürgen Albert

Ich lese die Bibel im Blick auf die Mitarbeiter, die zwar »geschickt, aber nicht mehr gesandt« sein wollen. Doch der säkulare Mensch von heute - ist er im hier zu verhandelnden »Aspekt«, sub specie Dei, ein anderer als der zur Zeit des Urchristentums, der Reformation, der beginnenden neuzeitlichen Diakonie? Immer geht es doch in der diakonischen Sendung auch um die Umformung des Humanum in das Christianum. Wie verhalten sich Diakonie und humanes Gütehandeln? In welchen Modellen wird das Evangelium der Sendung zum Gottes- und Menschen-Dienst ausgesprochen? Wie erhält Liebe Form? Der Christos Diakonos setzt dem Humanum nicht ein Ende, sondern führt es zu seinem A und O. Die Überzeugungskraft der Sendungs-Theologie im Neuen Testament scheint in ihrer auch anthropologisch bedeutsamen »Folgerichtigkeit«, in ihrer auch rationalen Verstehbarkeit, zu liegen.

Die Begründung der Sendung zum Dienst lese ich in der Theologie der Rechtfertigung bei Paulus. Rechtfertigung bedeutet auch die Hineinnahme des Menschen in den Prozeß des Lebens, passiv und aktiv. Als Neugeschaffener wird er auch Neuschaffender - das ist die handlungstheoretische Konsequenz der Einheit von Kreuz und Auferstehung (2Kor 5,17; Gal 6,15; Kol 1,15). Das Kreuz beteiligt den Menschen am Prozeß der Schöpfung - durch Liebe.

Luther hat die Bedeutung der Theologia crucis für die neuzeitliche Handlungsauffassung gezeigt in der Heidelberger Disputation, prägnant in der These 28: Amor Dei non invenit sed creat suum diligibile, Amor hominis fit a suo diligibili (Die Liebe Gottes findet ihren Gegenstand nicht vor, sondern schafft ihn erst, menschliche Liebe entsteht an ihrem Gegenstand). Hier ist im Begriff der Liebe die Grundlegung schöpferischen und menschlichen Handelns ausgesagt: Wie kann die Liebe des Menschen, die ja als solche reagierende, damit bedingte Liebe ist, in die Qualität der Liebe Gottes als einer kreativen, schöpferischen, damit unbedingten, freien Liebe überführt, eben trans-agiert werden? Man gestatte das schreckliche Wort: Kreuzestheologie ist auch Transaktionskonstruktion. Nicht um eine Vergottung des Menschen geht es Luther, es geht um die Analogie menschlichen Handelns zum Handeln Gottes hinsichtlich der Möglichkeit, Schöpfer, eben kreativ zu sein. So bezeugt die Kreuzestheologie - auch in den respektablen gegenwärtigen Entwürfen - den Anspruch des Menschen auf ein schöpferisches Verhältnis zur Welt, zu dem, »was nichts ist«. Es geht also in der Theologia crucis um die Konsequenz der Schöpfungstheologie, über die nun handlungstheoretisch hochrational argumentiert werden kann. Auf dem sozialen Feld hat die neuzeitliche Aufbereitung der Kreuzestheologie ihre besondere Prägung erfahren. So ist - zweifellos gegen ihre eigene Intention - die Theologia crucis zu einem entscheidenden Faktor der Säkularisierung geworden, gerade weil sich in ihr die Konsequenz der Schöpfungstheologie ausformt.

Worauf erstreckt sich die Sendung? Die Sendung ist universal (Mt 28,19). In einer pluralistischen Kultur kann dieser universale Anspruch als anmaßend oder als antiquierte Belanglosigkeit empfunden werden. Kann über das Paradigma »Sendung« eine Einheit im Bewußtsein der Hilfsmotivationen der Mitarbeiter dargestellt werden? Anders gefragt: Kann die Begründung der »Sendung zum Dienst« in Kreuz und Rechtfertigung für die Mitarbeiter in der Diakonie verbindlich werden? Wenn es eine öffentliche Predigt des Kreuzes sein soll, dann geht es im Urchristentum um die Frage »vom Kult zur Kultur«. Auf das neuzeitliche Bewußtsein angewandt heißt diese Frage »von der Frömmigkeit zur Sittlichkeit«.

Die Universalität der Sendung, ihre letztgültige Begründung und Ausrichtung, steht in Konkurrenz zur Relativität aller kulturellen Formung. Diese Spannung ist nicht aufzuheben und ist not-wendig für die Verwirklichung der Sendung zum Dienst. Die Spannung zwischen Kreuz und Kultur ist eine geschichtliche Bedingung für die Öffentlichkeit des diakonischen Auftrags, für das Mandat der Diakonie. Die Lebendigkeit der Diakonie zeigt sich in ihrer Fähigkeit, den Konflikt zwischen Kreuz und Kultur produktiv zu bestehen. Will man die Spannung aufheben, wird Sendung entweder als extra-kulturell aufgefaßt oder als privates Motivationsrelikt kaltgestellt.

Die Theologie der Diakonie muß das soziale Hilfehandeln aus dieser Spannung zwischen Kreuz und Kultur heraus verstehen und würdigen. Gegenstand der Diakonie-Theorie ist deshalb nicht nur die Verbands-Diakonie, sondern jede kulturell gestaltete Sozialität. Ordnungen, Strukturen, Lebensformen werden Hilfsmotivation: der barmherzige Samariter, der verlorene Sohn, Gemeindestrukturen im Neuen Testament.

Wer sendet in der konkreten kultur- und sozialgeschichtlichen Situation 1989? In der biblischen Überlieferung ist Gott der Sendende, als Vater, als Sohn, als Geist. Die Frage nach dem Heiligen Geist verbindet sich mit der nach der communio sanctorum, nach der Gemeinschaft des Glaubens, des Hörens, des Antwortens und Denkens. Sind unsere tradierten diakonischen Sendungsparadigmen - Kreuz, Liebe, Opfer - noch zu verstehen und damit noch zu verantworten? Wie sind sie in eine säkulare soziale Kultur hinein zu vermitteln? In der Reformations- und in der Wichern-Zeit ist es gelungen: Sendung wird als Einheit gedacht von rechtfertigungstheologischer Begründung, von Ordnungen/Lebensformen und neuem Denken. Können wir hier anschließen?

Klaus-Peter Jörns

Ich unterteile meinen Beitrag dadurch, daß ich *Dimensionen von Kirche-Sein* beschreibe, die sich im Neuen Testament und bei den Apostolischen Vätern unterscheiden lassen und in denen *Diakonie als eine Lebensäußerung von Kirche* sichtbar wird.

- Kirche-Sein wird durch seine innere Struktur bestimmt. Diese empfängt ihr Wesen aus der Zusammengehörigkeit und gegenseitigen Beeinflussung der gleichrangigen Größen *Gottesdienst* (orare), *Glaube* (credere) und (Art des) *Zusammenleben(s)* (convivere). Die lex orandi, die lex credendi und die lex convivendi legen sich also gegenseitig aus und stellen das neue »Gesetz Christi« dar, das es in der Nachfolge zu erfüllen gilt (Gal 6,2). Oder anders ausgedrückt: Die Kirche folgt in ihrer Gemeindeexistenz dem Beispiel nach, das Jesus in der Christusexistenz gegeben hat: »Wie mich der Vater gesandt hat, so sende ich euch« (Joh 20,21), »damit die Menschen eure schönen Werke sehen und euren Vater im Himmel preisen« (Mt 5,16). In der spezifischen, vom Evangelium geprägten Art von orare, credere und convivere erweist sich Jesus Christus »als Gemeinde existierend« als der Gegenwärtige, Lebendige.
- In der Ortsgemeinde werden die Gläubigen durch den *Dienst* als Kirche zusammengehalten, *den Jesus Christus in ihrer Mitte tut* (Lk 22,27). In der *Eucharistie,* in der Versöhnungsfeier, nimmt dieser Dienst die dichteste Gestalt an. Neues Testament und Apostolische Väter (z.B. Did 9,5) belegen, daß die Teilnahme am Abendmahl, die den Getauften vorbehalten bleibt, die Ortsge-

meinden soziologisch faßbar aus ihrer Umgebung *ausgrenzt* (Mt 10,35ff). Von Christus geprägt ist die Beziehung der Menschen in der Gemeinde, wenn sie durch Liebe (Joh 10,35), Vergebung (Mt 18,21ff) und das gegenseitige Tragen der Lebenslasten (Gal 6,2) bestimmt wird. Ist Christus die Mitte der Gemeinde, weil er »der Dienende« ist, so verbindet die Gliedschaft am Leibe Christi die Gemeindeglieder in einer Dienstgemeinschaft (1Kor 12f). Wer gesandt ist, ist zum Dienen, nicht zum Herrschen gesandt (Mt 10,25-28).

– Was so und notwendig zuerst unter des eigenen Glaubens »Genossen« (Gal 6,10) die jeweils, d. h. geschichtlich und situativ mögliche Gestalt finden muß (Act 6,1ff), hat aber auch eine damit *komplementär* verbundene *andere Seite.* Betrifft die bislang besprochene die Innenseite der Christusexistenz der Gemeinde, so die andere ihre *Außenseite.* Versöhnung und Vergebung, die Menschenliebe Gottes, gelten nicht nur denen, die in einer konkreten Gemeinde Kirche sind, sondern *allen* Menschen (Lk 2,10), der »Welt« (2Kor 5). Und auch diese Außenseite der Christusexistenz drückt sich in gleicher Weise in Gottesdienst, Glaubensverkündigung und Zusammenleben aus: Im Wortgottesdienst (1Kor 14,16), in der missionarischen Glaubensverkündigung (Röm 10,17) und in der Liebestätigkeit wird die Gemeinde von demselben Christus, der sie aus der Welt ausgrenzt, *über die Gemeindegrenze immer wieder hinausgeführt.* Im Gleichnis identifiziert sich Jesus mit all denen, die der Liebe und Nähe bedürfen (Mt 25,31ff), um so caritas und diakonia zu provozieren.

– *Selbstausgrenzung und Selbstentgrenzung, Eucharistie und Diakonie, gehören als Teile des Ganzen im Kirche-Sein komplementär zusammen.* Diese Grenze hat keinen abwehrenden, sondern *unterscheidenden Sinn.* Unterscheidung und Grenzziehung bleiben Aufgaben für die spezifisch christliche Art von Gottesdienst, Glaubenszeugnis (Theologie) und Zusammenleben (Ethik), um wirklich *Kirche-für-andere* sein zu können. Wo versucht wird, die Komplementarität von Selbstausgrenzung und Selbstentgrenzung, von Geschlossenheit und Offenheit, aufzulösen, wird die Christusexistenz der Gemeinde gefährdet: Wird die Ausgrenzung überbetont, verdirbt Gemeinde zum Konventikel, zur Sekte. Wird die Entgrenzung überbetont, verflüchtigt sich Gemeinde in die Unerkennbarkeit und Gestaltlosigkeit hinein – und kann weder nach innen noch nach außen ihrem dienenden Herrn nachfolgen.

– In eine andere Begrifflichkeit gekleidet, stellt sich das Ganze noch einmal anders dar: *Eine intensive Dimension korrespondiert einer extensiven Dimension der Ekklesia.* Zur intensiven Dimension gehören Überschaubarkeit, aber auch die Wahrnehmung und der Schutz der Person des einzelnen, wie die Taufe unterstreicht. Gerade das Sündenbekenntnis dient dieser Wahrnehmung der einzelnen und ihrer sozialen und geschichtlichen Existenz, indem es die Verdrängung des Schuldiggebliebenen unnötig macht – weil der Glaube zwischen Sünde und Sünder zu unterscheiden gelernt hat und nicht den Sünder, sondern die Sünde bekämpft. Und weil er das kann, kann er auch dem Sünder noch dienen. Zur extensiven Dimension der Ekklesia gehören die missionarische und ökumenische Offenheit der einzelnen Gemeinden. Doch zur extensiven Dimension gehört auch der Einfluß auf das soziale und politische Umfeld, in dem die Christen als Bürger leben. Der Philemonbrief ist ein Beleg für das, was Paulus Röm 12f in einer Gemeinde-Didache anspricht. Auch *solcher Einfluß* ist *nicht durch Herrschen, sondern durch Dienen* zu gewinnen. Nur Gemeinden, die *intensiv* Kirche Jesu Christi sind, haben die Möglichkeit, *extensiv,* d.h. *für andere* Kirche zu sein.

– Kirchenleitung muß dafür sorgen, daß die Grundstruktur der Christusexistenz (Abs. 1) in den örtlichen Gemeinden erhalten und im Gemeindeaufbau als ständigem Prozeß »gelernt« wird. Wer sich also insbesondere darum sorgen will, daß die diakonische Dimension von Kirche-Sein lebendig ist, muß danach schauen, ob Gottesdienst, Glaubensgespräch und -verkündigung und die Art des Zusammenlebens als Größen behandelt werden, die von gleichem Rang sind. Und das heißt: Er muß dafür sorgen, daß sie sich gegenseitig beeinflussen. Tun sie das, ist für die diakonische (wie für die missionarische) Dimension von Kirche-Sein *im Grunde* gesorgt. Denn dann ist *dafür* gesorgt, daß dem größten Mangel entgegengewirkt wird, den wir Menschen verspüren können: dem Mangel, als Person nicht wahrgenommen und nicht persönlich behandelt zu werden. Christus aber existiert in der Zeit *als Gemeinde,* weil Gott Mensch geworden ist. Wegen der Inkarnation stimmt der Satz von B. Brecht »Es helfen nur Menschen, wo Menschen sind« auch theologisch. Denn Gemeinden bestehen aus vielen Menschen, und zwar aus Menschen, die wissen, daß sie immer zugleich solche sind, die Hilfe brauchen und zum Helfen ›geschickt‹ sind.

Gerhard K. Schäfer

1 Die Bibel diakonisch zu lesen verweist auf die Bemühung, angesichts des Bedrohtseins der Welt und der Gefährdung der Menschlichkeit des Menschen den Erfahrungen mit Gottes Diakonie - und damit der Wahrheit des Lebens und einer entsprechenden Lebenspraxis - auf die Spur zu kommen.
Diakonie ist in diesem Horizont nicht sektoral zu verstehen, sondern bezeichnet eine Grunddimension der Geschichte Gottes mit der Welt und fungiert als Schlüsselbegriff zur Erfassung der Sinnmitte der Schrift.

2 Die Sinnmitte der Schrift ist die Geschichte Jesu Christi als Evangelium, die im Neuen Testament als messianische Sendung dargestellt wird.
Die Missio Christi durch den Vater gilt denen, die mit leeren Händen dastehen, den Armen und Entrechteten, den Leidenden und Marginalisierten. Sie vollzieht sich in differenzierter Einheit von Verkündigung und »Zeichen und Wundern« als Befreiung aus irdisch-leiblicher Not, aus der Knechtschaft der Mächte und Gewalten, die der Menschlichkeit entfremden, wie aus der Not der Entfremdung von Gott. In solchem Wirken ereignen sich die Ansage und zeichenhafte Inkraftsetzung des Reiches Gottes, in dem die heillosen Störungen menschlichen Lebens und die Verteilungskämpfe um Lebenschancen überwunden sind.
Die messianische Sendung Jesu Christi hat im *diakonein* ihr entscheidendes Merkmal:
- Die Königsherrschaft Gottes ereignet sich in der kenotischen Existenz Christi. Indem der Gottgleiche *Doulos* und *Diakonos* wird - und dies auch als der wiederkommende Menschensohn bleibt (Lk 12,37) -, vollzieht sich ein radikaler Umsturz sozialer Rangordnung und eine Verneinung der menschliches Zusammenleben normierenden Zwänge von Machtstreben und Herrschsucht.
- Jesu Diakonie ist durch Teilen bestimmt, ist wesentlich Teilhabe und Teilgabe. Jesus durchbricht segregierende Denkstrukturen ebenso wie soziale Grenzen, um in vorbehaltloser Partizipation bei den Menschen zu sein. Er nimmt den Menschen wahr als geliebtes Geschöpf Gottes im Licht des andringenden Reiches. Er restituiert die Gemeinschaft mit Gott und eröffnet damit gleichursprünglich *Koinonia* als Teilhabe- und Teilgabegemeinschaft der Verschiedenen. Er teilt das Leiden bis in den Tod. Im hilflosen Menschen am Kreuz wird Gott solidarisch mit aller leidenden

Kreatur, erweist sich das elementare Mit-Sein Gottes als Weise seiner Zuwendung.
- Die Sendung Jesu Christi ist insgesamt Ausdruck und Realisierung des »Konvivenzwillens Gottes« (Th. Sundermeier). Seine Geschichte als *Diakonos* ist Offenbarung des göttlichen Lebens in der gegenseitigen liebevollen Hingabe von Vater, Sohn und Geist, des göttlichen Seins, das sich anderem öffnet und sich mitteilt. Die Geschichte Christi zielt auf die Verherrlichung Gottes, der seine Ehre nur in und mit der Heilung und Befreiung der geknechteten Schöpfung finden will.

3 Christliche Gemeinde verdankt sich der Sendung Christi und geht auf die Zukunft zu, die der Welt in der Sendung Christi definitiv eröffnet ist. In der durch den Heiligen Geist, den Hermeneuten der Geschichte Christi und die Kraft der Neuschöpfung, vermittelten Teilhabe an der Sendung Christi gewinnt die Gemeinde ihren Ort, ihre Gestalt und ihren Auftrag. »Diakonie« ist Signatur und Abbreviatur der Lebensform der Kirche, Kennzeichen des christlichen Lebens im Horizont des in der Sendung Christi nahe kommenden Reiches Gottes.
Gemeinde ist Zeichen und Werkzeug der Sendung Christi und des Geistes darin, daß sie als diakonische, offene Gemeinschaft lebt.
- Angesichts des Gekreuzigten, des »hilflosen Helfers« schlechthin, wird Diakonie zur »Diakonie der leeren Hände«, zur christuskonformen Grundhaltung des Anteilnehmens, des sich dem Leiden Aussetzens, des Teilens dessen, was wir sind.
- In der Gegenwart und Kraft des Geistes erscheint Gemeinde als Gemeinschaft der Verschiedenen, die gerade in ihrer Andersartigkeit dazu begabt sind, einander zum gelingenden Leben zu helfen.
- Gemeinde stellt sich dar als Inszenierung eines Lastenausgleichs, in dem die Mittel der Schöpfung haushalterisch so gebraucht werden, daß »dem Armen und der Waisen Recht geschaffen wird« (Ps 82,3) und »keiner unter ihnen sei, der Mangel hätte« (Act 3,34).

Kirche partizipiert an der Sendung Christi, indem sie sich dorthin rufen läßt, wo Gottes Anspruch in der Not des konkreten Nächsten begegnet und der Weltenrichter in seinen »geringsten Brüdern« präsent ist. Dieser Ruf beinhaltet die Zu-Mutung, Kirche mit anderen, d. h. Kirche in der diakonischen Solidarität mit den Armen und Entrechteten zu werden.
Diakonie als zeichenhafte Verleiblichung der Hoffnung auf das

Reich Gottes ist leidenschaftlicher Widerspruch gegen den Herrschaftsanspruch der lebenszerstörenden Mächte und Schemata dieser Welt und zielt auf die Ermöglichung lebensfördernder Bedingungen, damit diese Welt zumindest ansatzweise zur gleichnishaften Entsprechung des Reiches der Gerechtigkeit, des Friedens und der Freude (Röm 14,17) werden kann.

4 Im Lichte der angedeuteten Bezüge wird das diakonische Lesen der Bibel zur Einladung der Umkehr in die zuvorkommende Diakonie Gottes. Diakonisches Lesen der Bibel ist insofern optionsgeleitetes Lesen, als es sich durch die Parteilichkeit Gottes zugunsten der Armen und Elenden perspektivisch leiten läßt.
Dies impliziert den Verzicht darauf, sich der Schrift in dem Interesse zu bemächtigen, den persönlichen und kollektiven Status quo zu legitimieren. Die Begegnung mit der Schrift zielt auf die kritisch-befreiende Aufdeckung dessen, was dem Reich Gottes als der Praxis, in der der Diakon Jesus von Nazareth unser und der Welt Herr ist, widerspricht. Das diakonische Lesen der Bibel leitet dazu an, Gott an den Orten zu suchen, an denen Erlösung not tut, und damit die Orte wahrzunehmen, an denen die Hoffnung des Glaubens herausgefordert ist, sich in einer entsprechenden Praxis zu konkretisieren.
Das diakonische Lesen der Bibel vollzieht sich als Widerspruch gegen metaphysische und idealistische Dichotomien von Seele und Leib, Heil und Wohl, die das Evangelium verkümmern lassen, und als Bemühung um »ganzheitliche« Perspektiven.
Die alle Lebensdimensionen umgreifenden biblischen Traditionen ermöglichen und erfordern eine mehrdimensionale Begegnung mit der Schrift.

- In diakonischer Hinsicht kommt der sozialgeschichtlichen Auslegung der biblischen Texte besondere Bedeutung zu: Sie nimmt ernst, daß das »Unten« der sozialen Tatsachen der Ort der Offenbarung Gottes ist, und sucht die Erfahrungen des Glaubens an Jesus Christus im historisch-gesellschaftlichen Zusammenhang der Glaubenden zu verstehen.
- Insofern die Texte der Bibel bereits in einer spezifischen Ausgelegtheit auf die gegenwärtige Begegnung mit der Schrift einwirken, bedarf es der Reflexion der Wirkungs- und Rezeptionsgeschichte der biblischen Texte. In bezug auf Diakonie ist etwa kritisch zu fragen, inwieweit der Auslegung diakonischer Grundtexte die Funktion zukam, die jeweiligen Verhältnisse zu stabilisieren, inwieweit die Auslegungstradition Denkstrukturen und Verhaltens-

muster transportiert, die die Wahrnehmung der diakonischen Grundhaltung und des christlichen Dienstes verzerren (z. B. Wohltätigkeit in der Form paternalistischer Herablassung).

– Komplementär zu der Erkenntnisbemühung wissenschaftlicher Exegese sollte eine diakonische Begegnung mit der Schrift (verstärkt) Bemühungen aufnehmen, im Umgang mit den biblischen Texten eine »zweite Naivität« zu gewinnen. Versuche eines ganzheitlichen, erfahrungsbezogenen Verstehens, eines Zugangs zu biblischen Texten, der sinnliche Erfahrbarkeit und Leiblichkeit einschließt (z. B. Bibliodrama), entsprechen dem Grundanliegen der Diakonie. Sie bergen die Chance, die Bibel als Ur-Kunde des Evangeliums, das neue Lebenschancen eröffnen und zu einem gelingenden Leben anstiften will, neu zu entdecken.

Ulrich Bach

Zwei Vorab-Thesen

1 Die Bibel diakonisch lesen heißt nicht, ein Lied abwechslungshalber zwischendurch mal drei Töne tiefer zu singen (danach aber wieder in der ›richtigen‹ Tonart), sondern (um im Bild der Musik zu bleiben): die Barock-Suite nicht (wie weithin üblich) mit großem Symphonie-Orchester zu spielen, sondern sie in kleiner Besetzung auf historischen Instrumenten zu musizieren. Nur so kann gehört werden, wie es ursprünglich gemeint ist. Die Bibel diakonisch lesen meint also: überhaupt erst lernen, die Bibel richtig zu lesen, auch für sich selber sachgemäß zu verstehen.

Erst wenn ich die Bibel in ihrer ursprünglichen Blickrichtung, also aus der Perspektive der kleinen Leute, lese, verstehe ich, was Jesus auch mir anbietet. Vgl. Bad-Saarow-Memorandum von 1978 (I 3): »Wo die Behinderten fehlen, ist die Gemeinde behindert« (Diakonie 78/79, Jahrbuch des DW der EKD, S. 228). Damit ist aber gesagt: Eine Gemeinde ist dann (wenn Behinderte fehlen) z. B. darin schwerstbehindert, daß sie die Bibel, also ihre eigene Grundlage, nicht einmal richtig verstehen kann. Der bekannte Satz: »Die Armen sind der Schatz der Kirche« bekommt hier eine brisante und präzise Bedeutung.

2 Die Bibel diakonisch lesen, das darf unter keinen Umständen heißen, sie mit dem *Ziel* zu lesen, die heutige diakonische Wirklichkeit biblisch bestätigen zu lassen, sie also zu legitimieren. Das in der

Bibel uns anrufende Wort Gottes wird als Wort *Gottes* nur dann von uns gehört, wenn wir seine souveräne Freiheit allen Wünschen und Realitäten gegenüber anerkennen, wenn wir also von ihm her uns selber und das, was wir unter »Diakonie« zu verstehen haben, kritisieren und immer wieder neu definieren lassen. Sollte sich dann zeigen, daß sich unsere diakonische Wirklichkeit mit dem so Gehörten heute hier und da schon deckt, dann dürfen wir das – als *Ergebnis* – fröhlich konstatieren. Es muß uns aber verboten sein, ein solches »Ergebnis« bereits *vor* dem Hören naiv einfach zu postulieren.

Vier Haupt-Thesen:

1 Die Bibel diakonisch lesen, das heißt: sie von der zum Wesen Gottes gehörenden »Diakonie Gottes« her begreifen.

a »Diakonie Gottes« betrifft zunächst das Sein Gottes, meint also ein innertrinitarisches Geschehen: Diakonie ist das freiwillige und verbindliche (verläßliche) Miteinander von Ungleichen (hier: Vater, Sohn, Heiliger Geist), dessen Intention die Bereitschaft einschließt, um des anderen willen ärmer zu werden, dessen Ergebnis aber (wenigstens prinzipiell) die wechselseitige Auferbauung ist (gegenseitige Bereicherung).

b »Diakonie Gottes« meint dann das Tun Gottes, bezeichnet eine Dimension seines Offenbarungshandelns: Er will mit uns zusammengehören:

- Gott bindet sich für alle irdische Zeit an eine gründlich sündige Menschheit (Gen 8,21);
- Jesus hat Tischgemeinschaft mit den Sündern (Lk 15,1f), sein Kreuz steht zwischen denen der Verbrecher (Mk 15,27);
- im Jenseits werden wir »bei dem Herrn sein allezeit« (1Thess 4,17).

c Wir verstehen die Bibel nur dann als »Wort Gottes«, wenn wir sie als das Wort *dieses* Gottes verstehen. Wo das erkannt wird, kommt unweigerlich in den Blick, daß wir die Bibel oft naiv-religiös lesen: als himmlische Bestätigung unserer irdischen Wünsche. So möchten wir z.B. alles Sieghafte als göttlich begreifen, alles Niedrige dagegen als nur-menschlich (wenn wir es nicht sogar dem Teufel zuordnen). Das biblische Kontra läßt sich an dieser Stelle ablesen etwa an Mk 15 und 16: Die Hoheitstitel finden sich bei der Kreuzigung (»König der Juden«, »Christus«, »König in Israel«, »Gottes Sohn«), und bei der sieghaften Auferstehung wird Jesus schlicht »Jesus von Nazareth« genannt. Wir denken es andersherum (bei seinem Sterben ist Jesus »wahrer Mensch«, da hat Gott gewiß keine Hand im Spiel; Ostern aber ist er »wahrer Gott«), was zur Folge hat: Jeder Niedrige gilt als Randfigur (hat Gott ihn verlassen?, wie kann Gott das zulassen?). So denkt nicht nur jeder »Heide«, sondern eben auch wir Christen, sofern wir die Bibel nicht diakonisch lesen, d. h.: sofern wir nicht begriffen haben, daß im Christusgeschehen unsere Wertmaßstäbe kraß korrigiert wurden (vgl. Luthers Theologia crucis).

2 Die Bibel diakonisch lesen, d. h.: sie begreifen als Predigt-Band, Gebet-Buch und Meditations-Sammlung der Gemeinde der Getauften, die von der Verheißung lebt, »in Christus« schon hier eine »neue Kreatur« zu sein.
Die Bibel diakonisch lesen, d. h.: von der eigenen Diakonie zunächst schweigen und sich der göttlichen Diakonie erfreuen: Lk 10,20 (»daß eure Namen geschrieben sind«).
So müssen wir erkennen, daß unsere pseudochristliche Hektik ein sachgemäßes Bibel-Lesen oft verunmöglicht: Wir geilen danach, von Gott mit himmlischen Aufträgen an die Welt gesandt zu sein (Mission und Diakonie; wir wollen deren Subjekte sein, womit wir unter der Hand die anderen zu ihren – und unseren? – Objekten machen), anstatt zu erkennen, daß wir zusammengehören: Uns allen (den Starken und den Schwachen) gilt die Diakonie Gottes; uns alle (die Schwachen und die Starken) befähigt er, brauchbar zu sein für seine Aufträge: die Hirten – Lk 2,17 – predigen auch der Gottesmutter!
So die Bibel lesen heißt, sie als Gemeinde, als Leib Christi zu lesen: Hier ist nicht Mann und Frau; hier ist nicht Sklave und Herr (natürlich gibt es die Unterschiede, aber sie sind theologisch kein Thema); hier ist nicht Priester und Laie, Fachmann und Klient (auch diese Unterschiede gibt es; ihnen theologische Bedeutung zumessen kann aber nur der, der nicht mit den anderen »in Christus« ist) – wir sind »allzumal einer in Christus«. Wir sind als Kirche das Patienten-Kollektiv, in dem jeder auf Hilfe anderer angewiesen ist (auch der Stärkste hat Unsinn geredet, wenn er sagt: Ich bedarf euer nicht, 1Kor 12,21) und in dem jedem von uns das Helfen zugetraut und zugemutet wird.

3 Die Bibel diakonisch lesen, d. h.: sie miteinander lesen; sie so lesen, daß theologische Fachspezialisten und die in unterschiedlichen Hinsichten »kleinen Leute« in gleichrangiger Kompetenz mit ihrer Auslegung beschäftigt sind.
Hier gilt es zu lernen von der Befreiungstheologie; wir »haben«

nicht ein Evangelium *für* die Armen, sondern wir empfangen es *mit* ihnen, vielleicht sogar von ihnen her.

G. Casalis sagt (GPM 1980/81, S. 147), »daß, nach der Himmelfahrt, die Armen die wahren Vertreter Jesu, seine ›gesellschaftlichen Sakramente‹ sind. Ihn lieben, auf Ihn hören, Ihm dienen heißt sie lieben, auf sie hören, ihnen dienen! . . . Maria lebt heute *mit* den Armen, *für* sie und, ganz real, weil sie dieses Geheimnis Seiner Gegenwart in der Geschichte verkörpern, *aus* ihnen.«

Die Befürchtung der Fachtheologen, auf solche Weise sei das Wort der Schrift jeglicher Willkür ausgeliefert, ist zwar verständlich. Sie kann aber gebannt werden, wenn wir sauber zwischen »Thema« und »Ort« unterscheiden: Die Situation der »kleinen Leute« ist zwar der *Ort* unserer theologischen Reflexion; deren *Thema* aber ist die in der Bibel aufgezeichnete Christus-Botschaft (dazu ausführlicher: meine Thesen in JK 1988, S. 478ff, hier These IX). Nicht nur in der »Dritten Welt«, auch bei uns gibt es Beispiele dafür, daß die »kleinen Leute« Ausleger der Schrift sein können, wobei zuweilen klar wird: Nicht nur die bekannten »diakonischen« Bibelstellen sind hier von Bedeutung, sondern es scheint (fast) keinen Bibeltext zu geben, der diakonisch nichtssagend ist. Dazu zwei Beispiele zur Weihnachtsgeschichte:

Aus: Ursula Adams, Verriegelte Türen öffnen, Dortmund 1987, S. 91: »Herbergssuche ist die alltägliche Wirklichkeit unserer Freunde von der Straße. Verschlossene Türen, verschlossene Herzen. – Kein Platz für Euch! Ein Stall, eine Parkbank ist gut genug . . . Wenn solche Menschen von der Herbergssuche reden, wissen sie, was das ist. Wenn sie Weihnachtslieder singen, liegt in der Krippe kein Knabe mit lockigem Haar. Wenn Nichtseßhafte Weihnachten feiern, verstehen sie, was Jesus in Bethlehem erlebte. Jesus wurde auf der ›Platte‹ geboren.«
Aus dem Volmarsteiner Haus-Bibelkreis Bethesda: (Wir sprachen über den Lobgesang der Maria.) Gott »hat die Niedrigkeit seiner Magd angesehen«. Ich frage: Ist die Niedrigkeit damit weg? Nein, Maria blieb arm, blieb niedrig. Sie war eine von vielen, und sie blieb eine von vielen, so sagte jemand, eine Frau, die im Rollstuhl sitzt und auch im Sprechen behindert ist. Sie weiß, wie das ist, wenn die Niedrigkeit »bleibt«. Und nach kurzem Nachdenken fragte sie: Kann es nicht sein, daß Gott nur deshalb die Sache mit der Volkszählung veranstaltet hat, damit klar wurde: Maria *bleibt* arm? In Bethlehem war sie die Flüchtlingsfrau, arm und obdachlos; sie brachte ihr Kind in einem Viehstall zur Welt. Hätte sie in Nazareth bleiben können, dann wäre die Geburt Jesu *so* ärmlich nicht geworden.

4 Die Bibel diakonisch lesen – das meint nicht eine Pflichtübung zwischendurch. Sondern: Von solchem Bibellesen (und also von dem in den Thesen 1–3 Gesagten) her muß unsere gesamte diakonische Praxis geprägt sein, also auch Sendung, Dienst, Leitung.

Diese Begriffe dürfen keinesfalls in der Hierarchie »Gott/Gottes Mitarbeiter/Volk« so gesehen werden, daß sie den »Mitarbeiter Gottes« charakterisieren (er ist von Gott an das Volk gesandt, um ihm zu dienen, um es zu leiten), sondern nur in der Solidarität derer, die unter der Herrschaft Christi leben: Er läßt in seiner Gemeinde Sendung, Dienst und Leitung in Wechselseitigkeit geschehen.
Wie schon die Hirten auch zu der Gottesmutter gesandt waren (s. o.), so hat jeder Mitarbeiter damit zu rechnen, daß nicht nur er zu den »ihm Anbefohlenen« gesandt ist, sondern daß auch diese einen Sendungsauftrag Gottes ihm gegenüber haben. Vgl. z. B. aus den Nairobi-Dokumenten von 1975: »Wie kann die Kirche sich dem Zeugnis öffnen, das Christus durch diese (sc. behinderten) Menschen ablegt?«
Auch der Dienst geschieht für das Neue Testament wechselseitig: »Einer trage des anderen Last, so wird das Christus-Gesetz erfüllt« (Gal 6,2): Eine Last bringt nicht nur der Klient mit, und ich wäre der Lastenträger; auch ich belaste und muß ge-tragen und er-tragen werden. Deutlich auch 1Petr 4,10: »Dienet einander, ein jeglicher mit der Gabe, die er empfangen hat, als die guten Haushalter der mancherlei Gnade Gottes.« Genau auf dieser Linie liegt der folgende Satz von E. Jüngel: »Nur innerhalb eines gelingenden Gemeinschaftslebens spielen die besonderen Funktionen und Aktionsmöglichkeiten jedes einzelnen so zusammen, daß nicht nur jedem das Seine gegeben wird, sondern auch jeder das Seine zu tun vermag. Auch in dieser *aktiven* Hinsicht gilt es ernst zu machen mit dem Grundsatz suum cuique« (»suum cuique« = »jedem das Seine«; E. Jüngel in: Jahrbuch des DW der EKD 86/87, S. 20). Sind wir nicht voreilig zufrieden, wenn wir die Zielvorstellung verfolgen, daß bei uns jeder das Seine *bekommt*? Haben wir den Mut, die Frage wenigstens zu stellen: Was mögen das für *Aktionen* sein, zu deren Ausführung Gott uns diesen Menschen geschickt hat?
Dazu, daß auch »Leitung« in Wechselseitigkeit zu geschehen hat, zitiere ich die vierte These der Theologischen Erklärung von Barmen (1934): »Die verschiedenen Ämter in der Kirche begründen keine Herrschaft der einen über die anderen, sondern die Ausübung des der ganzen Gemeinde anvertrauten und befohlenen Dienstes.« Mir scheint, von hier falle ein kritisches, uns zur Korrektur einladendes Licht sowohl auf die Art, in der »Leitung« in unseren Papieren (Grundsatzüberlegungen, Satzungen u. a.) vorkommt, als auch vor allem auf die Art, in der Leitung in unseren Häusern täglich ausgeübt wird.

Christian Möller

Die Bibel diakonisch lesen – d.h. für mich, in der Bibel nach den Bedingungen für die Möglichkeit zu fragen, daß ein Werk diakonisch wird, weil es im Dienst des Nächsten steht. Wie ist das aber möglich, wenn doch zugleich in der Bibel gilt: »Das Gute, das ich will, tue ich nicht; sondern das Böse, das ich nicht will, das tue ich« (Röm 7,19)? Es ist also nicht damit getan, daß ich etwas Gutes im Dienst des Nächsten tun will und es gut meine. Mein Werk kann bei dem Nächsten ganz anders ankommen, etwa so, daß er mir unterstellt oder sogar tatsächlich spürt, er sei nur das karitative Opfer meiner Selbstverwirklichung. Was hilft mir die beste diakonische Motivation, wenn ich bei meinem Nächsten in Wahrheit das Gegenteil dessen bewirke, was ich eigentlich will? »Ich hab' es doch nur gut gemeint«, klagte die Mutter über ihre undankbaren Kinder, die sich von ihr abgewandt hatten, weil sie das ewige »Bemuttern« leid waren. Was sich da im privaten Bereich abspielt, kann sich ebenso und noch viel dramatischer im kirchlich-diakonischen wie überhaupt im gesellschaftlichen Bereich abspielen. Was heißt dann noch, im Sinne der Bergpredigt, ein »gutes Werk« tun, das die Leute »sehen und euren Vater im Himmel preisen« (Mt 5,16)?
Diese Frage verschärft sich noch, wenn wir in der Bergpredigt weiterlesen:

»Wenn Du Barmherzigkeit tust, so laß es nicht vor Dir ausposaunen, wie es die Heuchler auf den Gassen und in den Synagogen tun, damit sie Ansehen von Menschen bekommen. Wahrlich, ich sage Euch, sie haben ihren Lohn schon gehabt. Du aber, wenn Du Barmherzigkeit übst, so laß Deine Linke nicht wissen, was Deine Rechte tut, damit Deine Barmherzigkeit im Verborgenen bleibe. Dein Vater aber, der ins Verborgene sieht, wird Dir's lohnen« (Mt 6,2–4).

Die Bibel diakonisch nicht nur lesen, sondern auch verstehen – was hieße das im Blick auf diesen Text der Bergpredigt für eine Diakonie, die in Zeiten einer fast totalen Öffentlichkeit gar nicht anders kann, als für ihre Arbeit zu werben und sich öffentlich in Szene zu setzen? Die Konkurrenz zu den anderen Sozialverbänden wie etwa der Caritas oder der Arbeiterwohlfahrt läßt dem Diakonischen Werk keine andere Wahl, als konsequente Öffentlichkeitsarbeit zu treiben. Auch die Kirchen sind heute dankbar, wenn sie sich mit der Diakonie öffentlich schmücken können. Kaum etwas legitimiert die Kirchen in Ost und West gegenwärtig besser als ihre diakonischen Werke und ihre vorweisbaren Zahlen! Auch der Staat will sehen, was mit seinen enormen Zuschüssen in der Diakonie passiert.

Wäre es in einer solchen Situation für die Diakonie nicht töricht, der Weisung des Bergpredigers in das Verborgene zu folgen? Oder wartet in der Verborgenheit, wie Jesus sie meint, eine Quelle für wahrhaft diakonisches Tun? Es geht Jesus um das absichtslose, nicht berechnende, selbstvergessene Tun der Barmherzigkeit. Könnte es nicht sein, daß dieses weder vorweisbare noch verrechenbare Tun am Ende viel heilsamer und wirksamer ist?

Wie aber sähe so ein selbstvergessenes Tun aus, bei dem die Linke nicht weiß, was die Rechte tut? Es wäre ja nicht damit getan, daß ich einem Bettler DM 100,– heimlich zustecke oder einen Kranken still und verborgen pflege. Meine linke Hand kann dennoch wissen, was die rechte tut. Nur zu leicht schleicht sich der fromme Selbstbetrug ein, mit dem ich mir selber über die Schultern schaue und mich ganz famos finde, wie sozial ich bin: »Gott, ich danke dir, daß ich nicht bin wie die anderen Leute . . .« (Lk 18,11).

Die Verborgenheit aber, die Jesus meint, kann ich nicht aus eigenen Kräften herstellen, sowenig wie ich es machen kann, daß meiner Linken verborgen bleibt, was meine Rechte tut. Absichtslosigkeit und Selbstvergessenheit, wie Jesus sie in der Bergpredigt meint, kommen nicht aus mir selbst und können auch nicht von mir geleistet werden. Sie ereignen sich vielmehr an mir und mit mir, wenn ich von etwas anderem, außerhalb meiner selbst, gebannt werde, was mich fasziniert und selbstvergessen macht. Die Psalmen kennen so eine Selbstvergessenheit, wenn es in Psalm 17,15 etwa heißt: »Ich aber will schauen dein Antlitz in Gerechtigkeit; ich will satt werden, wenn ich erwache an deinem Bilde.« In diese selbstvergessene Verborgenheit lädt Jesus das Tun der Barmherzigkeit ein, wo »dein Vater ins Verborgene sieht« und du an seinem Bild satt wirst. Dann mußt du dich nicht mehr am Erfolg deiner Werke sättigen, sondern kannst alles tun, was an der Zeit ist und um des Nächsten willen getan sein will, weil du im Wissen um die Sorge des himmlischen Vaters dich um dich selbst ausgesorgt hast.

Was könnte es bedeuten, wenn sich solche scheinbar »nur« innerlichen Gedanken zur Möglichkeit eines selbstvergessenen, verborgenen Tuns der Barmherzigkeit auf das diakonische Denken und Handeln einer ganzen Kirche auswirkten und sowohl die Anstalts- wie die Gemeindediakonie bestimmten? Ich glaube, daß sich dann auch die Prioritäten verändern würden. Höchste Priorität hätte dann nicht mehr das, was sich sehen lassen kann. Entscheidend wäre vielmehr, was jetzt an der Zeit ist und um Gottes und des Nächsten willen einfach getan werden muß, auch wenn es nicht publikumswirksam ist, sondern höchst unscheinbar wirkt, ja vielleicht sogar zu Konflikten mit den staatlichen Geldgebern und ihren Kriterien führt. Letzte Instanz wäre dann auch nicht mehr eine nach allgemeinen Grundsätzen entscheidende und in Arbeitsstrukturen denkende Verwaltung, die notwendig das Allgemeine dem einzelnen vorziehen muß. Auch der Einzelfall, der nur schwer verrechenbar ist, auch das Spontane, das sich jetzt aufdrängt, hätten dann vielleicht wieder eine Chance. Der Weg der Diakonie führte dann auch nicht mehr bloß aus der Gemeinde heraus in die übergemeindlichen Werke, weil ja nicht mehr nach dem möglichst effektiven, möglichst imposant wirkenden Werk geschaut würde, sondern auch die einzelne Gemeinde hätte wieder eine Chance, diakonisch zu werden, weil sie mit ihren unscheinbaren und oft nur sehr verborgenen Möglichkeiten wieder neu entdeckt würde. Langfristig also führte dieser Weg des selbstvergessenen, absichtslosen Tuns dazu, daß Diakonie wieder freier würde von einem fremdbestimmten oder selbstauferlegten Erfolgsdruck, weil sie frei wird für das, was um Gottes und des Nächsten willen jetzt an der Zeit ist, was am nächsten liegt und selbstvergessen einfach getan sein will.

Es wäre ein Weg von der Art, wie ihn Martin Luther im »Sermon von den guten Werken« für das diakonische Denken und Handeln einer vom Evangelium befreiten Kirche vorschlug: Nicht das besonders fromm oder kirchlich oder spektakulär erscheinende Werk zählt, sondern ebenso und noch viel mehr zählt das unscheinbare, alltägliche, nächstliegende Werk, wenn es in der Zuversicht zu Gott und des Nächsten Not wendend getan wird. Damit erschloß sich für das diakonische Denken und Handeln sowohl des einzelnen wie der ganzen Kirche eine unerschöpfliche Quelle an Möglichkeiten zu selbstvergessenem, absichtslosem und zugleich höchst wirkungsvollem Tun.

Ich bin der Überzeugung, daß wir die reformatorische Umkehr von der mittelalterlichen Frage nach den (besonderen) Werken des Glaubens in die Frage nach dem Glauben der (alltäglichen) Werke nicht hinter uns, sondern immer wieder vor uns haben und daß es lohnend ist, die Bibel diakonisch zu lesen, um uns in *den* Glauben einzuüben, der um die Gefährdung des noch so gut gemeinten Werkes weiß und deshalb das, was zu tun ist, nüchtern, sachlich und selbstvergessen tut, aber auch die Werke loslassen kann, weil er im Aufblick zu dem Vater, der ins Verborgene sieht, darum bittet: »Segne unser Tun *und* Lassen!«

Den Dienst geistlich leben

Rudolf Weth

»Wie kann ein Mensch glücklich sein, der anderen dienen muß?« So hatte einst Plato, der griechische Philosoph, gefragt und festgestellt: »Wer anderen dient, ist abhängig, unfrei; nur der Freie kann wahrhaft glücklich sein.«

Dieses abschätzige Urteil über das Dienen sitzt tief, in unserer modernen Welt nicht weniger als in der antiken - vermutlich, weil dem Menschen zu allen Zeiten das Herrschen mehr liegt als das Dienen. Auch in unserer christentumsgeschichtlich geprägten Welt hat sich die Frage darum keineswegs erledigt, sondern im Gegenteil noch einmal zugespitzt: Das neuzeitlich propagierte Recht auf Glück und umfassende Selbstverwirklichung und das christliche Leitbild des Dienens, durch das wir unser Leben aufs engste mit dem Geschick und der Not anderer Menschen verketten - wie paßt das zueinander?

Mit dieser Frage hängt es nach meiner Überzeugung zusammen, wenn uns das heute zu einem schmerzlich bewußten Problem und zur erstrangigen Aufgabe geworden ist: »den Dienst geistlich leben«. Das war im Verlauf der Kirchen- und Diakoniegeschichte nicht immer so. Unser heutiges Dilemma wird offenkundig, wenn wir den Vergleich mit den Zeiten des Urchristentums und der Erweckungsbewegung ziehen.

1 Den Dienst geistlich leben - geschichtliches Erbe

Den Dienst geistlich leben - das ist im *Neuen Testament* offenbar kein grundsätzliches Problem. Wie »Diakon« ein Christustitel ist (Lk 22,28; vgl. Mk 10,45 par.), so ist das Dienen, die Diakonie der Gemeinde, keine Möglichkeit des natürlichen Menschen, sondern ein Handeln, ja vielmehr ein wechselseitiges Geben und Empfangen im Namen Jesu und in der Kraft seines Geistes, das aus der sakramental erfahrenen Gemeinschaft des Leibes Christi hervorgeht. Darum ist es für die Urgemeinde keine Frage: Der diakonische Dienst ist genauso wie der Verkündigungsdienst auf das Kommen des Geistes angewiesen. Bei der bekannten Wahl der Sieben für den diakonischen Dienst gemäß Apg 6 werden Gemeindeglieder gesucht, die nicht nur einen guten Ruf haben, sondern auch »voll Heiligen Geistes« sind (V. 3) und ihren Dienst nur im Kraftfeld des Geistes und im Lebenszusammenhang der christlichen Gemeinde tun können.

Auch für die Zeit der *Erweckungsbewegung* – jenes »Mutterbodens der Diakonie und Inneren Mission im 19. Jahrhundert« (E. Beyreuther) – war »den Dienst geistlich leben« im Grundsatz kein Problem, wenn auch sicherlich in der konkreten Durchführung. Zweck der Inneren Mission war ja erklärtermaßen und noch bis in Grundsatzaussagen unseres Jahrhunderts nachwirkend die »Rettung des evangelischen Volkes aus seiner geistlichen und leiblichen Not« (so noch 1954 die Satzung der »Inneren Mission Rheinland«, heute Diakonisches Werk der Evang. Kirche im Rheinland). Dieses Rettungswerk, herausgefordert durch das Versagen sowohl des Staates als auch der Staatskirche, war die Initiative von freien Vereinen und »Rettungsanstalten« auf dem Boden einer erwecklichen Frömmigkeit und konnte folgerichtig nur die Tat von zum Glauben erweckten und »ihren Dienst geistlich lebenden« Christen sein. »Eine bloße Kirchlichkeit, ein bloßer Besuch kirchlicher Versammlungen und Lesen kirchlicher Erbauungsschriften ist nicht ausreichend.« So beschreibt Theodor Fliedner bezeichnend die Voraussetzung von Bewerberinnen zum Diakonissenamt. »Erweckt- und Gläubig-geworden-Sein«, und zwar »nicht ganz jungen Datums«, ist vielmehr erforderlich. Und: »Sie müssen auch schon seit längerer Zeit ihre Bekehrung durch gute Werke bestätigt haben.«

2 Den Dienst geistlich leben – heutige Widersprüche

Ganz im Unterschied zum Neuen Testament und zur Gründerzeit der Inneren Mission ist das diakonische Postulat »den Dienst geistlich leben« heute grundsätzlich zum Problem geworden. Je größer und unverzichtbarer für den Sozialstaat Diakonie wird – und Diakonie wie Caritas verzeichnen noch immer Zuwachsraten! –, desto geringer scheint die Chance zu werden, in der Großorganisation Diakonie den Dienst geistlich zu leben. Die enormen Widersprüche, in denen die heutige Diakonie lebt und arbeitet, wirken sich zwangsläufig auf den Geist der Diakonie aus.

Die nahezu lückenlose *Einbindung in das Hilfesystem des modernen Sozialstaats* macht die Diakonie finanziell und konzeptionell abhängig. Staatliche Finanzierung, Planungshoheit und Aufsicht bestimmen weitgehend die inhaltliche Ausgestaltung und personelle Besetzung (Personalschlüssel!) mit fatalen Folgen für alle Bemühungen, »den Dienst geistlich zu leben«. Viele Mitarbeiter sind angesichts der täglichen Überforderung müde und hart geworden und suchen geistliches Leben, wenn überhaupt, außerhalb des Dienstes.

Die *Methoden und Standards heutiger Humanwissenschaften und praktischer Sozialarbeit* sind selbstverständlich auch in die diakonische Arbeit eingezogen. Von daher beschränkt sich das diakonische Postulat »den Dienst geistlich leben« meist auf die Motivationsebene und stößt in der Regel nicht zu der notwendigen Auseinandersetzung mit den weltanschaulichen Implikationen und praktischen Konsequenzen heutiger Human- und Sozialwissenschaften vor. Die traditionelle, z. T. theologisch legitimierte Scheidung von Glauben und Wissen führt im besten Fall zu der sehr respektablen Haltung »Diakonie = Sozialarbeit plus Gebet«, hat tendenziell aber problematische Konsequenzen: Diakonie »mit gläubigen Herzigen, aber atheistischen Händen« (K.-A. Bauer).

Auch allgemeingesellschaftliche Entwicklungen wie z. B. die *Trennung von Lebens- und Arbeitswelt,* verbunden mit den noch immer anhaltenden Tendenzen einer *Segregationsgesellschaft,* die Randgruppen nicht integriert, sondern ausgliedert, erschweren es, den Dienst geistlich zu leben: Wie kann es noch eine Glaubens- und Dienstgemeinschaft oder gar Lebens- und Dienstgemeinschaft geben, wenn die Lebenswelt einschließlich gemeindlich-geistlicher Bezüge und die Arbeitswelt (Dienst bzw. Job in einem Betrieb) getrennt sind? Wie kann das Den-Dienst-geistlich-Leben geübt werden, wenn die umfassende, »ganzheitliche« Gemeinschaft von Helfern und Hilfebedürftigen, von Erziehern und Jugendlichen, von Behinderten und Nichtbehinderten eher erschwert als gefördert wird?

Die *Verkirchlichung der Diakonie,* die an sich begrüßenswerte Verlagerung diakonischer Verantwortung in die Parochien und Kirchenkreise, bringt nur auf den ersten Blick eine Veränderung des Problems. Bei genauerem Zusehen wiederholen sich auch hier die oben genannten Schwierigkeiten. Vor allem aber gibt es hier genauso wie in den komplexen Anstalten und diakonischen Einrichtungen in freier Rechtsträgerschaft »geistliche Nachschubprobleme« (K.H. Neukamm). Die Korrosion der Volkskirche, zunehmende Traditionsabbrüche und zunehmender Säkularismus wirken sich hier wie dort aus. Bei immer noch wachsendem und vor allem differenziertem Personalbedarf werden in Einstellungsgesprächen und -verfahren Kompromisse gemacht. Manch einer wird

Mitarbeiter in der Diakonie, der sich nicht als Christ versteht oder verstehen kann. Es ist deshalb damit zu rechnen, daß für viele Mitarbeiter in der Diakonie das diakonische Postulat »den Dienst geistlich leben« kaum mehr als ein böhmisches Dorf ist.

3 Den Dienst geistlich leben – Verheißung und Verpflichtung

Die geschilderten Widersprüche ernst nehmen heißt erkennen, daß wir uns in Kirche und Diakonie in einer grundlegend missionarischen Situation befinden. Denn die Folgerung aus diesen Widersprüchen kann weder die resignierte Aufgabe des Diakonieauftrags bedeuten, und das wäre in der Tat eine »Diakonie als – bestenfalls gute – staatliche Sozialarbeit in kirchlicher Trägerschaft«!, noch kann sie die illusionäre Vereinnahmung einer gesamten Mitarbeiterschaft als »Glaubens- und Dienstgemeinschaft« kraft einklagbaren Arbeitsvertrags sein.

Alles kommt vielmehr darauf an, das diakonische Postulat »den Dienst geistlich leben« nicht als Forderung, sondern als Verheißung, nicht als Gesetz, sondern als Evangelium zu verstehen. Jesus Christus, der Auftraggeber der Diakonie, ist auch die Verheißung aller Diakonie: mit seinem messianischen Diakonat, mit seiner Gabe der Diakonie als freiheits- und gemeinschaftsstiftender Lebensweise, mit seiner auf uns zukommenden Gegenwart in den geringsten Schwestern und Brüdern. Von daher ist das scheinbare Dilemma der Diakonie in den Widersprüchen des heutigen Sozialstaats als Chance und Herausforderung zu betrachten.

Jeder einzelne Christ ist da, wo er seinen diakonischen Dienst tut, ohne irgendeinen Aufschub *berufen, den Dienst geistlich zu leben.* Es wäre schierer Unglaube, die Geltung dieser Berufung von zuvor zu erfüllenden Strukturveränderungen in Gesellschaft, Kirche und Diakonie abhängig zu machen. Nicht mehr, aber auch nicht weniger als den geistlichen Lebensstil eines jeden Christen mit Stille, Gebet und lectio continua der Bibel darf er sich zutrauen.

Da *Christsein nicht* möglich ist *ohne Gemeinschaft* untereinander, sucht er die »zwei oder drei«, die sich im Namen Jesu versammeln, um seine Gegenwart in Wort und Sakrament zu erfahren, um den Namen Jesu anzurufen, um sich zurüsten und senden zu lassen. Mit Gewißheit wird er diese »zwei oder drei« finden, wenn er sie nur sucht – auch da, wo er diakonisch arbeitet.

Eine strikte Trennung von Beruf und geistlichem Leben ist unvereinbar mit dem »Gottesdienst im Alltag der Welt« (vgl. Röm 12, 1–2), auch wenn Lebens- und Arbeitswelt getrennt sind. Mitarbeiter, die nur am Sonntag oder in ihrer Gemeinde geistlich leben können, aber nicht vor Ort ihrer diakonischen Arbeit und zusammen mit ihren Kollegen, verfehlen ihren diakonischen Auftrag. Umgekehrt wäre es genauso abwegig, das geistliche Leben auf die Glaubens- und Dienstgemeinschaft im diakonischen Alltag zu beschränken. Die Regel wird für den diakonischen Mitarbeiter vielmehr eine Art *Doppelmitgliedschaft* (auch in den Fällen von Anstaltskirchengemeinde oder Kirchengemeinde als Dienstgeber) sein: sowohl in der überschaubaren Glaubens- und Dienstgemeinschaft vor Ort seiner konkreten diakonischen Arbeit als auch in der gottesdienstlichen Gemeinde seiner familiären und sonstigen Lebenswelt.

Den Dienst geistlich leben – das ist aber nicht nur für den einzelnen Mitarbeiter, sondern auch für die jeweilige Institution als Dienstgeber (Kirchengemeinde, Kirchenkreis, Diakoniestation, Anstalt usw.) eine Verheißung und Verpflichtung. Hier kann nichts erzwungen, aber vieles ermöglicht werden: durch das *Angebot von Gottesdiensten, Andachten, Gebetszeiten, Bibelstunden außerhalb und innerhalb der Arbeitszeit,* durch Angebote des seelsorgerlichen Gesprächs, durch eine glaubwürdige Personalpolitik, die sowohl dienstliche Belange als auch Interessen des Mitarbeiters berücksichtigt. Dabei kommt es entscheidend darauf an, den einladenden und in diesem Sinne offenen Charakter einer Glaubens- und Dienstgemeinschaft in unserer grundlegend missionarischen Situation zu wahren. Mitarbeiter können auf diese Weise befähigt werden, selber das Zeugnis ihres Glaubens und das Angebot der Seelsorge in den Dienst an den von ihnen betreuten Menschen einzubringen.

Eine besondere Verantwortung hat die dienstgebende Institution in Verbindung mit den Fachverbänden und sonstigen Diensten des diakonischen Spitzenverbandes für die *Auseinandersetzung mit den humanwissenschaftlichen Voraussetzungen, Standards und Methoden der Sozialarbeit vom Evangelium her:* durch geistliche Rüstzeiten und diakonisch orientierte Fortbildungsangebote und ebenso in Verbindung mit den Aus- und Weiterbildungsinstituten. »Den Dienst geistlich leben« wird nicht ohne Auswirkung auf die inhaltliche Gestaltung des Dienstes bleiben.

Den Dienst geistlich leben – das ist im Sinne von Ermöglichung schließlich auch eine *politische und verbandspolitische Aufgabe.* Diakonie darf sich nicht nur als Objekt oder gar Opfer des modernen Sozialstaats erfahren. Sie muß auch offensiv statt defensiv für ihren Gestaltungs- und Handlungsspielraum kämpfen. Die rechtlichen und gesellschaftspolitischen Voraussetzungen sind dafür in

der BRD wie kaum in einem anderen Land gegeben. Aber die Diakonie ist hier mitbetroffen von der traditionellen Schwäche des Protestantismus, das sozialrechtlich verankerte *Subsidiaritätsprinzip bzw. Prinzip der positiven weltanschaulichen Neutralität des Staates* sich zu eigen zu machen und kämpferisch zu nutzen.
Es bleibt dabei: Auf dem Felde, wo es darum geht, den Dienst geistlich zu leben, läßt sich nichts erzwingen, nichts garantieren. Alles kommt vielmehr an auf die ernstgemeinte – diesen Ernst auch durch die Tat des missionarischen Gemeindeaufbaus bewährende – Bitte um den Heiligen Geist: »Komm, Schöpfer Geist!«

Helmut Millauer

Vom geistlichen Leben einzelner Menschen und kleiner oder großer Gemeinschaften sind eine Fülle von Beispielen aus der Kirchengeschichte bekannt. Schriftliche Zeugnisse aus allen Jahrhunderten künden von den reichen Früchten des geistlichen Lebens. Auch Diakonie ist ohne geistliches Leben nicht denkbar. Allerdings ist dieses geistliche Leben durch eine besondere Akzentsetzung gekennzeichnet: Es ist ausgerichtet auf den »geringsten Bruder«, der auf meinen Dienst angewiesen ist. Das geschieht im Gottesdienst, im Heiligen Mahl, in der gesprochenen Fürbitte und im stillen Gebet. Geistliches Leben ist Zurüstung für den Dienst, und der Dienst wird durch geistliches Leben zur Diakonie im Sinne des Evangeliums.
Ich möchte an vier Beispielen aus den Evangelien verdeutlichen, was es bedeutet, den Dienst geistlich zu leben:

1 Am Vorbild Christi ausgerichtet sein

»Dazu seid ihr berufen, da auch Christus gelitten hat für euch und euch ein Vorbild hinterlassen, daß ihr sollt nachfolgen seinen Fußstapfen« (1Petr 2,21).
Sind Vorbild Christi und unsere Nachfolge Kennzeichen der Diakonie? Christus ging seinen Weg von der Krippe bis zum Kreuz, predigend und vergebend, heilend und helfend, ganz den Seinen, den Sündern und den Kranken zugewandt. Und hinter dem Kreuz vom Karfreitag – nicht sogleich (das sollten wir uns in der Diakonie immer wieder sagen), sondern erst am dritten Tag – ging dann die strahlende Sonne des Ostermorgens auf. Der Auferstandene trägt die Nägelmale des Gekreuzigten. So ist er unter uns als der Lebendige, so wirkt er durch den Heiligen Geist. Mir ist es immer wieder

eine der wesentlichsten Erfahrungen, die Züge der Geschichte Jesu im Handeln der Diakonie wiederzufinden. Wie oft können wir die Nägelmale des Auferstandenen erkennen, wie oft sehen uns die Augen des Leidenden an?

Petrus spricht vom leidenden Christus. Die Vorbilder unserer Zeit sehen ja ganz anders aus. Auch in der Diakonie? Glückliche, strahlende, gesunde Menschen, die vom Erfolg verwöhnt sind, denen alles gelingt und die sich alles leisten können, sind die Vorbilder unserer Zeit. Wer krank wird, behindert, hilfsbedürftig, der hat dann kein Vorbild mehr. Oder doch?

Christus hat euch ein Vorbild hinterlassen. In seinem Bild erkennen wir nicht nur einen Ohnmächtigen, Hilflosen, sondern einen, an dem ich mich in meiner Ohnmacht und Hilflosigkeit aufrichten kann. Ich sehe einen Leidenden, Geschlagenen, aber auch einen, an dem ich mich, wenn ich ganz unten, ganz allein bin, festhalten kann. Ich sehe einen Sterbenden, aber einen, der mich in meinem Tod nicht allein läßt.

Haben wir noch genügend Mitarbeiter, die das vermitteln wollen oder können? Der Weg des Dienens, der Hingabe, des Glaubens und der Liebe wird damals wie heute zum Kreuzweg. Die Frage nach der Gewinnung von Mitarbeitern nehmen wir mit Recht sehr ernst. Und wie steht es mit der Frage der inneren Einstellung unserer Mitarbeiter? Wenn ich den Dienst geistlich leben will, dann bedeutet diakonische Bildung nicht nur Ausbildung im Sinne einer fachlichen Qualifikation, sondern auch: Ausrichtung an einem Vorbild.

2 *Stellvertretend glauben*

»Als nun Jesus ihren Glauben sah, sprach er zu dem Gelähmten . . .« (Mk 2,5a).

Der Bericht ist uns gut vertraut: Vier Gefährten legen einen Körperbehinderten auf ein tragbares Bett, tragen ihn zu jenem Haus, in dem Jesus seine Predigt hält, und lassen ihn durch das Dach hinunter vor die Füße Jesu. Hier sehe ich einen urdiakonischen Dienst: einen Menschen vor Jesu Füße legen.

Jesus sieht ihren Glauben. Nur vom Glauben der Träger ist die Rede. Der Gelähmte selbst sagt nichts. Kein Wort davon, daß er Schuld bereut oder um Vergebung bittet. Er war ja nicht stumm oder bewußtlos. Es ist eine großartige Erfahrung, daß Jesus sein Heil schenkt ohne Bedingung. Daneben steht leider die andere Erfahrung, wie leichtfertig wir oft bei anderen Sperren und Schranken aufbauen und damit den Zugang zu Jesus erschweren.

Aus dem Evangelium können wir lernen, daß wir auch für einen anderen glauben können und ihn damit Jesus vor die Füße legen. Und dann sieht Jesus *unseren* Glauben und hilft dem anderen, vielleicht nicht immer in der Weise, wie wir es erhofft, oder in der Zeit, zu der wir es erbeten haben. Aber er wird ihn auf keinen Fall unbeachtet vor seinen Füßen liegenlassen.

Es gibt viele Themen, die wir in den letzten Jahren in unserer kirchlichen Verkündigung in den Vordergrund gerückt haben: Themen, durch die Zeit bedingt, durch politische Entwicklungen geweckt, durch Umweltprobleme veranlaßt. Doch dabei haben wir dann oft das aus den Augen verloren, was eigentlich das Nächstliegende ist. Den Dienst geistlich leben heißt dann, den anderen voll Vertrauen vor die Füße Jesu zu legen. Das geschieht, wenn ich die Hände falte und für einen Patienten, für einen Pflegebedürftigen, für einen Behinderten bete und auch für den Mitarbeiter neben mir.

3 Von der Vergebung leben und Sünden vergeben

»Jesus sprach zu dem Kranken: Mein Sohn, deine Sünden sind dir vergeben« (Mk 2,5b).

Es ist ein Grundsatz christlicher, auf dem Evangelium begründeter Ethik, Kranke zu pflegen, Leidende zu stärken und Sterbende zu begleiten. Dieser Grundsatz christlicher Ethik ist uns heute so selbstverständlich geworden, daß wir nach seinen Wurzeln kaum noch fragen. Dabei ist vieles, was heute in der Medizin geschieht, für den Außenstehenden wie ein Wunder, durchaus vergleichbar der Heilung des Gelähmten im neutestamentlichen Bericht.

Allerdings hatten die Wunder damals eine ganz bestimmte Intention, und wir in der Diakonie müssen daran festhalten, damit uns das nicht verlorengeht: Die Wunder wollten den Menschen nicht nur zur Gesundheit helfen, sondern auch die Augen öffnen für eine andere Wirklichkeit, die nicht dem Leid und der Vergänglichkeit unterworfen ist. Sie wollten die Augen öffnen und das Herz bereitmachen für Gott. Nie hat Jesus ein Wunder um seiner selbst willen getan.

Darin liegt die Begründung medizinischer Ethik dann, wenn sie am Evangelium orientiert ist. Medizinische Forschung und Praxis kann nicht um ihrer selbst willen geschehen. Sie dient dem Menschen und hilft ihm zum Leben.

Im vergangenen Jahrhundert galt als neueste Erkenntnis der Naturwissenschaft, daß nur das überleben könne, was sich in der natürlichen Auslese als kräftig, gesund und zum Überleben fähig durchgesetzt hatte. Und trotzdem hat – Gott sei es gedankt – das

Wort Jesu Gültigkeit behalten: »Was ihr einem dieser meiner geringsten Brüder getan habt, das habt ihr mir getan« (Mt 25,40).
In diesem Jahrhundert haben technische Hilfsmittel Erfolge ermöglicht, die an das schon genannte Wunder grenzen. Ich sage das voll Dankbarkeit, wenn diese Erfolge dem Menschen zum Leben verhelfen. Ich sage das voll Skepsis, wenn dieses Wunder nur um seiner selbst willen geschieht. Auch hier muß das biblische Menschenbild Gültigkeit behalten und das Gebet aus dem Psalm: »Herr, lehre uns bedenken, daß wir sterben müssen, auf daß wir klug werden« (Ps 90,12).
Das Evangelium erinnert uns daran, daß die Krankheit auch eine seelische Ursache haben kann. Deshalb vergibt Jesus dem Kranken, den seine Freunde ihm vor die Füße legen, zuerst die Schuld: »Mein Sohn, deine Sünden sind dir vergeben.«
Um diese Zusammenhänge von körperlichen Gebrechen und seelischer Not weiß die moderne Medizin heutzutage eine ganze Menge. Ich meine deshalb, daß die Voraussetzungen für ein enges Zusammenwirken der christlichen Verkündigung und der modernen Medizin gegeben sind, wenn wir erkennen, wie eng seelisches und körperliches Wohlergehen miteinander verflochten sind. Vieles, was wir für unsere Gesundheit unternehmen, hat gar keinen Wert, weil keiner zu uns sagt: »Dir sind deine Sünden vergeben.«
Für unsere diakonischen Einrichtungen sollte diese Erkenntnis selbstverständlich sein, daß beides gleich wichtig ist: Leibsorge und Seelsorge, körperliches Wohlbefinden und Vergebung der Sünden, irdisches Leben und ewiges Leben, die Wunder der modernen Medizin und eine Ethik, die den medizinischen Fortschritt vor Gott verantwortet. Dieses als Einheit zu sehen und zu praktizieren bedeutet, den Dienst geistlich zu leben.

4 Hoffnung spürbar machen

»Weil wir solche Hoffnung haben, sind wir voll großer Zuversicht« (2Kor 3,12).
Wenn wir unser diakonisches Handeln objektiv betrachten, dann müssen wir uns eingestehen, daß unser Tun Stückwerk bleibt. Auch andere werden nicht müde, uns unsere Defizite immer wieder vor Augen zu halten.
Es ist keine billige Vertröstung, wenn ich das vom Neuen Testament her positiv deute. Das Heilshandeln Jesu war ja ein Zeichen für das anbrechende Reich Gottes: »Blinde sehen und Lahme gehen, Aussätzige werden rein und Taube hören, Tote stehen auf und Armen wird das Evangelium gepredigt« (Mt 11,5). Nicht allen hat Jesus in

dieser Weise geholfen. Seine Wunder waren Zeichen für ein Heilwerden, das sich nicht mehr in dieser vergehenden Welt vollenden wird. Und an diesem Heilwerden mitzuwirken, ohne es aber vollenden zu können, ist die Spannung, in der unser Dienst geschieht.
Die Hoffnung aber auf ein endgültiges Heilwerden ermöglicht das Durchhalten auch angesichts der Unvollkommenheit unseres Tuns. Diese Hoffnung wird nicht nur durch Worte, sondern gerade durch das Handeln bezeugt. Die Mitarbeiter, die Sterbende begleiten, erfahren das immer wieder: Sowohl das tröstende Wort wie die pflegende Hand geben dem Sterbenden die Gewißheit, daß er die letzten Schritte hier in diesem Leben nicht alleine gehen muß, bis dann – für unsere Augen nicht mehr sichtbar – der Auferstandene ihm seine Hände entgegenstreckt und ihn herüberholt zu sich. Den Dienst geistlich leben heißt, von dieser Hoffnung zu leben und diese Hoffnung weiterzuvermitteln.
An diesem Beispiel kann ich wohl auch deutlich machen, was diakonisches Handeln vom allgemeinen sozialen und fürsorglichen Handeln unterscheidet. Diakonisches Handeln geschieht nicht nur, um Not zu lindern, sondern auch, um Hoffnung spürbar werden zu lassen. Diakonisches Handeln ist Seelsorge mit unseren Händen, die die Hände des Auferstandenen in unserer Welt vertreten.

In der Rummelsberger Philippuskirche sind über dem Altar die sieben Diakone dargestellt, die in der Apostelgeschichte genannt werden. In der Mitte steht Philippus. Er trägt in der einen Hand die Heilpflanze, Sinnbild für alle menschliche Fähigkeit und Kunst, irdisches Leben zu erhalten und zu bewahren. In der anderen Hand hält er die Heilige Schrift, Gottes Angebot an uns, frei von Schuld zu sein und ewiges Leben zu gewinnen, wenn wir glauben.
Beides in der richtigen Dosierung zu verabreichen: die Medizin und Gottes Wort, das ist die Kunst der Mitarbeiter in der Diakonie, und ich möchte es eine Gabe des Heiligen Geistes nennen. Von der Medizin wissen wir, wie wirkungslos, ja wie schädlich sie sein kann, wenn sie nicht in der richtigen Menge verabreicht wird. Und Luther sagt: »Wo Gottes Wort wenig gepredigt wird, dort ist großer Hunger und Ernst danach. Wo es im Überfluß da ist, da ist man seiner überdrüssig und verachtet es« (Der Prophet Jona ausgelegt [1526], WA 19, 239,3–5). Den Dienst geistlich leben meint, beides in der richtigen Dosierung weiterzugeben: Medizin und Gottes Wort, Leibsorge und Seelsorge, die Handreichung und den Trost. In beidem das richtige Maß zu bewahren und glaubwürdig zu bleiben, das wird die Aufgabe der Diakonie auch in der Zukunft sein.

Günter Hitzemann

Warum fragen wir nach der geistlichen Dimension unseres Dienstes? Deutet es auf eine spezielle Unsicherheit im Bereich der Diakonie hin oder handelt es sich sogar um ein Defizit, das von allen, die sich Christen nennen, heute gleicherweise empfunden wird? Oder sehen wir hinter dieser Frage bereits einen Lösungsansatz wie: Wenn wir geistliches Leben neu erfahren, dann wird unser Dienst seine spezifische Kontur zurückerhalten, seine christliche Identität wiedergewinnen?
Wenn wir bei dieser Annahme bleiben, müssen wir uns zuerst vom Wort sagen lassen, daß geistliches Leben immer und zuallererst unverdientes Geschenk ist an alle, die »in Christus« sind. »Geistliches Leben ist Signatur aller Christen und kein Spezialinteresse oder eine Spezialbegabung besonders Frommer« (G. Rubach). Aber es gibt keine geistliche Gabe, die nicht zugleich Aufgabe wäre. Aller Dienst ist charismatischer Dienst. Mehr noch: »Dienst ist nicht bloß Konsequenz, sondern auch Erscheinung und Realität der Gnade« (E. Käsemann).
Diese Qualifizierung unseres Dienstes bleibt erhalten, auch wenn die äußere Gestalt sich nicht von anderen Diensten unterscheiden sollte. Denn der auferstandene Herr hat die ganze Schöpfung zum Bereich seiner »Dienstherrschaft« gemacht und damit für seine Diener die Aufspaltung der Wirklichkeit in eine sakrale und eine profane Sphäre aufgehoben. Gottesdienst im Alltag der Welt ist kein selbstgewähltes Programm, sondern Antwort auf das Christusgeschehen, ja mehr noch seine Vergegenwärtigung. Damit berühren wir die entscheidende Frage unseres Themas: Den Dienst geistlich leben. Wie gelangen wir aber vom Konsens im Theoretischen und Theologischen bezüglich unseres Dienstes und Auftrages zu dessen Verwirklichung – »von den Gedanken ins Leben hinein«? Die folgenden Ausführungen können diesen Schritt fördern und zentrale Faktoren des geistlichen Lebens neu benennen. Ich verstehe sie als Gesprächsbeitrag und nicht als geschlossene Konzeption.

1 Um den Dienst geistlich zu leben, bedarf es einer »realistischen Vorbildung«

Aus meiner persönlichen Erfahrung weiß ich, daß viele Mitarbeiter in der Diakonie mit äußerster Hingabe die Arbeit am Hilflosen und Kranken beginnen, doch ohne Kenntnis der Strukturen im Sozial- und Gesundheitswesen. So können sie etwa das Moment der Mas-

senhaftigkeit, der geforderten und zu gewährenden Hilfe nicht einschätzen, was oft zu Frustration und auf Dauer zur Resignation führt, weil sie Helfen nur verstanden als ein persönliches, ganzheitliches Eingehen auf den einzelnen (Barmherziger Samariter [Lk 10,25-37]).
Ein anderes Problem ergibt sich durch den naturwissenschaftlichen und technischen Fortschritt im Bereich der Heilung und Verhütung von Krankheiten. Diese neuen Möglichkeiten erfordern in Diagnose, Therapie und Verwaltung eine immer kompliziertere Apparatur und dementsprechend immer qualifiziertere Mitarbeiter. Um der anvertrauten Menschen willen können wir uns dem Angebot dieser technischen und wirtschaftlichen Neuerungen nicht versagen und müssen doch zu Recht befürchten, daß durch sie eine größere Distanz zwischen Hilfesuchenden und Helfenden entsteht. Eine realistische Einschätzung der Situation (»Vorbildung«) ist Voraussetzung dafür, die Spannungen zwischen Motivation und Dienstwirklichkeit ertragen zu können. So kann eine Haltung gewonnen werden, die sowohl durch partielle Distanz als auch von wirklicher Zuneigung, sowohl von ruhiger Sachlichkeit als auch von engagierter Freundlichkeit gekennzeichnet ist.

2 Um den Dienst geistlich zu leben, müssen wir unsere christlichen Maßstäbe neu herausstellen

Die Veränderungen in der Gesellschaft haben sich nicht nur im wissenschaftlich-technischen und sozialen Bereich, sondern auch im geistigen vollzogen. »Der Mensch ist allmählich von absoluten Verhaltensmaßstäben, allgemeinverständlichen Idealen, weniger abhängig geworden. Er wird als völlig frei angesehen, so daß er außer den eigenen keine Maßstäbe braucht« (M. Horkheimer). Als Diener Christi empfangen wir dagegen unsere Maßstäbe, mit denen wir den Menschen und die Weltwirklichkeit beurteilen, nicht von uns selbst, sondern vom Evangelium her. Durch Leben und Werk Christi fand das Wunder der Umwertung aller Werte statt. Ein Beispiel sei dafür genannt: Die Gesellschaft ist sich darin einig, daß menschliche Not beseitigt werden muß. Die Gesundheit ist um jeden Preis zu erhalten, Krankheit wird als menschenunwürdiger Zustand empfunden. Auch der Christ bemüht sich, Krankheit zurückzudrängen, und weiß doch zugleich, daß sie zum menschlichen Leben gehört. Christus, dem kein Leid fremd war, hat uns durch sein Leiden mit Gott versöhnt. Dadurch hat Not einen positiven Sinn gewonnen. Nach seinen eigenen Worten begegnet er selbst uns in der Person des Notleidenden (Mt 25,40). »Was will ich? Dienen

will ich. Wem will ich dienen? Dem Herrn *in* seinen Elenden und Armen« (W. Löhe - Diakonissenspruch).
Diese Umwertung der Werte, hier am Beispiel der Not dargestellt, erstreckt sich auf alle Gebiete menschlichen Lebens (Kindheit, Alter, Liebe, Sinn und Wert des Lebens usw.) und muß herausgestellt werden, um das »geistliche« Proprium unseres Dienstes zu unterstreichen.

3 Um unseren Dienst geistlich zu leben, muß unsere Motivation eindeutig bestimmt sein
Es ist wichtig, darin gewiß zu sein, daß unser Dienst in einem Auftrag gründet und nicht eigenem Sendungsbewußtsein entspringt. Das heißt, unser Handeln ist nicht in erster Linie Reaktion auf vorhandene Notlagen, sondern vom Herrn geboten. »Die totale und exklusive Bindung unseres Dienstes an den einen Herrn macht es unmöglich, daß wir uns im Vollzug dieses Dienstes den jeweiligen gesellschaftlichen Verhältnissen mit ihren Ansprüchen, Erwartungen und Bedürfnissen ausliefern und anpassen« (W. Krusche). Der Auftrag des Herrn, der sich selbst als Diener Gottes und der Menschen versteht, ist erste und letzte Motivation und sichert in unserer Gesellschaft, in der Helfen zum Allgemeingut geworden ist, die christliche Identität unseres Dienstes.

4 Um den Dienst geistlich zu leben, müssen wir die Gemeinde als Erfahrungs- und Befähigungsraum erkennen lernen
Gemeinde und Diakonie stehen in einer wesensmäßigen Korrelation zueinander. Denn Gemeinde ohne diakonisches Handeln, ohne tätige Solidarität mit dem »geringsten Bruder« wäre nicht christliche Gemeinde. Aber trotz dieser theologischen Übereinstimmung, daß Diakonie »Lebens- und Wesensäußerung der Kirche« sei, wie wir es auch in der Öffentlichkeit erklären, sieht die Wirklichkeit weithin anders aus. M. E. wird Diakonie heute immer noch zu sehr an Organisationen, Werke und Einrichtungen delegiert, anstatt von der Ortsgemeinde gemeinsam verantwortet und praktiziert zu werden. Hier muß der Lernprozeß in Kirchen und Freikirchen neu einsetzen.
Aber auch die in der Diakonie tätigen Mitarbeiter und Mitarbeiterinnen bedürfen der Gemeinde, weil hier der Ort ist, an dem sie den Glauben empfingen und zum Dienst befähigt wurden. Wie wir wissen, kann gerade auch mit dem Dienst an Hilflosen und Entrechteten die Gefahr verbunden sein, Betreute zu bevormunden und vom Helfer unzulässigerweise abhängig zu machen. Auch mit diesem

Versagen darf der Helfende zurückkehren in die Gemeinde, um im Gottesdienst Vergebung und Stärkung zu erfahren. Gerade weil Diakonie sich aus dem Schutzraum der Gemeinde weit hinauswagt an die Brennpunkte gesellschaftlicher Bedrängnis, wird der in ihr Tätige die Koinonia als Teilnahme und Teilgabe an dem Herrn Jesus Christus und seinen Schwestern und Brüdern suchen. Diener und Dienerinnen kommen zusammen, um sich dienen zu lassen mit dem Wort sowie den Gaben der anderen Glieder (1Petr 4,10). In der Gemeinschaft werden sie neu befähigt und ermutigt zum Dienst (Eph 4,11). Wer sich diesen geistlichen Dienst nicht gefallen läßt, wird auf Dauer zum Dienen nicht mehr in der Lage sein.
Die Gestaltung des eigenen Lebens wird immer untrennbar mit der Gestaltung des Lebens der Gemeinschaft verbunden sein, um geistliches Leben zu bleiben. Denn nicht um Kultivierung individualistischer Lebensauffassung und Frömmigkeitsstile geht es, sondern um Auferbauung und Sendung aller Gemeindeglieder.

Karl-Fritz Daiber

Was geistlich leben sein könnte? Betend leben? Mit der Bibel lebend? Leben in der Gemeinschaft der sich zum Gottesdienst versammelnden Gemeinde?
Die Beschreibungen wären mir zu eng, auch zu introvertiert, zu wenig auf andere bezogen. So versuche ich, anders zu akzentuieren, jenen Dimensionen folgend, in denen sich das Kirchesein der Kirche ereignet. Kirche ist, wenn sie Kirche ist, verkündigende Kirche. Menschen, die geistlich leben, sind Menschen, die das Evangelium weitertragen, und zwar in der Sensibilität für Suchende. Heute geistlich zu leben scheint mir die Qualität des Wahrnehmens zu erfordern, die Fähigkeit, zu entdecken, wie Menschen heute auf der Suche nach Gott sind. Weitergabe des Evangeliums geschieht in der Bereitschaft, wahrzunehmen, wo und wie Menschen die Frage nach Gott heute stellen. Dieses Wahrnehmen provoziert die Suche nach Antworten, nicht vorgefertigten Antworten, sondern Antworten, die das Suchen aufnehmen, ihm korrespondieren. Dimension geistlichen Lebens: Sensibilität für die Suchenden.
Doch ist dies nur eine Seite. Kirche realisiert sich ja auch anders, von ihren Anfängen an, in der Solidarität mit Leidenden nämlich. Damit ist ausgedrückt, was Diakonie meint als Dimension des Kircheseins der Kirche. Und genau dies gehört doch wohl zum »Geist-

lich-Leben« dazu, aus einer tiefen Solidarität mit den Leidenden die Herausforderungen des Lebens entdecken.

Die dritte Dimension des Kircheseins der Kirche verweist auf ihre Sozialgestalt. Sie ist Gemeinschaft von Schwestern und Brüdern unter Christus. So müßte »geistlich leben« eigentlich dies beinhalten: sich im Umgang miteinander an einer Ordnung der Gleichheit in der Gemeinschaft von Schwestern und Brüdern unter Christus orientieren.

Auch dies gilt von den Anfängen der Kirche an. Kirche ist, wo das Lob Gottes laut wird. Lob Gottes entsteht nicht aus der Erfahrung der Übermacht einer letzten Autorität. Das Lob entsteht aus dem Dank. Dank wird möglich, wo Leben als Geschenk, unverdientes Geschenk, täglich wieder entdeckt wird. So könnte dies eine Dimension geistlichen Lebens sein: aus der Dankbarkeit für das Geschenk eröffneten Lebens leben.

Ich erinnere mich an ein Seminar zum Thema »Diakonie im Sozialstaat«. Wir haben damals über das christliche Krankenhaus gesprochen. Die Studenten haben Erwartungen formuliert. Zentrale Erwartung war: Ein christliches Krankenhaus müßte ein Krankenhaus sein, in dem die Heilenden und Pflegenden für den Patienten Zeit haben. In dieser Erwartung hat sich alles andere konzentriert: in der Erwartung, Menschen zu finden, die Zeit haben. Fast sieht es so aus, als ob die theologische Differenzierung geistlichen Lebens sich von Alltagserfahrungen her radikal vereinfacht. Menschen erleben einen als Christen, wenn er Zeit hat. Menschen erleben eine Gemeinschaft dann als christliche Gemeinschaft, wenn in ihr Zeit ist für den anderen.

Ich vermute, daß die Konzentration auf diese zentrale Erwartung aus Gegenerfahrungen geboren ist, aus der Erfahrung, daß Menschen keine Zeit für mich haben, keine Zeit zum Zuhören, keine Zeit für die Leidenden, keine Zeit für die Sterbenden. Es sieht so aus, als ob von den Alltagserwartungen noch etwas Fundamentaleres angesprochen wird, als in den theologischen Formulierungen gefunden wurde. Sensibilität für Suchende setzt Zeit voraus, Solidarität mit Leidenden setzt Zeit voraus. In der Gemeinschaft von Schwestern und Brüdern leben und handeln setzt Zeit voraus, die Zeit zur Verständigung. In der Dankbarkeit geschenkten Lebens leben setzt Zeit voraus, Zeit des Innehaltens und rückblickenden Wahrnehmens.

Vor mir, auf meinem Schreibtisch, liegt das Dossier der »ZEIT« vom 14. Oktober 1988: Fließbandpflege – Notstand in deutschen Krankenhäusern: 60000 Helfer fehlen auf den Stationen. Es sind nicht nur die Patienten, die die fehlende Zeit beklagen, es sind auch die Pfleger und Schwestern, die darunter leiden, Zeit nicht ausreichend dem Patienten zur Verfügung zu stellen. Doch ist dies das Problem der diakonischen Krankenhäuser, ist dies nicht nur das Problem der Großkliniken? Es sieht nicht so aus.

Für die Thematik »Den Dienst geistlich leben« bedeutet dies: Geistlich leben ist nicht unter allen gesellschaftlichen Handlungsbedingungen gleich möglich. Zeit haben zur zuhörenden Sensibilität, zur Solidarität, zur Gemeinschaft und zum Dank setzt auch Arbeitsbedingungen voraus, die diese Zeit ermöglichen. Es geschieht nicht alles »in, mit und unter« der jeweiligen empirischen Wirklichkeit. Empirische Wirklichkeit verunmöglicht auch die geistliche Dimension diakonisch-christlichen Handelns.

Damit erscheint das Problem geistlichen Lebens in der Diakonie unter einem anderen Gesichtswinkel: unter dem Gesichtswinkel seiner strukturellen Seite. Geistlich leben heißt Arbeitsbedingungen geistlichen Lebens schaffen. Geistlich leben heißt auch, unter den Bedingungen etwa organisatorischen Handelns in der Gesellschaft Freiräume geistlicher Existenz zu schaffen, heißt, in der Gemeinschaft aller, die sich verantwortlich wissen, jenen Stil zu suchen und möglich zu machen, in dem geistliche Existenz wenigstens abgeschattet in Erscheinung tritt. Geistliches Leben ist von daher gesehen auch eine Frage des Führungsstils, der Mitarbeiterbetreuung, der Gesamtatmosphäre eines Hauses, die gepflegt sein will, weit über die Andachten in den Kapellen hinaus.

Was in diesem Sinne eigentlich notwendig ist, ist vermutlich kaum ausschließlich von den Bedingungen her schon ermöglicht, die der Sozialstaat schafft. Das Einspringen der christlichen Gemeinde in der Verantwortung für ihre Diakonie ist notwendig. Oder konkreter formuliert: Die vorgegebenen Richtlinien für den Umfang von Personal können nicht ausschließlich das Kriterium dafür sein, wieviel Personal wirklich in der Diakonie gebraucht wird.

Geistlich den Dienst leben ist Herausforderung für alle, die in der Diakonie mitarbeiten. Nur, es wäre zu einfach, wenn man die Problematik personalisieren würde; die strukturelle Komponente will gesehen werden. Strukturen schaffen nicht geistliches Leben, aber fehlende strukturelle Voraussetzungen können es behindern.

Sabine Fritsch

Innerhalb der Volkskirche, aus der sich die diakonische Mitarbeiterschaft weitgehend rekrutiert, bestehen recht konkrete Vorstellungen über den ersten Artikel des Glaubensbekenntnisses (Gott als Schöpfer) wie auch über den zweiten (Gott als Sohn und Heiland). Im Hinblick auf den dritten (Gott als Heiliger Geist) jedoch läßt sich ein erheblicher Mangel konstatieren. Dies hat Folgen für das persönliche Glaubensleben des einzelnen wie auch für die »Gemeinschaft der Heiligen«.

Die klassischen Felder diakonischer Arbeit entstammen den Bedürfnissen der christlichen Gemeinschaft (z. B. Gemeindekrankenpflege). Die Aufgaben wurden arbeitsteilig an Fachleute delegiert, inhaltlich jedoch mitverantwortet und spirituell mitgetragen z. B. im Gebet. Die Arbeit geschah zwischen Meditation und Engagement in einem Kreislauf von Gebet, gemeinsamem Leben und praktischer Umsetzung der Nächstenliebe. Diese Verbindung besteht heute kaum noch. Einerseits identifizieren sich Kirchengemeinden nur noch bedingt mit den diakonischen Aktivitäten. Zum anderen ist die Mitarbeiterschaft nur noch in geringem Maße in den Gemeinden verankert.

Wer nun tut den Dienst der Nächstenliebe? Zu 80 % Frauen mit einem familiennahen Beruf (z. B. Erzieherinnen, Krankenschwestern, Sozialarbeiterinnen). Bei genauerem Hinsehen lassen sich zwei Gruppen unterscheiden: die berufstätigen Familienfrauen und die alleinstehenden Berufsfrauen. Die erste Gruppe, wohl die zahlenmäßig größte, erlebt den Berufsalltag häufig als sehr belastend. Hier hört, wer zuhören kann, die meisten Klagen über berufliche Belastungen, schlechte Arbeitsbedingungen und mangelnden Beistand von seiten der verfaßten Kirche. Diese Frauen fühlen sich alleingelassen mit der diakonischen Arbeit und Verantwortung. Sie reklamieren die Gesamtverantwortung der Kirche für ihre Diakonie. Nicht selten erfahren diese Frauen Kritik, weil sie – im Gegensatz zu ihren Vorgängerinnen, den Diakonissen – im Gemeindeleben kaum präsent sind. Ihre familiären Verpflichtungen lassen ihnen wenig Spielraum für kirchliche Aktivitäten, so daß auch ein spirituelles Leben außerhalb der Familie kaum möglich ist.

Die zweite Gruppe, die alleinstehenden Berufsfrauen, lebt und arbeitet zwar unter den gleichen Bedingungen, hat aber meist einen – oft kleinen, aber vorhandenen – Freiraum für die geistliche Regeneration. Diese Frauen sind überwiegend verankert in christlichen Gruppen wie Hauskreisen oder in der Gemeinschaftsbewegung.

Dort erhalten sie das, was sie zur Bewältigung des Alltags brauchen: Im persönlichen wie gemeinschaftlichen Gebet erfahren sie Zuspruch und Kraft, erleben sie das Getragenwerden durch die Gemeinschaft.
Neben einer Fülle von organisatorischen Maßnahmen (verstärkter Einsatz von Ehrenamtlichen, mehr Mitarbeiter, als vom Personalschlüssel vorgesehen, z. B. Springersystem, bessere materielle Ausstattung) muß künftig eine spirituelle Zurüstung stehen. Dabei müssen die volkskirchliche Verwurzelung unserer Mitarbeiterinnen und ihre besonderen Lebensbedingungen Ausgangspunkt sein. Wir müssen geistliche Nahrung anbieten für unsere Mitarbeiterinnen, und zwar zu *ihren* Bedingungen. Das bedeutet, daß wir die Frauen nicht aus ihrer Umgebung herausholen sollten, um sie auf Rüstzeiten oder Einkehrtage zu schicken. Im Gegenteil: Wir müssen hingehen an ihre Arbeitsplätze und dort Angebote machen. Vor Ort müssen Freiräume geschaffen werden - z. B. durch vermehrten Einsatz von Personal -, um Spiritualität zu ermöglichen. Ich plädiere deshalb für ein dezentrales, organisiertes Angebot zur Förderung der persönlichen wie gemeinschaftlich geübten Spiritualität, das sich an den besonderen Lebensbedingungen unserer Mitarbeiterinnen orientiert. Zurüstung unter Idealbedingungen, fernab des Berufsalltags, wird ihr Ziel verfehlen, solange sie wegen der bestehenden Strukturen nicht im Alltag umgesetzt werden kann.
Außerdem erscheint es mir wichtig, daß die Kirchengemeinden ihre Verantwortung für die Diakonie wieder neu entdecken und wahrnehmen. Hierzu bedarf es entsprechender Informationen wie auch der Ermunterung. Ich stelle mir vor, daß die diakonische Mitarbeiterschaft beispielsweise im Gottesdienst in die Fürbitte eingeschlossen wird, daß man sie geistlich wie praktisch mitträgt. Hier liegen in den Gemeinden noch viele Talente brach.

Diakonie im Sozialstaat

Johannes Degen

Mit der Last der großdiakonischen Strukturen im sozialen Rechtsstaat und dem, was der Kirche mit der Diakonie auferlegt ist, ist es wie in folgendem afrikanischen Märchen:

Durch eine Oase ging ein finsterer Mann, Ben Sadok. Er war so gallig in seinem Charakter, daß er nichts Gesundes und Schönes sehen konnte, ohne es zu verderben.

Am Rand der Oase stand ein junger Palmbaum im besten Wachstum. Der stach dem finsteren Mann in die Augen. Da nahm er einen schweren Stein und legte ihn der jungen Palme mitten in die Krone. Mit einem bösen Lachen ging er nach dieser Heldentat weiter.

Die junge Palme schüttelte sich und bog sich und versuchte, die Last abzuschütteln. Vergebens. Zu fest saß der Stein in ihrer Krone. Da krallte sich der Baum tiefer in den Boden und stemmte sich gegen die steinerne Last. Er senkte seine Wurzeln so tief, daß sie die verborgene Wasserader der Oase erreichten, und stemmte den Stein so hoch, daß die Krone über jeden Schatten hinausreichte. Wasser aus der Tiefe und Sonnenglut aus der Höhe machten eine königliche Palme aus dem jungen Baum.

Nach Jahren kam Ben Sadok wieder, um sich an dem Krüppelbaum zu freuen, den er verdorben. Er suchte vergebens. Da senkte die stolze Palme ihre Krone, zeigte den Stein und sagte: »Ben Sadok, ich muß Dir danken, Deine Last hat mich stark gemacht.«

Verfasser: unbekannt

Ich will im Blick auf die Gesamtsituation der Diakonie in der Bundesrepublik eingangs einen grundsätzlichen Eindruck formulieren, ja eher eine These. Sie betrifft die krisenhafte Umbruchsituation, in der wir uns in der Diakonie befinden. Ich will hier, vom Äußeren zum Inneren gehend, nur kurz andeutend sagen:
Die Dienst- und Gemeinschaftsformen, die weit über ein Jahrhundert der neuzeitlichen Diakonie eine tragfähige Grundlage gegeben haben, sind kraftlos geworden. Wir operieren in diesem Zusammenhang zwischen den Extremen des depressiven Rückblicks einerseits und einer mutlosen Anpassung an die augenblicklichen Verhältnisse andererseits.

Wir tun uns schwer, Abschied zu nehmen von einer etwa 30jährigen Phase des rasanten quantitativen Ausbaus unserer diakonischen Dienste. Wie schaffen wir es – um ein Bild zu gebrauchen –, die Seele des unterdessen zu bemerkenswerter Größe heranwachsenden diakonischen Körpers wachsen zu lassen? Konkreter gefragt: Nehmen wir die Zeichen der Zeit wahr, die uns darauf aufmerksam machen, daß wir jetzt und in Zukunft weniger in Steine und Planstellen als in die vorhandenen Mitarbeiter investieren müssen?
Wir suchen nach Menschen, die ihre Mitarbeit in der Diakonie bewußt in ihr Christsein hereinnehmen, und wir meinen häufig (zu Recht, wie ich finde), daß es von solchen Menschen unter uns zu wenige gibt. Hier müssen wir m. E. deutlich sehen, daß wir in der Diakonie eben auch Anteil haben an der inneren Auszehrung der Volkskirche. Diese Feststellung kann uns in gar keiner Weise entlasten, im Gegenteil. Wir sind damit lediglich einer noch größeren Herausforderung ausgesetzt. Denn nun sind die Bemühungen um eine neue Beseelung der Diakonie engstens mit einer inneren Neuorientierung unserer Kirchen verknüpft.

Knappe Skizze der Gegebenheiten

Die intermediäre Stellung der Diakonie zwischen Kirche und Wohlfahrtspflege läßt sich in besonderer Weise an ihrer Finanzierung ablesen. Für 1980 sind die Betriebskosten für alle diakonischen Aktivitäten in der Bundesrepublik mit DM 7,94 Mrd. beziffert worden. Die Staatsquote liegt bei 38 %; die gesetzlichen Versicherungen decken 34 % ab, die Eigenmittel, überwiegend aus kirchlichen Haushaltsmitteln stammend, machen 11 % aus. Die jährlichen Investitionen liegen zusätzlich bei rund DM 400 Mio. pro Jahr. Darlehen und Zuschüsse seitens der Kirche decken hier zusammen rund 15 % ab, während der Staat 45 % der Investitionskosten trägt. Die Finanzstatistik der EKD für 1979 weist am Beispiel der Kindergartenfinanzierung nach, daß in den 17 Gliedkirchen bei höchst unterschiedlicher Gesetzesregelung in den einzelnen Bundesländern die Quote der für diese diakonische Arbeit eingesetzten Kirchenhaushaltsmittel bundesweit bei 25 % liegt. Bei einem Ausgabevolumen von DM 7,2 Mrd. für die EKD und die ihr angeschlossenen Gliedkirchen wurden 1979 allein DM 943 Mio. für die Kindergartenarbeit ausgegeben.
Die Diakonie in der Bundesrepublik versteht sich von ihrer Geschichte und ihrer gegenwärtigen staatskirchenrechtlichen Zuordnung her als kirchliches Handlungsfeld, das zum Sein der Kirche

konstitutiv dazugehört. In institutioneller Hinsicht ist sie aber zugleich als ein Wohlfahrtsverband formiert und folgt damit durchaus auch anderen als spezifisch kirchlichen Handlungslogiken. In rechtlicher Hinsicht wird sie sowohl von der Kirche als auch vom Staat normiert. In ihre Finanzierung teilen sich Kirche, Versicherungen und Staat. Theorie und Praxis der Diakonie müssen sich angesichts dieser differenzierten Zusammenhänge bewußthalten, daß das kirchliche Handlungsfeld Diakonie zur Zeit die komplexeste Vermittlungsebene zwischen Kirche und Gesellschaft darstellt. Theologische oder andere fachwissenschaftliche Einseitigkeiten und Vereinfachungen würden dieser Komplexität nicht gerecht werden. Hinsichtlich ihres Umfangs und ihrer gesellschaftlichen Einbindung hat die Diakonie der Bundesrepublik im Vergleich zu anderen Kirchen in hochentwickelten Industriestaaten eine singuläre Stellung.

Die intermediäre Stellung der Diakonie zwischen öffentlicher Wohlfahrtsproduktion und Kirchenorganisation bringt es mit sich, daß das diakonische Handeln sich hinsichtlich seiner Ziele und seines Selbstverständnisses immer zugleich in diese beiden gesellschaftlichen Teilsysteme hinein auslegen und entwerfen muß. Das schafft Spannungen und stellt das Verstehen und Verantworten der diakonischen Praxis vor erhebliche Schwierigkeiten. Einerseits: Einer einseitig ekklesiologisch abgeleiteten Diakonie müssen die in der eingespielten Kooperation zwischen freier Wohlfahrtspflege und staatlicher Sozialpolitik erreichten Handlungsstandards und Grundwerte immer neu zugemutet werden. Andererseits: Die Alltagsstile sozialer Arbeit werden in der Diakonie häufig auf eine sehr unbequeme Weise durch kirchlich-theologische Wertemuster herausgefordert. Das heißt: Die zwischen verfaßter Kirche und Sozialstaat eingespannte Diakonie läßt sich keiner dieser beiden Bezugsgrößen einseitig zuordnen, immer bedarf es der Kriterien, und zwar in Zustimmung wie in Kritik. Dies gilt sowohl gegenüber ›dem Sozialstaat‹ als auch gegenüber ›der Kirche‹, denn beide sind nicht frei davon, die gesellschaftlich sehr wirkungsvolle Diakonie in ihr jeweiliges System umstandslos einzuebnen. Die konfliktreiche Mehrdimensionalität im Blick auf Theorie und Praxis der Diakonie ist also unter allen Umständen festzuhalten.

Die Theologie wird in der fälligen Theoriediskussion um die Diakonie nicht so sehr die Aufgabe haben, sich einseitig für einen bestimmten Ansatz zu entscheiden. Allererst wäre es wohl notwendig, die unterschiedlichen Zugänge aufeinander zu beziehen und sie daraufhin zu befragen, welche Bezüge der diakonischen Praxis sie zu erhellen vermögen. Die Aufgabe einer dem diakonischen Handeln nachgehenden und dann auch vordenkenden Theologie ließe sich dreifach umschreiben:

Sie soll *erstens* die Dialogfähigkeit entwickeln und das Dialogwissen bereithalten, damit unter anderem sozialwissenschaftliche, politikwissenschaftliche und historische Sichtweisen in die Untersuchung des Ganzen der Diakonie einfließen können. Diese Dialogfähigkeit seitens der Theologie gilt es dann auch besonders im Blick auf den Handlungsalltag in der Diakonie zu fördern, denn hier wirken zahllose fachwissenschaftliche Logiken zusammen, die nicht einfach nur theologisch überformt werden können.

Zweitens hätte die Theologie im Blick auf die Praxis der Diakonie zu einer kritischen Zeitgenossenschaft anzuleiten. Die Stellung der Diakonie innerhalb des sozialen Rechtsstaats ist in besonders hohem Maße von der jeweils aktuellen Wirtschafts- und Sozialpolitik abhängig, und diese Bezüge sind in ihrem ständigen Wandel aufmerksam zu reflektieren.

Schließlich wäre es *drittens* die Aufgabe der Theologie, die Voraussetzungen und Ziele christlicher Nachfolge auf dem Feld der Diakonie im Sozialstaat verständlich zu begründen. Eine zwischen Sozialstaat und Kirche eingespannte Diakonie ist und bleibt notwendigerweise eine riskante Praxis, und deshalb kann deren theologische Reflexion nicht im Bereich theoretischer Richtigkeiten verharren, sondern sollte in diese Praxis einweisen und sie verstehend verändern helfen.

Die Bedeutung der Freien Wohlfahrtspflege und hier dann insbesondere der Diakonie wird für die inhaltliche Ausfüllung des Sozialstaatsgedankens auch auf die weitere Zukunft hin groß sein. Die Kooperation und Verflechtung zwischen öffentlicher und freier Wohlfahrtspflege sowie deren Integration in die staatliche Sozialpolitik ist selbstverständlich und verläßlich und damit eben auch zu einem der wichtigsten Eckpfeiler dieser Republik geworden. Die Diakonie hat zu ihrem Teil durch ihre tägliche Aufgabenerfüllung wie auch durch ihr sozialpolitisches Mitdenken und ihre Mitverantwortung einen großen Anteil am Erhalt dieses Sozialstaats und seiner Weiterentwicklung.

Die Zeichen weisen jedoch auf Veränderung. Die Leitbilder und die Prinzipien der Ausgestaltung des Sozialstaats stehen gegenwärtig zur Diskussion. Die öffentlichen Auseinandersetzungen um den Sozialstaat sind häufig noch von sehr undifferenziert vorgetragenen Positionen bestimmt. Die Art und Weise, wie der Ist-Bestand des Sozialstaats und der in seinem Auftrag geschehenden sozialen

Arbeit wahrgenommen wird, läßt den gewünschten Soll-Zustand vorerst nur erahnen. Die sozialstaatliche Begrifflichkeit bleibt in diesem Prozeß zwar häufig unverändert, wird aber derzeit auf neue Grundannahmen bezogen. Dabei ergeben sich Ambivalenzen, die es gründlich zu reflektieren gilt. Auf ein Beispiel bezogen: Für die Diakonie der Kirche ist der Grundsatz der Ehrenamtlichkeit von Hilfe (›Priestertum‹ aller Gläubigen, auch in diakonischer Hinsicht) immer von fundamentaler Bedeutung gewesen. Dies hat die Entstehung von Professionalität nicht verhindert, und es ist daher im Selbstverständnis der Diakonie bis heute wichtig, daß professionelle und ehrenamtliche Dienste einander ergänzen. Die zur Zeit laufende Diskussion um die Ehrenamtlichkeit des Helfens hat jedoch einen anti-professionellen Grundton und ist deutlich von einem einseitigen Kostensenkungsdenken bestimmt, das die erreichten professionellen Hilfestandards langfristig in Frage stellen könnte. Für die Diakonie besteht damit die Notwendigkeit, ihr Konzept von Ehrenamtlichkeit angesichts der veränderten Diskussions- und Entscheidungslagen erneut als plausibel zu vertreten.

Hier und in zahlreichen anderen Zusammenhängen wird die Diakonie ihre Stellung im Sozialstaat neu bedenken müssen, ohne damit aus ihrer grundlegenden und gesellschaftlich notwendigen Mitverantwortung für den Sozialstaat entlassen zu sein. Denn dies sollte auf Zukunft hin unmißverständlich festgehalten werden: Bessere Rahmenbedingungen als den gegenwärtigen Sozialstaat haben die Kirchen in ihrer Geschichte nie gehabt, um den ihr Kirche-Sein definierenden Auftrag zur Diakonie zu erfüllen.

Mitarbeit in der Diakonie

Wie stellt sich nun die Mitarbeiterschaft in der Diakonie zur Zeit dar? Ich kann zu dieser Frage nur eine ganz knappe Skizze bieten und auf weithin Bekanntes verweisen.

Die Mitarbeiterschaften in den gemeindlichen, regionalen und stationären diakonischen Diensten lassen die allgemein vertraute volkskirchliche Gemeindelage erkennen. Da gibt es zum einen die relativ große Gruppe der volkskirchlich ausgestatteten Mitarbeiter. Ihr mehr oder weniger dürftiges geistliches Gepäck in der Form des Konfirmandenwissens hat sie in die fachliche Ausbildung zu einem sozialen Beruf geführt und stellt nun die Grundausstattung für die Mitarbeit in der Diakonie dar. Ein kleiner Teil von ihnen hat vielleicht das Glück gehabt, die Ausbildung in einer kirchlich-diakonischen Schule absolvieren zu können, wo den Fragen des geistlichen

Wachstums der Auszubildenden besondere Aufmerksamkeit geschenkt wurde. – Eine andere Gruppe von Mitarbeitern ist eher zu den kirchenfernen Christen zu rechnen. Interessen an einem sicheren Arbeitsplatz spielen hier eine Rolle, vielleicht auch die Hoffnung, daß die Mitarbeit in der Diakonie den sonst üblichen Konkurrenzkampf etwas mildert. – Es gibt aber auch erklärte Nicht-Christen und Andersgläubige. Sie sagen von sich häufiger, daß sie »bloß human« tätig sein wollen, und das kann dann wie eine Entschuldigung klingen oder von der Vorstellung geprägt sein, daß »die anderen« Mitarbeiter überwiegend eine eindeutige, bewußt christliche Einstellung zu ihrer Arbeit hätten. – Schließlich kann es im Einzelfall auch kleine Zellen von Mitarbeitern geben, deren persönliches Zeugnis in der Arbeit ausstrahlt und andere Mitarbeiter veranlaßt, diese Art von Mitarbeit in der Diakonie als einen glaubwürdigen christlichen Dienst anzusehen.

Aus alledem ziehe ich folgenden Schluß: Diese so oder noch bunter zusammengesetzten Mitarbeiterschaften sind diakonische Mitarbeiterschaften. Wir haben kein Recht, hier diskriminierende Unterschiede zu machen, sondern haben diese volkskirchliche Gemeindelage als unser Arbeitsfeld nüchtern zu sehen und die damit verbundenen Chancen wahrzunehmen. Und hier liegen in der Tat Chancen: Denn die Glaubensstarken werden in solchen gemischten Mitarbeiterschaften vor frommer Arroganz bewahrt, und die Kirchenfernen und Suchenden haben die Möglichkeit, dem Evangelium zu begegnen. Das geistliche Wachstum von Mitarbeitern in der Diakonie muß auf diese Gesamtsituation hin gewollt und gefördert werden, nicht aber mit dem Ziel, die »wahrhaften Christen« aus diesem Zusammenhang herausbrechen zu wollen.

Dies alles läuft auf einen sorgsamen Umgang mit denen hinaus, die die tägliche Arbeit der Diakonie leisten. Wir haben uns dies im Diakoniewerk Kaiserswerth im Rahmen unserer Unternehmensplanung vorgenommen. Die Erfahrungen, die wir dabei miteinander gesammelt haben, lassen sich in einem kleinen Katalog zusammenfassen: Was dürfen die, die in einem diakonischen Unternehmen mitarbeiten, an ihrem Arbeitsplatz und innerhalb des vielfältigen Gemeinwesens, das dieses Werk darstellt, erwarten?

- Mitarbeiter in einem diakonischen Unternehmen sollen und dürfen erwarten, daß sie als Experten ihres Fachs gehört und ernst genommen werden. Alle Maßnahmen, die sie zu einer besseren Erfüllung ihrer fachlichen Aufgaben befähigen, sollten soweit als möglich gefördert werden. Das gilt besonders für die Teilnahme an berufsorientierten Fortbildungen.

– Mitarbeiter in einem diakonischen Unternehmen sollten eine regelrechte Einführung in ihre Mitarbeit erhalten, bei der deutlich wird, daß das ganze Unternehmen dem Zweck dient, den Auftrag zur Diakonie mit Leben zu füllen. Was heißt Diakonie heute unter den Bedingungen eines wohlhabenden Sozialstaats, was heißt Diakonie weltweit, und wozu verpflichtet dieses Ziel mich persönlich?
– Mitarbeiter in einem diakonischen Unternehmen dürfen erwarten, daß man damit rechnet, daß sie in der täglichen Arbeit ermüden, die innere Orientierung verlieren, daß der Boden unter den Füßen schwankt, der Glaube schwach wird. Dann ist es Zeit, mit Hilfe anderer, in gemeinsamer Anstrengung und mit Unterstützung des Unternehmens die eigenen Kräfte neu zu entdecken. Zeit, Räume und Geld müssen dafür bereitgestellt werden, wenn die Arbeit nicht zu einer mechanischen Leistungserfüllung werden soll.
– Wer Verantwortung für ein Team oder in einem Team von Mitarbeitern innerhalb eines diakonischen Unternehmens hat, sollte sich von Zeit zu Zeit in gemeinsamer Reflexion mit anderen Rechenschaft darüber geben, wie er seine Verantwortung wahrnimmt. Die Fähigkeit zum verantwortlichen Leiten kann man erwerben, man muß sie aber auch regelmäßig auffrischen.
– Mitarbeiter in einem diakonischen Unternehmen dürfen und sollen erwarten, daß sie als veränderungsfähige, gutwillige Menschen wahrgenommen werden, die mit gutem Mut, mit viel persönlichem Glauben und Hingabe für andere da sein wollen. Damit Mut, Glaube und Hingabe nicht einfach nur verbraucht werden, damit diese für die Mitarbeit in der Diakonie so lebenswichtigen Kräfte auch wachsen können, muß es Zeit für Seminare, für Freizeiten und Orientierungsphasen geben.

Was dieser Katalog an berechtigten Erwartungen enthält, läßt sich einerseits unter dem Stichwort »Personalerhaltung« fassen, zum anderen könnte man auch von Mitarbeiterfortbildung sprechen. Beides ist hier natürlich berührt und teilweise eingeschlossen; in einem diakonischen Unternehmen sollte man aber vielleicht besser von einer umfassenden diakonischen Qualifizierung der Mitarbeiter reden.

Zur theologischen Einordnung der Diakonie

Ich will nun aber noch einmal in einem gesonderten Gedankengang auf theologische Fragen, die sich mit der Diakonie stellen, zu sprechen kommen.

Was ist das bleibende Grundmuster der Diakonie? Die ›innere‹ Linie unserer diakonischen Arbeit können wir nicht selber entwerfen.

Sie ist vielmehr gegeben, und zwar durch das Grundmuster der Kirche. Kirche und Diakonie sind im Grundsätzlichen gleich und müssen es auch sein. Wäre es anders, dann würde diakonisches Tun zu etwas Abgeleitetem heruntergestuft, zu einer möglichen Auswirkung unseres Kircheseins, und damit könnte man im Zweifelsfall auch auf solche Auswirkungen verzichten. Wir müßten die Bibel zuklappen, wenn wir Diakonie in dieser Weise als eine beliebig zu vernachlässigende Ableitungsgröße ansehen würden.
Es ist aber eben doch anders. Diakonie und Kirche haben ein völlig übereinstimmendes Grundmuster, ein gemeinsames ›Wasserzeichen‹, das ich kurz sichtbar machen will:

- Diakonie und Kirche leben zuerst und immer wieder von dem gemeinsam und einzeln gehörten Evangelium. Aus diesem Hören heraus wächst die christliche Gemeinde, die ihre Gemeinschaft in vielfältigen Formen und Tischversammlungen feiert. So wird das Evangelium in unseren menschlichen Bezügen zur hörbaren und erfahrbaren Diakonie Gottes an uns. Und das ist etwas grundlegend Heilsames (Grundfunktion Verkündigung/Abendmahl).
- Diakonie und Kirche gedeihen in einem Klima, wo durch das beherzigte Evangelium gegenseitige Tröstung geschieht. Damit wandert die heilsame Kraft des Evangeliums in unsere mitmenschlichen Fähigkeiten ein und wirkt hier, trotz all unserer Begrenzungen, aufrichtend und befreiend (Grundfunktion Seelsorge).
- Diakonie und Kirche sind ein Feld, auf dem es durch das verstandene Evangelium zu einem lebenslangen Lernen kommt. Das Evangelium will eben nicht nur (aber auch) erfühlt werden, es muß auch verstanden werden, um eine Wirkungsgröße in unseren täglichen, sachlich-nüchternen Entscheidungen und Verantwortungsprozessen sein zu können (Grundfunktion Unterweisung).
- Diakonie und Kirche geben schließlich den Anstoß dazu, daß das leiblich angeeignete Evangelium (Abendmahl!) zu wechselseitiger Fürsorge anleitet. Das ist das Besondere der Menschwerdung Gottes, von der das Evangelium redet, daß sie unsere menschlich-körperliche Verfassung (Luther: dieser »Madensack«!) vollständig einbezieht. Diakonisches Tun in diesem Sinne bedeutet, daß dem Evangelium in seiner Kraft und Zielrichtung uneingeschränkt entsprochen wird (Grundfunktion Diakonie).

Dieses gemeinsame Grundmuster von Diakonie und Kirche läßt sich in mannigfacher Weise in unseren Alltag hinein verfolgen. Ich deute hier nur eine grundsätzliche Konsequenz an, von der im einzelnen sehr viel für die Lösung der auf uns zukommenden Mitarbeiterfrage abhängt. Ich gehe davon aus, daß Kirche und Diakonie jetzt erneut - zum wievielten Mal eigentlich seit Wichern? - dazu herausgefordert sind, sich wechselseitig zu durchdringen. Paul Philippi warnt nicht zu Unrecht vor dem Auseinanderfallen von Predigtkirche und Diakoniekirche. Konkret, und hier rede ich nun bewußt als Lobbyist der Diakonie, konkret muß die Kirche in inhaltlicher und materieller Weise so etwas wie einen Erwachsenenkatechumenat für alle in der Diakonie Tätigen mittragen. Jeder Mitarbeiter in der Diakonie soll, wenn er dies annehmen will, eingeladen werden können in die hörende, beherzigende, verstehende, fürsorglich miteinander umgehende Gemeinschaft der Christen. Dazu müssen Räume, Menschen, Anlässe und gute Ideen vorhanden sein.

Ich schließe diesen Teil meiner Überlegungen mit einigen Fragen, die ich als Provokation verstehen möchte:

- Wie geht es mit der Volkskirche weiter? Wird ihre Zukunft ohne die Diakonie geplant?
- Trauen wir uns die Verantwortung für kirchlich-diakonische Großstrukturen zu, oder ist unser Modell für den weiteren Weg von Kirche und Diakonie das der gesinnungstreuen Kleingruppe, in der alles gemessen wird an dem Grad des Gefühls der Wohligkeit?
- Wie gehen wir mit den ökonomischen Gegebenheiten in Kirche und Diakonie um? Verdächtigen wir uns als ›Wirtschaftskirche‹ und leben zugleich komfortabel in ihr?
- Was tun wir zur Humanisierung der Arbeitswelt in Kirche und Diakonie? Oder kann dies gleichsam ex definitione gar kein Thema sein?
- Bringen wir die Geduld auf, um den Durchgang durch die Sachprobleme der Diakonie zu wagen und zugleich deren theologische Reflexion zeitgemäß zu wagen?

Unternehmungen der Diakonie

Am Ende des Überblicks ausgewählter Problemstellungen zum Thema »Diakonie im Sozialstaat« will ich versuchen, einige meiner Überlegungen exemplarisch auf jenen Sektor der Diakonie zu beziehen, in dem ich seit 10 Jahren tätig bin. Ich meine die sogenannte Anstaltsdiakonie. In der Bundesrepublik gibt es rund 200 größere und kleinere Unternehmungen der Diakonie. Die folgenden Thesen stellen den Versuch dar, das unternehmerische Selbstverständnis dieses Zweigs der Diakonie idealtypisch darzustellen.

Die Unternehmung der Diakonie ist einerseits engstens eingewoben in jene Strukturen, die öffentliche Wohlfahrt in der Bundesrepublik herstellen; sie ist integraler *Bestandteil des Sozialstaats,* und

zwar in wirtschaftlicher wie in juristischer Hinsicht. Zum anderen ist sie aber auch *Teil der verfaßten Kirche.*
Hinsichtlich ihrer Ziele und ihres Selbstverständnisses muß sich die Unternehmung der Diakonie daher immer nach diesen beiden Seiten hin legitimieren, sich verständlich machen und ihren Sinn verdeutlichen. Das schafft immer neu Spannungen, die nicht grundsätzlich beseitigt, allenfalls jedoch gemildert werden können. Anders gesagt: Es gibt für die Unternehmung der Diakonie ein sozialstaatliches und ein kirchlich-diakonisches Verantwortungsmuster, und diese beiden Muster überschneiden sich zwar, sind aber keineswegs deckungsgleich und werden es auch niemals sein können. Auf allen Ebenen der Unternehmung muß das verantwortliche Handeln und Entscheiden auf diese Grundspannung bezogen sein.
Die Unternehmungen der Diakonie sind somit der lebendige, höchst spannende Dauerversuch, *sozialstaatlich vorgegebene Leistungsziele und kirchlich-diakonische Sinngebung* miteinander *vereinbar* zu machen und *dialogfähig* zu halten. Dies macht durch alle Ebenen hindurch, zwischen den unterschiedlichen weltanschaulichen Differenzierungen und über die Grenzen der jeweiligen professionellen Selbstverständnisse hinaus, ein partnerschaftliches Miteinander notwendig.
In einer kirchlichen Einrichtung wie einer Unternehmung der Diakonie muß der *kirchliche Sinn* »einen kleinen Vorsprung« vor allen anderen Sinnsetzungen und Wertsetzungen haben – ohne daß damit das partnerschaftliche Miteinander grundsätzlich in Frage gestellt werden darf. Gebäude, Grundstücke, Gepflogenheiten, die ›Ausstrahlung‹ aller hier geschehenden Arbeit – das waren und sind »Werke des Glaubens«, »Früchte der Liebe«, und sie werden schließlich auch immer wieder als solche (auch staatskirchenrechtlich) anerkannt. Es macht den spezifischen Sinn dieser Institution aus, daß sie Ausdruck dessen ist, daß jeder einzelne Christ und die Kirche insgesamt *zur Diakonie berufen* sind. Wo dieser Ausdruck, wo diese Kirchlichkeit/Christlichkeit nicht mehr gewollt ist, wäre dieser Sinn der Unternehmung verloren. Es muß deshalb zum Selbstverständnis einer diakonischen Unternehmung dazugehören, daß in ihr immer wieder und ernsthaft über das Verständnis des diakonischen Auftrags gesprochen und an seiner Konkretisierung gearbeitet wird.
Die Tatsache, daß die Unternehmung der Diakonie eine kirchliche Einrichtung ist, wird sich vor allem auf der Ebene der täglichen Abläufe und tatsächlichen Arbeitsziele als tragfähig bzw. nicht tragfä-

hig erweisen. Es geht hierbei um das *gelebte Menschenbild,* und zwar nicht nur im Hinblick auf ›den Klienten‹, sondern zugleich auch im Hinblick auf alle in der Unternehmung arbeitenden und lebenden Menschen. Es ist für alles diakonische Handeln von entscheidender Bedeutung, daß die Frage nach dem Woher und dem Wohin des Menschen in ihrer Bedeutung für das tägliche soziale Handeln gestellt wird und daß Antworten auf der Grundlage des Evangeliums als mögliche kritische Einsprüche unmittelbar zugelassen werden.

Menschen, die in einer Unternehmung der Diakonie fürsorgende Hilfe erwarten, dürfen damit rechnen, daß sie in ihrer Geschöpflichkeit erkannt und als gleichwertige Partner der Helfenden anerkannt werden. Sie dürfen nicht zu Opfern professioneller Einseitigkeiten, zu enger Wirtschaftlichkeitsüberlegungen oder Rationalisierungskonzepte werden. Auf diesem Niveau – nämlich dem der *realen Beziehungen* zwischen den hilfebedürftigen und den mitarbeitenden Menschen – wird sehr weitgehend darüber entschieden, ob die Unternehmung in ihren tatsächlichen Vollzügen ein »Werk der Kirche« ist.

Die Unternehmung, die ihren Auftrag zur Diakonie ernst nimmt, wird sich als ein großer Organismus verstehen müssen, in dem die Menschen mit ihren unterschiedlichen Gaben und Begabungen, aber auch mit ihren unterschiedlichen Aufgaben und Verantwortungsbereichen an der Steuerung des ganzen Werks beteiligt sind. Ein *beteiligender Stil* im Umgang miteinander gehört in ein wirklich ernst zu nehmendes Diakonie-Konzept hinein. Wer sich mit Zeit, Engagement, Geld, Ideen, mit einem erheblichen Teil seines Lebens in den Alltag der Diakonie begibt, wer tagtäglich eine die eigene Person voll beanspruchende Beziehungsarbeit leistet, sollte beteiligt sein an dem Geschick der Unternehmung.

Wo im Interesse der Sicherung der gesamten Unternehmung besondere Verantwortungen übertragen und übernommen werden, muß es eine Selbstverständlichkeit sein, daß sich diese Verantwortungsträger zu eingehender Informierung und zu regelmäßiger Rechenschaftslegung verpflichten.

Mit diesen Anforderungen bin ich bei der Mühe des Alltags in der Diakonie angekommen.

Anstaltsdiakonie und Gemeinde – am Beispiel Kaiserswerth

Renate Biebrach

Vorgeschichte
Die Parochie um die Diakonissenanstalt ist gleichzeitig mit dem Ausscheiden Theodor Fliedners aus dem Gemeindepfarramt entstanden: Mitte des vorigen Jahrhunderts.
Sie war immer zentriert um das geistliche Leben des Mutterhauses, dem sich die – zunächst wenigen – Angestellten der Anstalt (Ärzte, Lehrer, Pfarrer, Handwerker) mit ihren Familie anschlossen

Jetzige Situation
Als hundertdreißig Jahre nach der Gründung die Zahl der Diakonissen erheblich zurückging, haben »zivile Kräfte« die Arbeit der Diakonie übernommen. Sie prägen das Bild des modernen Diakoniewerks.
Die Anstaltskirchengemeinde sieht noch immer anders aus: Unsere »Feierabendschwestern« stellen zwar nur knapp ein Viertel der Gemeindeglieder dar, bilden aber gut zur Hälfte das Stammpublikum bei Gottesdiensten und größeren Veranstaltungen – und die »Kerngemeinde«.
Kerngemeinde sind – zusammen mit den rüstigen Diakonissen – diejenigen in der großen Mitarbeiterschaft, die am Ort wohnen, die mit Diakonissen vertraut sind und unsere Mutterhaustradition als Besonderheit der Anstaltskirchengemeinde schätzen.
Diese herzliche Verbundenheit ist das Ergebnis von Arbeit: Die pastorale Betreuung der »Zivilen« und die geistliche Versorgung des Mutterhauses wurden vor zehn Jahren in einer Pfarrstelle zusammengefaßt, weil die beiden Großgruppen auseinanderzufallen drohten.
Für den Wunsch, beide Gruppen zusammenzuhalten, war das Ziel ausschlaggebend, der modernen Diakonie die geistliche Substanz eines Mutterhauses zu erhalten und unter den jungen Mitarbeitern neue Träger der alten Ideale zu finden, neue Formen für Unaufgebbares zu erproben. Die Anstaltskirchengemeinde sollte ihre Motivation pflegen und Gemeinschaft anbieten. Die Anstaltskirchenge-

meinde erreicht selten mehr als 5–10 % der Mitarbeiter mit ihren Veranstaltungen.

Die Mehrheit der Mitarbeiter steht – obwohl die Mitgliedschaft in einer Kirche Einstellungsvoraussetzung ist – ihrer Kirche so nah oder so fern wie die Mitarbeiter einer beliebigen Düsseldorfer Firma.

Sie kommen aber fast alle in ein kirchliches Werk mit besonderen Erwartungen, z. B. in schwierigen Situationen auch selbst »diakonisch« behandelt zu werden.

Sie kommen zum Teil mit der Erwartung, in der Diakonie den Christen, der Kirche, dem Glauben neu und überzeugend zu begegnen.

Einige wenige erwarten auch, ihre Arbeit als »Dienst« (›Berufung‹, ›Nachfolge‹) in einer christlichen Dienstgemeinschaft tun zu können.

Das sind hohe, zum Teil unrealistische Erwartungen. Wie gehen wir damit um?

Hat die Anstaltskirchengemeinde dabei eine Aufgabe für das Diakoniewerk und im Gegenüber zum Diakoniewerk?

Rechtslage

Nachdem die Anstaltskirchengemeinde 150 Jahre lang ein selbstverständlicher Teil der Anstalt (mit Steuerungsfunktion nach innen) war, ist sie in unseren Tagen mehr aus finanziellen, aber auch aus theologisch-grundsätzlichen Erwägungen eine Gemeinde der Evangelischen Kirche im Rheinland geworden: Die Kirche zahlt; es gilt die Kirchenordnung. Das sind die neuen Bedingungen der alten Zusammenarbeit.

Diese neue Rechtslage macht die Kaiserswerther Situation übertragbar auf diakonische Einrichtungen ohne den Mutterhaushintergrund, die einfach auf dem Gebiet einer Ortsgemeinde liegen und mehr oder weniger mit ihr zu tun haben, übertragbar auch auf kirchliche Behörden, deren Mitarbeiter sich nicht selten Elemente von Gemeindeleben in der Verwaltung wünschen.

Die Anstaltskirchengemeinde nimmt den kirchlichen Auftrag »Verkündigung, Seelsorge und Unterweisung« im Bereich der Anstalt wahr. Unbeschadet der je eigenen Aufgaben weiß sie sich gemeinsam mit dem Diakoniewerk für die Erfüllung des diakonischen Auftrags verantwortlich (so weit Satzung und Vereinbarung).

Verkündigung
Die Anstaltskirchengemeinde trägt das vielfältige gottesdienstliche Leben der Anstalt. Damit bleibt bewußt, daß Diakonie eine Wesensäußerung von Kirche ist.
Die Gemeinde ist der Raum, wo sich Helfer und Empfänger von Hilfe auf gleicher Ebene begegnen können, und zwar in strengem Sinne ›vor Gott‹, aber auch praktisch: gesellig, gesellschaftlich. Das gleiche gilt für Mitarbeiter auf verschiedenen Stufen der Hierarchie des Werkes (natürlich will und kann nur ein kleiner Teil der Betroffenen die Rollen auf diese Weise verlassen; aber es ist grundsätzlich möglich).
Für die Mitarbeiter mag dabei die kritische Reflexion des Arbeitsalltags wichtig sein, für die Klienten: Trost, Ermutigung oder einfach Abwechslung. Jedenfalls brauchen grundsätzlich beide Gruppen, die so hart am Leiden arbeiten, ein substanzielles religiöses Angebot. Sie brauchen Gott.
Die Gemeinde, konkret: die Diakonissenschaft, begleitet die diakonische Arbeit in der täglichen Fürbitte.

Seelsorge
Die Anstaltskirchengemeinde trägt die Seelsorge in den Einrichtungen der Anstalt: im Krankenhaus, in den Altenheimen, im Mutterhaus und unter den Mitarbeitern.
Seitens der Patienten und Heimbewohner bestehen hohe Erwartungen an ein kirchliches Haus. In den meisten Fällen beziehen sie sich auf besondere persönliche Zuwendung des Pflegepersonals, in einzelnen Fällen auch auf das liturgische und seelsorgerliche Angebot.
Nicht selten werden diese umfassenden Erwartungen auf die ›Omnipräsenz‹ des hauptamtlichen Seelsorgers zurückgeführt. Dabei muß die Anstaltskirchengemeinde zusammen mit den betroffenen Mitarbeitern für eine bessere Personalausstattung eintreten.
Die Anstaltskirchengemeinde gewinnt und fördert ehrenamtliche Mitarbeiter/innen, z.B. Evangelische Krankenhaushilfe, Laienseelsorger, Besucherdienste. Sie fördert unter den Mitarbeitern Freundschaft, Gemeinschaft, gegenseitige Unterstützung – dienstlich wie privat.

Unterweisung
Die Anstaltskirchengemeinde ergänzt die pädagogische Arbeit verschiedener Einrichtungen, z.B. vertritt sie die religionspädagogische Seite im Kindergarten und -hort, sie macht Kindergottes-

dienst und Jungschar, Konfirmandenunterricht und Jugendarbeit. Diese Angebote werden sowohl von den Kindern und Jugendlichen der Heime als auch von den Mitarbeiterfamilien wahrgenommen. Diese Mischung ist sehr wünschenswert.
Die Anstaltskirchengemeinde pflegt Kontakt mit den Kollegien der Schulen und Ausbildungsstätten des Werkes, besonders mit den Religionslehrern. Es kommt regelmäßig zur Zusammenarbeit bei Jugendgottesdiensten, Festen, Projektwochen und in der Praktikantenbetreuung.
Dies sei besonders erwähnt: das Angebot eines kombinierten, einjährigen Diakoniepraktikums, verbunden mit der Teilnahme am geistlichen Leben des Mutterhauses.
Aus dieser intensiv betreuten Gruppe junger Frauen wachsen christlich engagierte, tragfähige Mitarbeiterinnen heran.
Die Anstaltskirchengemeinde ergänzt das erwachsenbildnerische Programm des Diakoniewerks um theologische und musische Veranstaltungen.
Sie bietet Teamsupervision und Balintgruppen auf Wunsch – und immer wieder den Rahmen dafür, daß Mitarbeiter in ›außerdienstlichen Räumen‹ selbstorganisierte Veranstaltungen durchführen.

Gemeinsame Verantwortung
Die Anstaltskirchengemeinde nimmt also ihre Mitverantwortung für die Erfüllung des diakonischen Auftrags wahr, indem sie Arbeit der Anstalt ergänzt und reflektiert.
Die neue finanzielle Unabhängigkeit der Gemeinde ermöglicht dabei wirksame Unterstützung (obwohl in unserem Fall das Diakoniewerk im finanziellen wie im personellen Volumen mehr als hundertmal so groß ist) – und: unabhängige Stellungnahme.
Das Diakoniewerk bietet der Anstaltskirchengemeinde ein Umfeld, in dem Arbeitswelt und Privatleben der Gemeindeglieder nicht getrennt sind. Sie überschneiden sich auf dem Feld der Diakonie, des Dienstes am Menschen – ein relevantes, fruchtbares Arbeitsfeld!

Schlußbemerkung
Wenn ich einen Bibeltext nennen soll, an dem ich mein Verständnis von Diakonie und Kirche gewonnen habe, dann ist es 2Kor 8 und 9: die Kollektenreise des Paulus für die Armen in Jerusalem. Diese Geldsammlung nennt er immer wieder kurz *»diakonia«*, wie auch die, die den Segen in Jerusalem verteilen sollen, die *»diakone«* sind.

Wichtig ist für Paulus zunächst *die Begründung* für diese diakonische Maßnahme: Der Überfluß der einen soll den Mangel der anderen füllen. Dieser Austausch hat auf der geistlichen Ebene bereits stattgefunden, nämlich in der Heidenmission; nun kommt es – nicht mehr als recht und billig – zum Ausgleich auf der materiellen Ebene.

Dieser Austausch ist die wahre Gemeinschaft der *einen* Kirche in Christus.

Zusätzlich und tiefer gibt Paulus eine christologisch-mystische Begründung: Weil Christus für uns Menschen arm geworden ist, um uns seinen göttlichen Reichtum zu schenken, sollen auch wir uns entäußern – wir werden dabei erfahren, daß uns Gott gerade darin reich macht.

Wichtig ist für Paulus weiter *die innere Haltung des Gebenden*: Wenn er freiwillig und gerne, ohne Nebenabsichten, schenkt, dann gibt er – ein gesegneter, von Gott geliebter Mensch – den Segen und die Liebe Gottes weiter. So soll es sein.

Dann kommt die Diakonie zu ihrem letzten *Ziel*: im Dank der Beschenkten – an Gott (wörtlich: *eucharistia*). Das gemeinsame Lob Gottes und die herzliche Anteilnahme aneinander ist die Einheit der Kirche.

So gewinnt Paulus der materiellen Hilfe einen entscheidenden geistlichen Sinn ab.

In Anwendung auf das Thema »Anstaltsdiakonie und Gemeinde« bedeutet das:

Wenn die Diakonie ihre christliche Identität und ihren kirchlichen Charakter behalten soll, ist es wichtig, daß wenigstens eine kleine Gruppe den tiefen, geistlichen Sinn der Diakonie wahrnimmt, der für alle gilt.

In der Berufswahl, in der Wahl des Arbeitsplatzes, in den Grenzerfahrungen, die der diakonische Alltag fast täglich beschert, ahnen alle den Sinn, suchen nach Worten. Diese Worte zu sagen, Zeit und Platz für die Suche zu haben ist der Dienst (die Diakonie) der Gemeinde an der (Anstalts-)Diakonie.

IV
Berichte aus den Gesprächsgruppen

Zum Thema: Die Bibel diakonisch lesen

Helmut Millauer

1 Die Sendung zum Dienst läßt sich in der Diakonie der Rechtfertigung begründen: Der Gerechtfertigte kann aus Liebe handeln und sozial tätig sein, ohne unter einem Leistungsdruck zu stehen. Er übt seinen Dienst dann sowohl im Auftrag der Gesellschaft wie im Auftrag Gottes aus.

2 Nicht wenige Mitarbeiter kommen mit einer starken, wenn auch unreflektierten Motivation in diakonische Arbeitsfelder. Sie suchen nach einer »lohnenden« Arbeit nicht nur im Blick auf die Verdienstmöglichkeiten. Diese Mitarbeiter erwarten und benötigen seelsorgerliche Begleitung und theologische Fortbildung. Sie sollten auch in der Art, wie wir mit ihnen umgehen, Rechtfertigung erfahren.

3 Es war eine Stärke der »Väter« der Diakonie, zur rechten Zeit die Bibel aufzuschlagen und ins Gespräch zu bringen. Deshalb müssen auch die Verantwortlichen in der Diakonie befähigt werden, das Zeugnis des Evangeliums weiterzuvermitteln. Nur wenn sie mit dem Dienst der Mitarbeiter vertraut sind, ist ihnen die Umsetzung theologischer Aussagen möglich.

4 Jesus hat seine Jünger zu zweit ausgesandt. Leiter von diakonischen Einrichtungen stehen in der Regel sehr einsam in ihrem Verantwortungsbereich. Wo erfahren sie Zurüstung und Seelsorge? Läßt der Terminkalender eigenes geistliches Leben zu? Bleibt bei den äußeren Notwendigkeiten (BAT-AVR-MAV usw.) noch Spielraum für ein Handeln im Geist des Evangeliums?

Albrecht Roos

1 Für Klaus-Peter Jörns heißt »die Bibel diakonisch lesen« vor allem: die Bibel kirchlich lesen. Christus bestimmt die Struktur der Kirche. Die Kirche ist Christus »als Gemeinde existierend«. Chri-

stus ist in der Gemeinde als der Lebendige gegenwärtig. Die Struktur der Kirche wird mit dem »Gesetz Christi« gleichgesetzt, das es in der Nachfolge zu erfüllen gilt. Es ist bestimmt von den Handlungsweisen »orare, credere und convivere«. Jörns ist an der Identifizierbarkeit der Kirche in ihrer konkreten Gestalt interessiert. Die Kirche ist ihrem Wesen nach diakonisch.
In der Gruppe wurde der Ansatz von Jörns zum Teil als problematisch, zum Teil als ›gesetzlich‹ empfunden. Das Interesse am Ordo der Diakonie verstellt den Blick für ihre Dynamik. Die Angst vor dem Verlust der Identität und vor »chaotischen Zuständen« scheint den Ansatz von Jörns zu beeinträchtigen.
Offensichtlich hat Jörns diese Gefahr selbst empfunden und stellt der statischen Betrachtung eine zweite, mehr dynamische zur Seite. Sie beschreibt das Leben der Gemeinde als eine polare Spannung von Intensität und Extensität. Es geht im Gemeindeleben um die Bildung der Person durch das Evangelium, um die Prägung des einzelnen Christen durch den in der Eucharistie empfangenen Christus, der sein Leben zum Dienst gab. Diese intensive Prägung ist Voraussetzung für eine Beeinflussung des sozialen und politischen Umfelds der Gemeinde im Geist Jesu Christi. Offenheit und Prägung müssen im Gleichgewicht sein. Es geht um die Aufrechterhaltung eines Gravitationsfeldes, das in Christus seinen Bezugspunkt hat.
In der Gruppe wurde die Betonung des konkreten Zusammenlebens, die Überwindung der Professoren-Reformation des 16. Jahrhunderts, die Jörns anstrebt, weitgehend begrüßt. Es bestanden aber einige Schwierigkeiten im Umgang mit der gewählten Begrifflichkeit. Der Wunsch, Diakonie im Kirchesein zu verankern, wird bejaht, die Forderung der Öffnung nach außen und die Ausrichtung auf den Mittelpunkt Christus scheinen nicht einsichtig verknüpft zu sein.

2 Für Gerd Theißen bedeutet das Motto »Die Bibel diakonisch lesen« vor allem, die Bibel zeitgemäß und mit den konkreten Fragestellungen aus der diakonischen Arbeit zu lesen. Es geht um eine Befragung des Neuen Testaments nach dem Verständnis von Hilfe und nach den Grundlagen christlicher Anthropologie. Im Unterschied zu Jörns setzt Theißen beim 1. Artikel ein. Hilfehandeln ist ein allgemein-menschliches Phänomen. Das »Für-Sein« ist nach Heidegger ein Existential.
Bei aller Zustimmung und Begeisterung über die Frische und Direktheit der Sprache bei Theißen regten sich in der Arbeitsgruppe

auch Widerspruch und Unbehagen. Gefragt wurde etwa: Führt eine Exegese, die von den Fragestellungen heutiger Sozialarbeit bestimmt ist, nicht zu einem verengten Blick für die Botschaft des Evangeliums? Sind in den von Theißen erhobenen Fragen nicht primär Themen aus der sozialpolitischen und fachlichen Grundsatzdiskussion von gestern aufgenommen? Kommt die Gemeinde bei einem solchen Denkansatz überhaupt in den Blick? Handelt es sich bei Theißen nicht um eine Wiederanknüpfung an die liberale Theologie? Ist Jesus der Verkündiger, nicht der Verkündigte? Wird nicht an Adolf von Harnack und seine These vom unendlichen Wert der menschlichen Seele angeknüpft?
Trotz dieser Bedenken sah die Gruppe in den Ausführungen von Theißen viele positive Ansätze für eine weiterführende Interpretation der Diakonie. Der Schöpfer und der Erlöser ist derselbe. Das Wunder der göttlichen Liebe tritt in der Suche nach dem Verlorenen in Erscheinung. Gott offenbart seinen Willen, den Menschen zu seinem Partner zu machen. Bei Theißen wird der eschatologische Vorbehalt durchaus anerkannt. Der Mensch muß seine Unerlöstheit eingestehen. Er darf aber nicht darauf festgelegt werden.
Der Ansatz von Theißen enthält viele Anregungen zum Weiterdenken. Die Verbindung von Diakonie und Ekklesiologie ist freilich zuwenig im Blick.

Reinhard Neubauer

Die Aussprache konzentrierte sich bald auf nur zwei der vorgegebenen Komplexe:
- Mehrdimensionale Auslegung der Schrift
- Die Bibel diakonisch lesen

Es zeigte sich rasch, daß hier die eigentlichen Schwierigkeiten der Mitglieder der Gesprächsgruppe liegen. Mit zwei Ausnahmen waren wir Theologen, die sich der Bibel verpflichtet wissen, weil diese das Beste und eigentlich das einzige ist, was wir wirklich in der Hand haben. Auf dieser Verpflichtung liegt in unserem Aufgabenverständnis deutlich als Auflage, daß wir alle aus der Schule historisch-kritischer Methoden kommen, denen wir viel verdanken, hinter die wir nicht zurück wollen und deren Insuffizienz doch schon längst zutage liegt. Außerdem wird die Verpflichtung gegenüber der Bibel dadurch dringlich, daß in diakonischen Einrichtungen heutzutage mehrheitlich Mitarbeiter zu finden sind, die eine

positive Einstellung zu ihrer Arbeit, zur Bibel aber so gut wie gar keine Einstellung haben. Diese gemeinsamen, persönlichen und beruflichen Schwierigkeiten waren deutlich der Hintergrund unseres ganzen Gesprächs.
Mir fällt immer wieder auf, daß wir bei der Auslegung der Schrift emsig bemüht sind zu zeigen, daß wir unsere historisch-kritischen Schulaufgaben gemacht haben, und im nächsten Moment machen wir im Blick auf alle historisch-kritischen Methoden doch deutlich die Bewegungen eines Schwimmers, der um alles in der Welt aus dem Sog eines untergehenden Schiffes herauskommen will. Vielleicht ist dies eine zu negative Interpretation des im Symposion behandelten Begriffs der »mehrdimensionalen Auslegung der Schrift«, doch ich konnte mich dieses Eindrucks nicht erwehren. Man weiß ja längst, daß die Lehrer der historisch-kritischen Methode zwar recht kritisch im Blick auf die Überlieferung biblischer Texte, aber ganz und gar unkritisch gegenüber dem eigenen Zeitgeist waren. Wir wurden uns klar, daß die »Mehrdimensionalität« im Grunde etwas Einfaches will, nämlich die Kategorie der Betroffenheit in die Auslegung der Schrift neu einführen. Jedenfalls war uns Betroffenheit wichtiger als der Ausdruck »Die Bibel diakonisch lesen«, denn wir meinten, daß man die Bibel nur richtig lesen muß, dann liest man sie von allein diakonisch. Die Bibel richtig zu lesen – das ist natürlich ein Bekenntnissatz, gesprochen von dem Herrn her, der sich selbst zum Diener aller gemacht hat und die Mitte der Schrift ist. Wir probierten uns auch länger an dem Begriff der ›Ganzheitlichkeit‹, fanden ihn aber doch etwas modisch belastet, also ungenau. ›Betroffenheit‹ war uns lieber, vor allem auch, weil die historisch-kritische Methode, ganz gegen Rudolf Bultmann, die Ausleger der Schrift in die Ecke der Kenner gebracht hat, die ihr Metier beherrschen, ja sogar in die Ecke der Besserwissenden. Am Ende tauschten wir ganz einfache Gedanken darüber aus, wie wir wieder dahin kommen können, daß in der Diakonie die Bibel gemeinsam gelesen wird, also mit Einbringung der Erfahrungen aller, die am Gespräch teilnehmen; anders geht es nicht mehr. Diese Gedanken mündeten dann wiederum in die Frage, wie wir unsere Mitarbeiter überhaupt erst einmal an die Bibel heranführen können. Wenn sie bei der Bibel sind, werden sie ganz von allein die eigentümliche Kraft dieses Buches für ihr Leben entdecken.

Peter C. Bloth

Die Bibel diakonisch lesen – das klingt nach Reklamieren der Bibel für Diakonie, nach Vereinnahmen unter die Rubriken dessen, was wir alles ohnehin längst machen. Nivelliert es nicht gar den absoluten Vorrang der Bibel, das ›sola scriptura‹? Führt es statt dessen nun zu einer – natürlich gutgemeinten – Verzweckung des Vorsprungs der Bibel, des ›extra nos‹ mit seinem doppelsinnigen ›pro nobis‹? Zu einer neuen, subtiler begründeten Gestalt von »Dünkeldiakonie«?
Man entkommt solchen Fragen nur scheinbar mit der Klage, es fehle gerade in der diakonischen Arbeit und ihren Organisationsformen an Zeit zum sachgemäßen Bibellesen; es müsse zuerst das Leben der Bibel gelernt werden, nicht nur ihrer unterrichtsgemäß präparierten Surrogate und Kopien. Entdeckung *und* Freigabe der Bibel müssen aber wohl zugunsten ihres diakonischen Lesens zusammengehen. Denn die Bibel ist zwar längst kein Buch des Klerus oder der Schriftgelehrten mehr; sie ist aber ebensowenig schon das Buch der Gemeinde, so daß alles, was sie sagt, über alle und zu allen spricht. Damit dürfte die geistliche Dimension und Gestalt der diakonischen Werke und Einrichtungen nicht kritischer unter die Perspektive der Bibel geraten als die Gemeinden selbst. Vielleicht liegt in solcher Einsicht der erste und wahrhaft diakonische Dienst, den uns zunächst die Bibel tut – und *so* lassen wir als erstes die Bibel *ihren* Dienst tun, wenn wir sie diakonisch lesen. Hier liegt der Hauptgrund, warum Diakonie nicht ohne die Bibel leben kann.
Die Bibel diakonisch lesen: Das führt dann, erst dann zu einer Bewahrheitung des ›pro nobis‹ im wechselseitigen und gemeinsamen »Lesen für andere«. Bibellesen *und* Diakonie, recht verstanden, sperren sich gegen alle Delegierungen, nennen sie sich auch »Stellvertretung«. »Von wem laßt ihr lesen?« ist hier ebenso unzulässig wie »Von wem laßt ihr dienen?« Delegation *als* Hierarchie, ›Vertretung‹ *als* ›Herrschaft‹ – zeigen sich in solchen scheinbar demokratischen Strukturprinzipien, die ja auch der Diakonie im sozialen Rechtsstaat nicht fremd sind, die modernen Differenzen, ja Widersprüche zwischen dem ›Ist‹ und dem ›Soll‹ von Mk 10,43 und Mt 20,26? Schon bei Fragen wie dieser geht es ohne diakonisches Bibellesen nicht ab und nicht weiter. Und das ist doch allenfalls der Anfang ...

Ulrich Eibach

Christian Möller weist in seinen einleitenden Ausführungen insbesondere auf Jesu absichtsloses, nicht berechnendes, selbstvergessenes Tun der Barmherzigkeit hin, das in der Verborgenheit geschieht. Er möchte diese »Selbstvergessenheit« abgegrenzt wissen gegen die Selbstverleugnung wie auch gegen die heutige gängige Forderung nach Selbstverwirklichung. Die organisierte und professionalisierte Diakonie stehe in der Gefahr, sich vor anderen und auch gegen andere legitimieren zu müssen und nicht mehr spontan auf Herausforderungen antworten zu können. Dazu sei eine diakonisch wirkende Gemeinde eher befähigt.

Die Frage bleibt allerdings bestehen, ob dieses Plädoyer für eine diakonische Gemeinde eine Klärung der Ziele und der Rangordnung der Ziele diakonischen Handelns ersetzt. Offen bleibt, ob es auf der Ebene der Ziele ein spezifisch christliches diakonisches Handeln geben kann, das durchsichtig ist auf die »Diakonie Gottes bzw. Christi« hin und das zur Nachahmung und zum Lob Gottes herausfordert (Mt 5,13-16).

Nach dem Vortrag von Gerd Theißen herrschte Einigkeit, daß »Helfen« ein allgemein-menschliches Phänomen ist, deshalb aber noch nicht den Charakter der »Liebe« haben muß, wie sie von Jesus Christus verkündigt und gelebt wurde. Die von Theißen genannten christlichen Gesichtspunkte (antihierarchisches Grundmotiv der Liebe, antiselektionistisches Prinzip, Liebe als Korrektiv zur Selbstverwirklichung und als geschenkte Selbstverwirklichung) müssen im diakonischen Handeln Gestalt gewinnen und haben dies von der Zeit der Alten Kirche bis zum Neuaufbruch evangelischer Diakonie im 19. Jahrhundert immer wieder getan. Gefragt wurde, inwieweit die heutige Diakonie dafür noch hinreichend offen ist, ob z.B. mit der Orientierung an Therapie und Resozialisierung die »Unheilbaren« nicht aus dem sozialen Netz herausfallen und ob die Diakonie aufgrund ihrer finanziellen Abhängigkeit vom Staat und aufgrund der enormen Ausweitung ihrer Tätigkeitsfelder überhaupt noch hinreichend christlich geprägte Mitarbeiter hat, um die Diakonie mit christlichem Geist zu durchdringen. Dennoch ist es wichtig, auf der Basis der von Theißen aufgezeigten und anderer christlicher Motive Kriterien zu entwickeln, die diakonisches Handeln auch auf der Ebene der Ziele für die Gestaltwerdung christlicher Überzeugungen offenhalten, gegebenenfalls auch in bewußter Absetzung von sonst üblichen gesellschaftlichen Überzeugungen und Handlungen.

Es ist zu beobachten, daß viele Mitarbeiter ihren Dienst im Bereich der Diakonie mit christlichen oder sonstwie achtenswerten Motivationen beginnen, daß diese aber unter dem Druck der oft leidvollen Alltagserfahrungen mitunter sehr schnell zusammenbrechen. Diakonie darf nicht nur Dienst fordern, sondern hat auch aufzuzeigen, von woher die Kraft zum Dienst und zur »Nächstenliebe« kommt und wie sie Gestalt gewinnen kann in der alltäglichen Arbeit; sie hat entsprechende Angebote zu machen. »Die Bibel diakonisch lesen« heißt daher vor allem, die Bibel und das ihr entspringende geistliche Leben als Quelle dieser Kraft aufzuschließen, so daß der Mensch sich im diakonischen Handeln weder selbst verwirklichen noch selbst verlieren muß, sondern mit seinen begrenzten und endlichen Gaben dem Nächsten dienen und die Belastungen und Spannungen der alltäglichen Arbeit aushalten kann, ohne zu fliehen oder in Routine zu verfallen. Als Handeln des endlichen und zudem sündigen Geschöpfs bleibt Diakonie vorläufiges, unvollkommenes, ja sündiges Handeln, das bestenfalls Hinweis sein kann auf das umfassende heilende Handeln Gottes, das seinem Wunder der Neuschöpfung vorbehalten bleibt. Diakonie darf sich nicht unter den Zwang setzen lassen, durch menschliches Handeln alles Leiden aus der Welt verbannen zu können und ein ungebrochenes Wohlbefinden für Menschen erzeugen zu wollen. Einübung in heilsame Begrenzungen tut not an Stelle von stetiger Ausweitung von Tätigkeitsfeldern und Anforderungen.

Zum Thema: Den Dienst geistlich leben

Christian Bühl

Unter der Prämisse, daß wir in der Diakonie wie bei der Verkündigung auf das Kommen des Heiligen Geistes angewiesen sind, darauf aber auch vertrauen können, war der Austausch über recht unterschiedliche Erfahrungen mit geistlichen Lebensvollzügen (in Kirchengemeinden, in der Studentenschaft an Hochschulen und in Diakoniewerken) gleichermaßen hilfreich und entlastend. Nüchterne Zustandsbeschreibungen und die Wahrnehmung bedrückender Defizite im geistlichen Grundverständnis des Dienstes bei der Mitarbeiterschaft ließen deutlich werden, daß Diakonie voll und ganz teilhat an den Schwächen der Volkskirche, aber auch an ihren Chancen. Deshalb wurde, zwar in großer Behutsamkeit und Bescheidenheit, aber doch zuversichtlich vom Wirken des Heiligen Geistes geredet und der Versuchung widerstanden, rückwärtsgewandt Vergangenheit zu beschwören und in die Klagelieder über das Erscheinungsbild der Diakonie in der Gegenwart einzustimmen. Dabei wollte man das Wirken des Geistes Gottes möglichst nicht einengend verifizieren (etwa bei geistlichen Trägergruppen und bei einem in kirchlicher Tradition verwurzelten Mitarbeiterstamm). Wiederholt wurde das Anliegen betont, geistliches Leben solle nicht abgrenzend und ausgrenzend wirken, sondern anstekkend und einladend. Dies ließ Weite, Offenheit und Hoffnung spüren und stellenweise recht unkonventionelle Vorstellungen vom geistlichen Leben zu.
»Den Dienst geistlich leben« wollte man freilich nicht nur so verstanden wissen, als gehe es dabei lediglich darum, persönlich im Glauben zu stehen oder additiv die Arbeit mit Gottesdienst, Andacht und Gebet zu verbinden. Vielmehr wurde auf die Bereitschaft und Befähigung abgehoben, den Dienst auch geistlich zu tun. So wurde beispielsweise gefragt, ob es einen »geistlichen Arbeitsbegriff« gebe. Denn geistliches Leben äußere sich nicht nur in unserer Motivation, sondern auch im Gebrauch der Mittel und in der Ausrichtung unseres Handelns auf bestimmte Ziele; es werde konkret und dränge auf Ganzheitlichkeit im Umgang mit den Erkennt-

nissen, Menschenbildern und Methoden der Humanwissenschaften (z. B. in der Pädagogik, in der Psychotherapie und in der Medizin – von der Intensivmedizin bis zur Heilkunde archaischer und magischer Art, mit der wir oft konfrontiert werden).
Integration in diesem Sinn – ein ganzheitlicher Lebensvollzug – könne freilich kein Programm sein. Sie sei vielmehr zu verstehen als eine – wenigstens in Ansätzen versuchte – geistliche Durchdringung der verschiedenen Bereiche des Lebens und Dienstes. Eine Teilnehmerin meinte: »Es gilt, bei einem Kern anzufangen, dann geht es weiter in konzentrischen Kreisen«, z. B. wo Christen dankbar aus der Freude ihres Glaubens leben. Es war hilfreich, sich dabei bewußtzumachen, daß geistliches Leben – in welcher Form und in welchem Bereich auch immer – nicht das Gegenteil ist von weltlichem Leben, worauf Gerhard Ruhbach in seinem Referat aufmerksam gemacht hatte, vielmehr ein Leben im Geist und nach dem Geist (Gal 5,25) – auch unter den Bedingungen einer säkular gewordenen Welt. Dabei wird viel darauf ankommen, wie wir Mitarbeiter, für die »das diakonische Postulat ›den Dienst geistlich leben‹ ... ein böhmisches Dorf ist«, auf die Merkmale geistlichen Lebens ansprechen. Die anthropologischen Kategorien im Referat von Ruhbach (Dankbarkeit, Wandlung/Verwandlung, Gelassenheit, Ermutigung und Gemeinschaft) waren für diese Überlegungen anregend. Bei den geistlichen Angeboten an die Mitarbeiterschaft erscheinen indes institutionelle und strukturelle Stützen und Unterstützungen nötig, insbesondere auch Angebote zur Gemeinschaftsbildung und Einübung »geistlicher Geschwisterschaft«. Sie sollten offen für alle Mitarbeiter sein und »geistliche Zellenbildung« ermöglichen, aber auch »Entlastungsräume sein zur Aufarbeitung der Leiden dieser Zeit«. Für besonders wichtig gehalten wurden Angebote an Mitarbeiter mit Grundkursen über »Glauben und Diakonie«. Mut gemacht wurde noch zu neuen kreativen Formen der Bibelarbeit und Liturgie, zur Aneignung neuen Liedguts, zu neuen Lernformen, die »Einübung« erleichtern. Die Gruppe vermißte, daß während der Tagung die geistliche Kommunikation in liturgischer Form – insbesondere auch eine Eucharistiefeier – fehlte.

Hermann Steinkamp

Die deduktive, d. h. zentrale Begriffe auslegende Vorgehensweise, die für das Symposions-Konzept insgesamt prägend war, bestimmte zunächst auch die Gruppenarbeit: Helmut Millauer hatte in seiner ersten These den Topos »Vorbild Jesu« ins Gespräch gebracht, dessen erste Phase sich eben damit beschäftigte. Was Wunder, daß bei dieser Methode die sog. »Theoretiker« »das Sagen hatten«, die sog. »Praktiker« eher zuhörten. Der »Überfluß an Worten« – als Problem der derzeitigen Diskussion um die Diakonie schon am Morgen von Eberhard Winkler aufgezeigt – ließ zunächst konzeptuelle und theologische Positionen latent. Erst die massive Kritik eines Teilnehmers an der fehlenden politischen Dimension der Symposions-Thematik brachte die Kontroversen zutage. »Vorbild Jesus« oder »Praxis Jesu«? Diakonie als Lückenbüßerin, immer neue Notverbände anlegend statt die gesellschaftlichen Ursachen von Not politisch zu attackieren? Einzelhilfe an dem, der unter die Räuber fiel, statt dafür zu kämpfen, daß die Räuberei aufhört?

Die Frage, welchen Status und welche Struktur eine (theologische) Theorie der Diakonie für die Handhabung solcher Kontroversen leisten könnte/müßte, spitzte sich am Nachmittag zu: Die Kritik an den weitgehend geschichts- und kontextlosen Ausführungen des Vortrags von Gerhard Ruhbach löste die spannende Suche nach einer adäquaten Diakonie-Theorie aus. Was sollte sie sein, wenn nicht Überbau, nutzlose Begleitmusik zu einer Praxis, die auch ohne sie funktioniert? Glasperlenspiel mit theologischen Begriffen, dem die Praktiker allenfalls fasziniert zuhören, das bei ihnen aber nur die zweifelhafte Bewußtseinsform erzeugt, »es immer noch perfekter machen zu müssen«. Daß eine Theorie dringend benötigt wird, die demgegenüber dem Praktiker hilft, »zu verstehen« (»Supervision« wurde in dem Zusammenhang als Modell genannt), war schließlich das Fazit, das im Rückblick auf das laufende Kolloquium als mühsame Suchbewegung konstatiert und als Desiderat für weitere Versuche dieser Art angemeldet wurde.

Peter Schlaich

Beispiele gelungenen geistlichen Lebens in diakonischen Einrichtungen

Das Thema der Arbeitsgruppe »Den Dienst geistlich leben« wurde für mich eindrücklich illustriert durch die Schilderung des Berliner baptistischen Bethel-Krankenhauses. Eine lebendige baptistische Ortsgemeinde (260 Gemeindeglieder) »trägt« die Arbeit des

Krankenhauses und hat sich das geistliche Leben in diesem Krankenhaus zur Aufgabe gemacht. Das Krankenhaus ist der »Sitz im Leben« dieser Gemeinde. Am Sonntagsgottesdienst in diesem Krankenhaus nehmen regelmäßig 250 Gemeindeglieder und die Patienten des Krankenhauses teil.
Zusätzlich zum Krankenkassen-Stellenschlüssel werden vom Diakoniewerk Bethel Diakonissen im Stationsdienst eingesetzt für Seelsorgeangebote. Das Gespräch und das Gebet der Diakonissen wird von den Patienten besser angenommen als der Dienst des Krankenhauspfarrers.
Das Berliner Allgemein-Krankenhaus Bethel hat eine Auslastung von 95 %, weil viele Berliner gezielt in diesem Krankenhaus behandelt werden wollen wegen seiner Seelsorgeangebote. Das Krankenhaus Bethel in Berlin wird daher bei der Reduzierung der Berliner Krankenhausbetten ausgenommen.
Solche Beispiele gelungenen geistlichen Lebens in diakonischen Einrichtungen sollten kontinuierlich beschrieben und veröffentlicht werden, damit sie auch in anderen Einrichtungen aufgegriffen werden können.

Mitarbeiterpflege

Noch nie waren so viele junge Menschen in diakonischen Einrichtungen tätig wie in unseren Tagen. Sie kommen – auch geistlich – hochmotiviert und wollen ganzheitliche Pflege praktizieren. Dann seufzen sie unter dem Übermaß an Arbeit in Folge der schlechten Stellenschlüssel, zerbrechen an der methodisch-fachlich-instrumentellen Engführung des pflegerischen Alltags in den Krankenhäusern und Altenzentren und sind frustriert durch die totale Fehlanzeige gemeinsamen geistlichen Lebens oder von den ihnen nicht entsprechenden Formen des vorhandenen geistlichen Gemeinschaftslebens.
Das darf so nicht bleiben. Die Diakonie muß hier etwas tun. Die in verschiedenen diakonischen Einrichtungen entstandenen neuen Formen geistlicher Mitarbeiterschulung sollten in alle diakonischen Einrichtungen übertragen werden. Es wird angeregt, ein weiteres Symposion folgen zu lassen mit dem Thema »Mitarbeiterpflege«, bei dem konkrete Hilfestellung und Anleitung auf diesem zentralen Arbeitsfeld gegeben wird.
Geistliches Leben darf nicht zu einer zusätzlichen Aufgabe für unsere Mitarbeiter werden. Wir dürfen keinen geistlichen Druck auf die Mitarbeiter ausüben. Aber geistliches Leben sollte in jeder Einrichtung als akzeptables, gelungenes Angebot vorhanden sein, als

gute Regel. »Dienstfähig ist, wer gottesdienstfähig ist« (Ruhbach).
Den Kostenträgern muß deutlich gemacht werden, daß es sich auch für sie lohnt, Zeit für Gespräche und Gebete in Krankenhäusern, Altenzentren, Beratungsstellen und Behinderteneinrichtungen zu bezahlen. Jeder Patient im Krankenhaus und in der Altenpflege, jeder behinderte Mensch hat einen Anspruch auf ganzheitliche Hilfe. Die Gesellschaft insgesamt hat den Nutzen davon, wenn der kranke oder behinderte oder alte Mensch in seiner menschlichen Ganzheitlichkeit behandelt, gepflegt, gefördert wird. Das kirchliche Proprium des geistlich geprägten Dienstes entspricht einem allgemeinen menschlichen Grundbedürfnis. Das Geistliche ist nichts Additives. Es ist ein Konstitutiv menschlicher Existenz. Das Fachliche und das Geistliche sind nur verschiedene Aspekte des einen ganzen Menschen. Das gilt sowohl für die Klienten als auch für die Mitarbeiter diakonischer Einrichtungen. Das gilt entsprechend auch für alle nicht-kirchlichen sozialen Einrichtungen, bei denen andere Inhalte der ganzheitlichen Hilfe praktiziert werden.

Prophetisch-diakonische Spiritualität (Ruhbach)
Was ist damit angezeigt? Dem sollte weiter nachgegangen werden. Ebenso sollte der Zusammenhang zwischen »Diakonie im Sinne von 2Kor 5,18 (Diakonie der Versöhnung)« und »Diakonie in der heutigen Erscheinungsform« aufgearbeitet werden.
Die evangelische Kirche ist in unserer Gesellschaft heute auf zweifache Weise präsent: in der Ortsgemeinde liturgisch-sakramental, in der Diakonie »nur« handelnd.
Die Diakonie wächst meist nicht mehr aus dem Leben der Ortsgemeinden heraus. Die diakonischen Einrichtungen sind eigengesetzliche fachliche Institutionen; das müssen wir akzeptieren.
Die Kirchengemeinden können die diakonischen Aufgaben selbst nicht mehr wahrnehmen; auch das müssen wir akzeptieren.
Wie können die zwei Erscheinungsweisen der Kirche aufeinander zubewegt werden? Inwiefern sind sie die eine Kirche Jesu Christi? Wie kann der liturgisch-sakramentale Charakter der Diakonie für die Diakonie konstitutiv bleiben? Wie kann der diakonische Charakter der Kirche für die Kirche konstitutiv bleiben? Wie kann der prophetisch-diakonische Charakter der heutigen Diakonie wieder erschlossen werden?
Es wird angeregt, ein weiteres Symposion folgen zu lassen mit dem Thema »Kirche und Diakonie«.

Jens Pörksen

Aus der Stellungnahme wurde im Gespräch vor allem das aufgegriffen, vertieft, verdichtet und erweitert, was Karl-Fritz Daiber zur »Zeit« sagte: »Ein christliches Krankenhaus müßte ein Krankenhaus sein, in dem die Heilenden und Pflegenden für den Patienten Zeit haben . . . Solidarität mit Leidenden setzt Zeit voraus. In der Gemeinschaft von Schwestern und Brüdern leben und handeln setzt Zeit voraus, die Zeit zur Verständigung. In der Dankbarkeit geschenkten Lebens leben setzt Zeit voraus, Zeit des Innehaltens und rückblickenden Wahrnehmens.«
Nicht die Quantität an Zeit gibt den Ausschlag, sondern die Qualität der Zeitnutzung, z. B. zwei Schwestern unterhalten sich, während sie das Bett machen, über ihr Wochenende, zwei andere Schwestern wenden sich in derselben Zeit ganz dem Patienten zu: Das Eigentliche nicht nur in der Freizeit tun, sondern in der gewöhnlichen Arbeitszeit. Das Leben beginnt nicht erst nach Feierabend, Zeit haben hat etwas mit Beruf und Berufung zu tun. Wir möchten Zeitgeber sein - tote Zeit lebendig machen - Zeit urbar machen, wie ein brachliegender Acker urbar gemacht wird. Zeit ist nicht Geld, es ist Leben.
Wie können wir trotz Zeitstreß Ruhe ausstrahlen? Man kann aus Mitteln von Kirche und Diakonie mehr Stellen schaffen, um Zeit zur Zuwendung zu haben. Das ist aber oft nicht möglich. Der Einsatz von besonderem Personal als professionellen Mehrzeithabern ist sicher nicht die Lösung.
Wichtig wäre eine Strukturierung der Zeit. Die anstehende Arbeitszeitverkürzung und ihre Umsetzung erschwert das Problem. Nötig wären Hinweise, wie man kleine, kürzere Zeiträume nutzen kann - für die Patienten, für die Mitarbeiter, für die Leitung. Zeit strukturieren - Zeitabschnitte erleben - neue Zeitrhythmen entdecken, z. B. einmal vier Tage Zeit haben zusammen mit den Mitarbeitern zur Einführung in Diakonie, in den Terminkalender den anderen Zeitrhythmus des Christusjahres einziehen, neue Zeitrhythmen ritualisieren wie z. B. in Taizé, Zeit zum Lob Gottes, Zeit zum Beten.
Zum Leiten gehört viel Zeit, Zeit haben für die Mitarbeiter - z. B. Freitag nachmittag Schild an der Tür des Leiters: »Herein ohne anzuklopfen« - Zeit der Leitung gewinnen durch Delegieren von Verantwortung auf Mitarbeiter - der Umgang miteinander und mit der Zeit als stilbildendes Element. Das dichte, offene Gespräch miteinander in unserer Gruppe hat die Stunden des Zusammenseins qualifiziert zu sinnvoller guter Arbeit.

Christine Busch

Den Dienst geistlich leben - das ist Anspruch an Mitarbeiterinnen und Mitarbeiter in der Diakonie, erhoben von denen, die Diakonie praktisch und theoretisch verantworten. Sie sind sich einig, daß diese Forderung nicht zustande käme, wäre nicht auf der anderen Seite ein entsprechendes Defizit festzustellen. Der ordentliche Diakonie-Arbeitnehmer kann eine besondere Motivation haben, oder er bringt »nur« seine formale Kirchenmitgliedschaft mit. Am schönsten wäre es, wenn er von Meditation, Engagement und Spiritualität getrieben würde, aber leider ist hier der schon beschriebene gehörige Abstand festzustellen.

Die Kollegin, die die Klage aufnimmt, weist mit Recht darauf hin, daß ca. 80 % der diakonischen Arbeit von Frauen erbracht wird, bei ehrenamtlicher Tätigkeit über 90 %. Da sie Schicht- und Wochenenddienste häufig mit ihren familiären Verpflichtungen verbinden müssen, können sie in den Gemeinden kaum präsent sein. Als Alleinlebende orientieren sie sich etwa in Hauskreisen. Für diese Mitarbeiterinnen fordert die Kollegin geistliche Nahrung zu ihren Bedingungen: ein organisiertes, dezentrales Angebot für spirituelle Zurüstung, in Verbindung mit dem Arbeitsplatz und der Bedürfnislage der Frau.

Läßt sich Spiritualität eigentlich organisieren? Gibt es Organisationsformen, die zur Spiritualität führen? Irgend etwas scheint schiefzugehen, wenn die Dienstgeberfunktion mit dem spirituellen Angebot gekoppelt ist. Der Arbeitgeber ist ein kritisches Gegenüber zum Arbeitnehmer; diese Distanz paßt nicht zum spirituellen Anspruch.

Mir fällt ein diakonischer Arbeitgeber auf, der vor der dunklen Seite seiner Mitarbeiterinnen und Mitarbeiter nicht die Augen verschließt. Das lange Frühstück, private Ferngespräche, viele Arzttermine, das Anfüllen der werkseigenen Container mit privatem Hausmüll - seine drastische Beschreibung einer Teilrealität ist schwer zu verkraften. Gegen die geschilderte, fast offensive Benutzermentalität beschwören andere eine Haltung, die sich als Überbelastung, als Aufopferung äußert: Nur allzuoft geschehe Diakonie auf Kosten der Mitarbeiterinnen und Mitarbeiter.

Ich grübele dem behaupteten Ausbeutungscharakter von Diakonie nach. Die ihn diagnostiziert, stellt gleichzeitig die Forderung nach der Organisierung spiritueller Erfahrungen. Für mich paßt das nicht zusammen.

Es könnte sein, daß Spiritualität nicht nur ein geistiger oder geistlicher Begriff ist. Es ist ja nicht zufällig, wie wir Dienst und Auftrag beschreiben:

- Arbeitsziele müssen transparent sein.
- Die geringe Verantwortung einzelner Mitarbeiter verhindert Identifikation mit den Zielen der Einrichtungen. Mithin ist Verantwortung herzustellen.
- Die Mitarbeiterinnen und Mitarbeiter sind an der Gesamtsinnfrage des Betriebs zu beteiligen. Die Aufgabenbeschreibung lautet »lehren und erinnern«.

Und wenn nun dies das ist, was not tut?
Wir merken, daß wir den Begriff der Spiritualität nicht klären können, ohne von unserem eigenen Leben zu reden.
Manche scheinen in guter Weise darin geübt. Andere haben einen längeren Sprach- und Schweigeweg. Sprachunfähigkeit wird diagnostiziert. Die Erkennbarkeit geistlichen Lebens im Dienst wird eingefordert. Manchen verschlägt dies die Sprache, während andere das Gesagte als Vertrautheit charakterisieren und als ein Zeichen von Spiritualität und Geist unter uns verstehen wollen. Mir geht es nahe, daß Gruppendynamik mit Spiritualität verwechselt wird. Wir reden und schweigen auf verschiedenen Ebenen. Ich will aufrichtig beobachten und stelle sowohl Dominanz und Resignation fest, gegenläufig zu unserem Thema Spiritualität: Vielleicht sind wir in diesem Moment der Situation der Mitarbeiterinnen und Mitarbeiter in der Diakonie am allernächsten.

Hans-Georg Schmidt

In der Diskussion über den Beitrag von Johannes Degen ging es zunächst grundsätzlich um die Frage, von welcher Art Diakonie man denn in der Arbeitsgruppe sprechen wolle. Gehe man im strengen Sinne von neutestamentlich verstandener Diakonie aus, dann könne diese wohl nur in einem Gegensatz zu einer »intermediären« Diakonie stehen, die ja mehr den »Apparat Diakonie« meine und nicht in erster Linie den biblisch-geistlichen Hintergrund.
Einig wurde man sich darin, daß im weiteren Verlauf der Gespräche durchaus von den gegenwärtigen Erscheinungsformen der Diakonie ausgegangen werden solle, daß man aber die empirischen Gegebenheiten kritisch zu sehen und sie soweit wie möglich an das »Normative« des Neuen Testaments anzunähern habe. Es gelte, die »Diakonie 2« möglichst zur »Diakonie1« hinzubewegen.

Wenn man diesen Grundsatz z. B. auf die Frage von Finanzierungen diakonischer Einrichtungen durch den Staat anwendet, also auf die Frage der Bewertung fremder Geldleistungen, so war den Teilnehmern der Arbeitsgruppe zunächst klar, daß 90 % der Gelder vom Staat bezahlt werden und daß der Staat dem freien Träger Diakonie dabei dennoch weitgehende Freiheiten der Verwendung von Geldmitteln zubilligt und ihm keinerlei »goldene Fesseln« anlegt. Er läßt der Diakonie Raum zur eigenen Entfaltung, geht dabei allerdings von bestimmten Leistungsvorstellungen aus. Der Staat erwartet auch von der Diakonie, daß sie die erhaltenen Gelder »treuhänderisch« verwendet und sie so gut wie möglich für die ihr anvertrauten Menschen einsetzt.
Die Diakonie ist dem Staat dankbar für ihre Freiräume, braucht sich aber des Empfangs von Geld auch nicht zu schämen. Schließlich, so wurde aus der Arbeitsgruppe berichtet, sei bis zum 3. Jahrhundert alles Geld »vom Altar aus« zu den Menschen geflossen. Es gehe bei dem genannten Komplex auch nicht so sehr um Probleme von Abhängigkeit zwischen Diakonie und Staat als vielmehr um das innerdiakonische Anliegen des rechten Umgangs mit dem Geld von anderen. Hier wurde bei aller Betonung der Freiheit eines diakonischen Trägers doch z. B. mehr Transparenz nach außen gefordert, damit Geldgeber und Bevölkerung sehen, daß mit dem Geld sachgemäß und »diakonisch« verfahren werde. Hier sei eine aus der Geschichte erwachsene Entwicklung deutlich zu revidieren. Es sei nachweisbar, daß nach 1918 ein klarer Abbruch einer früher selbstverständlichen Transparenz zu verzeichnen sei, der bis in die jüngste Zeit hinein noch bei diakonischen Einrichtungen anzutreffen sei. Hier gehe es darum, die »Erdung« zu den Gebern der Gelder und zu den Gemeinden herzustellen. Allerdings sei zu fragen, ob die geistliche Kraft zu einer solchen Transparenz in einer Einrichtung gegeben sei.
Die Gefahr des Verlustes der nötigen »Erdung« wird übrigens nicht nur im Blick auf die herkömmlichen großen diakonischen Einrichtungen gesehen, sondern auch im Blick auf die Sozialstationen, die als »flächendeckende Gebilde« (in der Bundesrepublik noch mehr als in der DDR) heute kaum dem Anspruch gerecht werden, neutestamentliche »Semeia« zu sein.
Die Arbeitsgruppe war sich aber darin einig, daß man die gesamte Entwicklung nicht mehr rückgängig machen könne, daß man freilich dafür zu sorgen habe, daß die »Wirkkraft des Evangeliums in den Verhältnissen« immer stärker werde, daß eine kritische Loyalität zum Staat angebracht sei und daß das »zuschußorientierte Tun«

immer mehr Zeichen eines »verheißungsorientierten Tuns« tragen müsse.
Im Blick auf die Mitarbeiterschaft und den Umgang mit ihr gelte es in heutiger Zeit, Abschied zu nehmen von einer bisher viel zu rigoros gehandhabten defizitären Sicht. Das Positive müsse im Vordergrund stehen und mit Phantasie an die Mitarbeiter herangebracht werden. Grundsätzlich gebe es bei den Mitarbeitern viel an guten Gaben Gottes zu entdecken. Man müsse nur den Mut haben, es ihnen zu sagen.
Vom Priestertum der Getauften her gedacht, könne man sogar so weit gehen, die Arbeit der Mitarbeiter in diakonischen Einrichtungen »per se als geistlich« zu bezeichnen und die einzelnen Dienste als Ausübung von Charismen zu werten. Es müsse geradezu von einer »eucharistischen Existenz« gesprochen werden, die wir dem diakonischen Mitarbeiter einräumen, von einem Zusprechen geistlichen Seins im Blick auf die charismatischen Gaben des Mitarbeiters. Diese fast euphorische Zuspitzung des Positiven fand allerdings auch entschiedene Kritiker, die, nicht zuletzt vom Referat Gerhard Ruhbachs geleitet, doch sehr viel vorsichtiger in der Beurteilung jedweder Dienste in der Diakonie als Charismen waren.
Einig war man sich aber darin, sowohl grundsätzlich als auch im praktischen Verfahren positiver als bisher den Mitarbeiter zu sehen und zu behandeln. Eine »liebevolle Ermutigung« müsse ihm zuteil werden, eine »Sympathiebekundung ohne große Problematik«, ein »gemütvoller Katechumenat«. Hierbei komme es darauf an, daß Kirche und Diakonie gemeinsame Konzepte entwickeln und daß sich gerade die Kirche mehr als bisher »in die Diakonie hinein« begebe.
Johannes Degen schloß die Aussprache mit dem Dank für die rege Mitarbeit in der Gruppe und mit dem Wunsch, daß sich alle Teilnehmer an dem Prozeß der Bewegung von der »Diakonie 2« zur »Diakonie 1« hin beteiligen und auf Grund der Erörterungen in der Arbeitsgruppe 6 sich ermuntert fühlen möchten, geistliches Leben in den Einrichtungen stärker als früher zu fördern.

V
Rückblick und Ausblick

Richard Boeckler

Wenn theologische Impulse das diakonische Selbstverständnis schärfen

»Ich habe als Leiter das Glück, innerhalb unserer Einrichtung zugleich einer Basisgemeinde anzugehören. Das ist etwas Neues, Eigentümliches in unserer Anstalt, die Basisgruppe, vielleicht sogar eine Art Fremdkörper. Aber die Probleme der Gesamteinrichtungen gibt es dort so nicht. Zur geistlichen Retraite einmal die Woche kommen fast alle, die Dienst haben. Die geistliche Gestaltung der Arbeit macht keine Probleme – aber oft bedeutet sie eine Umwertung auch meiner Vorgaben von oben. Ich setze mich dem aus. Könnte es nicht sein, daß hier eine Form praktiziert wird, wie Diakonie geistlich gelebt werden kann in einem unpersönlichen, fremdgesteuerten sozialen Dienstleistungsunternehmen? Eine zeitgemäße Form von diakonischer Kirche?«
So schilderte ein Symposion-Teilnehmer in Berlin eine eigene Erfahrung zum Thema »Diakonie geistlich leben«. Und ein weiterer, Vorsteher einer traditionsreichen diakonischen Anstalt, sekundierte, schilderte ein ins Auge gefaßtes Pilot-Projekt, das ebenfalls, ausgehend von einem Unternehmen der Anstaltsdiakonie, auf Basisdiakonie abhob:
»Costa Blanca, die azurblauen Badestrände zwischen Barcelona und Alicante. 20000 Bundesbürger etwa haben dort ihr Haus im sonnigen Süden gebaut. Ruhestandssitze reicher Leute. Aber viele dieser Leute sind inzwischen gealtert, hilfsbedürftig, isoliert. Die deutsche Gemeinde mit ihrem Pfarrer sieht das Problem – und ist überfordert. Könnten wir nicht einige unserer Schwestern dorthin schicken als Kern einer Dienstgemeinschaft, die sich zur diakonischen Kommunität oder Basisgemeinde entwickelt?«
Zwei Stimmen, die veranschaulichen, wie radikal sich die Perspektiven ändern können, wenn wir uns heute mit den Fragen der Sendung, des Dienstes und der Leitung auseinandersetzen. Tragen unsere überkommenen Diakoniestrukturen noch in einem sozialen Kontext, der sich, nicht zuletzt auch durch das wirtschaftliche Zusammenwachsen im westlichen Europa, radikal verändert hat? Auch andere Fragen der annähernd hundert theologischen Führungskräfte der Diakonie drängten auf theologische Hinterfragung des diakonischen Alltags.

Einer der Höhepunkte der Tagung, das Referat »Leitung verantworten: Was heißt Leitung zwischen Management und Seelsorge?« (Johannes Busch), galt dem Zusammenspiel feiner Differenzierungen, die man schon beherrschen muß, wenn es darum geht, soziales Dienstleistungsunternehmen zu sein, aber auch Dienstgemeinschaft, in der sich christliche Sendung und christliche Gemeinde verkörpert. »Diakonisch« muß mehr sein als ein Etikett, das an die Anfänge erinnert. Ehrlich müßten wir sein, so Pastor Busch, indem wir zur Weltlichkeit unserer Institutionen und Unternehmungen stünden. Aber da auch säkulare Unternehmen nicht wert- und weltanschauungsfrei sind, bleibt uns das Nachdenken nicht erspart, welche theologische Grundlinie dann unser theologisches Handeln bestimmt und ob wir bereit sind, uns den neuen theologischen Impulsen zu öffnen, die unser diakonisches Selbstverständnis wieder schärfen könnten. Vielleicht konkretisiert sich hier manches schneller sichtbar in jenen Modellen von Basisdiakonie, wie sie mancherorts innerhalb großer diakonischer Einrichtungen erprobt werden – bis hin zu dem erwähnten kommunitären Projekt für die Costa Blanca. Diakonie wird anders sein, wenn solche und andere theologischen Impulse erst durchschlagen. Aber schon jetzt zeichnen sich vier große Herausforderungen und Themen der Zukunft für die Diakonie ab:

Offene Diakonie. Auf dem Symposion haben die Fragen der Anstaltsdiakonie deutlich im Vordergrund gestanden: Wie gestalten sich Sendung, Dienst und Leitung, wenn diakonische Arbeit sich zugleich an Formen und Strukturen moderner Dienstleistungsunternehmen und an den entsprechenden Führungsstilen orientieren muß? Offene Diakonie ist daran nicht gebunden. Hat sie ein anderes Modell von Sendung, Leitung und Dienst? Vielleicht eins, das den sozialen Herausforderungen an die christliche Gemeinde näher ist?

Erfahrungen der diakonischen Basis. Sie, die Basis, war auf der Tagung für Führungskräfte naturgemäß weniger präsent. Erfahrung ist aber in der Diakonie ein mindestens ebenso wirksamer Faktor wie einschlägige Erkenntnisse der Unternehmensführung und Betriebsorganisation. Wie also gestalten sich Sendung, Dienst und Leitung aus der Perspektive einer Diakonie vor Ort? Um welchen theologischen Grundkonsens handelt es sich dabei? »Ist eine große Institution noch identisch mit Diakonie?« (Ulrich Bach)

Nachwuchssorgen. Der Mangel an nachrückenden Führungskräften wurde beklagt, nicht nur gelegentlich. Aber wie geht man mit einer solchen Situation um, die eine Fortschreibung des Bisherigen

nicht mehr erlaubt? Muß es einen Bruch oder wird es einen Neuansatz geben? Könnte der Dialog mit einer Theologie aus der Perspektive schwesterlicher Betroffenheit den Neuansatz ermöglichen helfen? Welches müssen die vorrangigen Themen des Gesprächs mit der nachrückenden Generation sein?
Zukunft Europa. Unter der Perspektive des Jahres 1992 ist zu fragen: Wie sieht das soziale Europa der Zukunft aus? Erfordert es neue geistige Orientierungen der kirchlichen Sozialarbeit?
Viel in der Diakonie wird von der theologischen Weiterarbeit abhängen.

Autorenverzeichnis

Pfarrer Dr. *Jürgen Albert*
Ederstraße 12, 6000 Frankfurt/M. 90

Pfarrer Dr. *Ulrich Bach*
Im Hensberg 4, 5802 Wetter-Volmarstein

Pfarrerin *Renate Biebrach*
Alte Landstraße 121, 4000 Düsseldorf 31

Professor Dr. *Peter C. Bloth*
Troppauer Straße 6a, 1000 Berlin 45

Pfarrer Dr. *Richard Boeckler*
Wagenburgstraße 9, 7000 Stuttgart 1

Direktor Pfarrer *Christian Bühl*
Rosenbergstraße 40, 7000 Stuttgart 1

Pfarrerin *Christine Busch*
Alte Landstraße 121, 4000 Düsseldorf 31

Pastor *Johannes Busch*
Postfach 120249, 4800 Bielefeld

Professor Dr. *Karl-Fritz Daiber*
Böttcherstraße 4, 3000 Hannover 21

Pastor Dr. *Johannes Degen*
Alte Landstraße 121, 4000 Düsseldorf 31

Pfarrer Dr. *Ulrich Eibach*
Saalstraße 2, 5300 Bonn 1

Direktor Dr. *Karl-Wilhelm Gattwinkel*
Lenaustraße 41, 4000 Düsseldorf 30

Präsident Pastor *Günter Hitzemann*
Limastraße 21A, 1000 Berlin 37

Professor Dr. *Klaus-Peter Jörns*
Conradtstraße 5, 1000 Berlin 39

Bischof Dr. *Martin Kruse,* Vorsitzender des Rates der EKD
Bachstraße 1–2, 1000 Berlin 21

Rektor Dr. *Helmut Millauer,*
Rummelsberger Anstalten, 8501 Schwarzenbruck

Professor Dr. *Christian Möller*
Karlstraße 16, 6900 Heidelberg

Pfarrer Dr. *Reinhard Neubauer*
Busseallee 21, 1000 Berlin 37

Präsident *Karl Heinz Neukamm*
Stafflenbergstraße 76, 7000 Stuttgart 1

Landespastor *Jens-Hinrich Pörksen*
Kanalufer 48, 2370 Rendsburg

Prälat *Gerhard Röckle*
Gerokstraße 49, 7000 Stuttgart 1

Oberkirchenrat *Albrecht Roos*
Heilbronner Straße 180, 7000 Stuttgart 1

Professor Dr. *Gerhard Ruhbach*
Bethelweg 52, 4800 Bielefeld 13

Dr. *Gerhard Schäfer,*
DWI Heidelberg, Karlstraße 16, 6900 Heidelberg

Pfarrer *Peter Schlaich*
Postfach 1240, 7053 Kernen i.R.

Pfarrer *Hans-Georg Schmidt*
Forststraße 4, 7057 Winnenden

Professor Dr. *Henning Schröer*
Rundweg 4, 5330 Königswinter 41

Professor Dr. *Hermann Steinkamp*
Geistkamp 40, 4400 Münster

Bischof D. *Karlheinz Stoll*
Plessenstraße 5a, 2380 Schleswig

Professor Dr. *Gerd Theißen*
Kleinschmidtstraße 52, 6900 Heidelberg

Direktor Dr. *Rudolf Weth*
Postfach 220, 4133 Neukirchen-Vluyn

Professor Dr. *Eberhard Winkler*
Dorfstraße 16, DDR-4101 Gutenberg